国家社科基金2015年重点项目"审判委员会制度改革实证研究"（15AFX011）支持

最高人民法院2014年度审判理论重大课题"审判委员会制度改革研究"（2014spzd002a）支持

审判委员会制度改革
实证研究

An Empirical Study on the Reform
of Adjudication Committee System

左卫民　王海萍　吕国凡
肖仕卫　赵　琦　蒋　敏
魏庆锋　李海昕　鲁　虎

著

图书在版编目(CIP)数据

审判委员会制度改革实证研究/左卫民等著. —北京：北京大学出版社，2018.10

ISBN 978-7-301-29346-1

Ⅰ.①审… Ⅱ.①左… Ⅲ.①审判—司法制度—研究—中国 Ⅳ.①D925.04

中国版本图书馆 CIP 数据核字(2018)第 037284 号

书　　　名	审判委员会制度改革实证研究
	SHENPAN WEIYUANHUI ZHIDU GAIGE SHIZHENG YANJIU
著作责任者	左卫民　王海萍　等著
责任编辑	王建君
标准书号	ISBN 978-7-301-29346-1
出版发行	北京大学出版社
地　　　址	北京市海淀区成府路 205 号　100871
网　　　址	http://www.pup.cn　http://www.yandayuanzhao.com
电子信箱	yandayuanzhao@163.com
新浪微博	@北京大学出版社　@北大出版社燕大元照法律图书
电　　　话	邮购部 010-62752015　发行部 010-62750672
	编辑部 010-62117788
印　刷　者	三河市北燕印装有限公司
经　销　者	新华书店
	965 毫米×1300 毫米　16 开本　14.25 印张　198 千字
	2018 年 10 月第 1 版　2018 年 10 月第 1 次印刷
定　　　价	49.00 元

未经许可，不得以任何方式复制或抄袭本书之部分或全部内容。
版权所有，侵权必究
举报电话：010-62752024　电子信箱：fd@pup.pku.edu.cn
图书如有印装质量问题，请与出版部联系，电话：010-62756370

目 录

第一章　导论 ·· 001
　一、研究背景 ·· 001
　二、已有研究的梳理与评析 ···························· 004
　三、本书的研究方法与材料来源 ························ 012
　四、本书的主要内容 ·································· 019

第二章　审判委员会组织结构实证分析 ···················· 021
　一、审判委员会的人员构成 ···························· 022
　二、审判委员会会议的组织 ···························· 034
　三、审判委员会的配套保障 ···························· 039
　四、审判委员会组织结构存在的问题 ···················· 042

第三章　审判委员会讨论案件实证分析 ···················· 050
　一、审判委员会讨论案件的数量 ························ 050
　二、审判委员会讨论案件的类型 ························ 058
　三、审判委员会讨论案件的结果分析 ···················· 073
　四、审判委员会讨论案件职能存在的问题 ················ 078

第四章　审判委员会宏观指导职能实证分析 ················ 085
　一、审判委员会宏观指导职能的总体情形 ················ 086
　二、审判委员会宏观指导职能的具体内容 ················ 092

三、审判委员会宏观指导职能实施存在的问题 ················· 099

第五章 审判委员会运行过程实证分析 ················· 105
一、审判委员会运行过程考察 ························· 105
二、审判委员会运行过程的基本特征 ··················· 119
三、审判委员会运行过程中存在的问题 ················· 127

第六章 审判委员会制度的改革完善 ··················· 147
一、审判委员会制度改革的总体思路 ··················· 149
二、审判委员会组织结构的完善 ······················· 159
三、审判委员会职责内容之调整 ······················· 177
四、审判委员会运作程序之修正 ······················· 187

附录 审判委员会运行状况的实证研究 ················· 193

参考文献 ··· 217

后　记 ··· 223

第一章　导　　论

一、研 究 背 景

全面推进依法治国是十八大以来党中央在新时期提出和推动的重大治国理政方略,进一步推动司法改革则是全面推进依法治国方略的重要内容。党的十八届三中全会的全面改革纲领性文件——《中共中央关于全面深化改革若干重大问题的决定》的一项重要内容,就是推进法治中国建设,其中司法改革是法治中国建设的关键之一。党的十八届四中全会《中共中央关于全面推进依法治国若干重大问题的决定》则在突出依宪治国、依法行政、法治社会建设的同时,对新一轮司法改革做出了前所未有的系统性部署。时至今日,中国新一轮司法改革已经全面推开。

直击病灶的系统性改革是本轮司法改革的突出特点。无论是党的十八届三中全会还是四中全会,在涉及司法改革时都既突出了对司法运作外部环境性权力的制约,又强调了对司法运作的内部权力结构进行改造。前者如建立领导干部干预司法活动、插手具体案件处理的记录、通报和责任追究制度,推动省以下地方法院、检察院人、财、物统一管理,探索建立与行政区划适当分离的司法管辖制度等,可以说都是保障司法独立、排除外部干扰的极具针对性的重大举措;后者如设立最高人民法院巡回法庭,试点法院人员分类改革和司法责任制等,也都是直击要害的司法内部权力结构重塑的重要措施。过去的司法改革经验一再表明,对司法外部环境权力的制约和内部权力体系的改革,必须作为一个整体全面系统地推进,不可有任何偏废,否则极可能功亏一篑。

审判委员会是中国法院内部的最高审判组织,承担着总结审判经验、讨论重大或者疑难案件和其他有关审判工作问题的宏观指导职责。从本轮司法改革涉及的司法内外权力调整角度来看,审判委员会的改革直接关乎法院内部(审判)权责的分配和协调,因此不仅是法院内部权力结构再造的关键,也是司法内外权力体系整体改造无法绕开的节点。或许正因为如此,近年来国家顶层设计均对审判委员会这一"微小制度"给予了聚焦式关注:党的十八届三中全会曾专门提出要"改革审判委员会制度,完善主审法官、合议庭办案责任制,让审理者裁判、由裁判者负责"①,党的十八届四中全会也对深化包括审判委员会制度改革在内的司法改革提出了进一步的要求。②

与国家顶层设计的专门聚焦相应,审判委员会制度改革也得到了主管机关最高人民法院的高度重视。2015 年 2 月,最高人民法院出台了《关于全面深化人民法院改革的意见——人民法院第四个五年改革纲要(2014—2018)》,其中专门提出要"改革审判委员会工作机制",并提出了系统性的改革方案和具体举措③;2015 年 9 月,最高人民法院发布了《关于完善人民法院司法责任制的若干意见》,其中再次强调了审判委员会改革,对完善审判委员会运行机制、明确审判委员会委员司法责任的认定和追究等作了统一安排。④ 此外,2017 年 2 月 17 日发布的最高人民法院《关于全面推进以审判为中心的刑事诉讼制度改革的实施意见》虽然并不直接涉及审判委员会,但实际上对审判委员会制度改革仍有相当的影响;2017 年 8 月 1 日施行的《最高人民法院司法责任制实施意见(试行)》

---

① 《中共中央关于全面深化改革若干重大问题的决定》(2013 年 11 月 12 日中国共产党第十八届中央委员会第三次全体会议通过)"九、推进法治中国建设(33)"。

② 参见《中共中央关于全面推进依法治国若干重大问题的决定》(2014 年 10 月 23 日中国共产党第十八届中央委员会第四次全体会议通过)"四、保证公正司法,提高司法公信力"部分。

③ 参见最高人民法院《关于全面深化人民法院改革的意见——人民法院第四个五年改革纲要(2014—2018)》第 32 条。

④ 参见最高人民法院《关于完善人民法院司法责任制的若干意见》第 9、10、11 条。

虽然仅对最高人民法院审判委员会的职责作了详细规定,但对全国法院系统的审判委员会改革无疑有着重要的方向性意义;2017年9月4日,全国人大常委会就《中华人民共和国人民法院组织法(修订草案)》[以下简称《人民法院组织法》(修订草案)]全国征求意见,其中关于审判委员会制度的修改意味着这一制度历经多年讨论终于迈入了立法确认的新阶段。

需要指出的是,审判委员会制度改革并不是近年来才兴起和受到重视的。实际上,早在1993年,最高人民法院就出台了《最高人民法院审判委员会工作规则》,推动了全国各级法院审判委员会工作规则的建立和完善;不仅如此,最高人民法院还从1999年《人民法院五年改革纲要》开始,就一直坚持不懈地要求和推动审判委员会制度改革①;且于2010年印发了经中央批准的《关于改革和完善人民法院审判委员会制度的实施意见》,并在同年与最高人民检察院共同印发了《关于人民检察院检察长列席人民法院审判委员会会议的实施意见》,对于审判委员会的职责范围、专业化建设、运作程序、检察长列席等方面的改革做了较为全面细致的探索。如果追溯得更早一些,还可以发现最高人民法院甚至在新中国刚刚成立之后的1950—1960年代即开始了审判委员会制度的规范和完善工作,当时最高人民法院发布的一系列关于审判委员会运作的批复、复函、函等②,对于早期审判委员会运作规则的建立和完善发挥了不

---

① 参见《人民法院五年改革纲要》《人民法院第二个五年改革纲要(2004—2008)》《人民法院第三个五年改革纲要(2009—2013)》。

② 参见最高人民法院《关于对广东省高级人民法院"审判委员会工作及院长、庭长审批案件分工的试行规定"几点修改意见的函》(1963年)、最高人民法院《关于审判委员会决定再审、撤销原判的裁定由谁署名及再审案件进行再审时原来充任当事人的辩护人或代理人的律师是否继续出庭等问题的复函》(1957年)、最高人民法院《关于各级人民法院的副院长可否将本院已经发生法律效力的判决和裁定提交审判委员会处理问题的批复》(1957年)、最高人民法院《关于各级法院院长对本院生效的同一判决裁定可否再次提交审判委员会处理问题的批复》(1957年)、最高人民法院《关于人民法院副院长可否依照审判监督程序将案件提交审判委员会处理的批复》(1957年)、最高人民法院《关于经审判委员会讨论的案件在判决书上如何署名问题的复函》(1957年)、最高人民法院《关于审判委员会的决议是否要作出书面文件等问题的批复》(1957年)、最高人民法院《关于由院长提交审判委员会处理而审判委员会作出决议另行组织合议庭再审的案件的处理程序问题的复函》(1957年)、最高人民法院《关于审判委员会处理已发生法律效力的判决或裁定的程序问题的批复》(1956年)。

可替代的作用。

纵观新中国成立特别是改革开放以来三十多年的法治建设与司法改革历程,不难发现在国家顶层的重视和不断推动下,中国特色的社会主义法律体系已经基本建成①,大量法律包括三大诉讼法从无到有、从有到改到再改、大改,大量棘手的立法、司法制度问题均相当程度地得到了解决。与之对应的是,审判委员会制度作为中国较为繁复的法律、司法制度体系中的一部分,成为几十年来历次司法改革从未缺席的重要内容,并在事实上成了司法改革中一块难啃的"硬骨头":尽管历次改革均取得了一定成效,但却似乎远未触及根本和要害,以至于时至今日审判委员会制度改革还在试点和总结各地改革经验。在中国法治建设和司法改革的几十年历程中,类似审判委员会制度改革这种"一直在改革"的情形,值得重点研究。

在笔者看来,国家顶层和最高人民法院的高度重视以及几十年的审判委员会制度改革历程,不仅意味着审判委员会制度自身的极度重要性,更意味着审判委员会制度改革推进的极度艰难性。当前全面推进依法治国之下的司法改革已经到了必须攻坚克难、敢于啃"硬骨头"的新阶段。② 在此背景下,作为法院内部权力结构再造的关键节点和司法改革"硬骨头"的审判委员会制度,如何改、如何彻底改,理论界与实务界必须直面和深入研究。

二、已有研究的梳理与评析

理论界对审判委员会制度改革的关注和研究很早。据可查资料,学者在 1980 年代初期(例如 1983 年)即对此问题有所关注。③ 此后的三十

---

① 参见吴邦国:《中国特色社会主义法律体系已如期建成》,载中国网(http://china.caixin.com/2011-03-10/100234767.html)。
② 参见习近平:《改革再难也要向前推进,敢于啃硬骨头》,载人民网(http://cpc.people.com.cn/xuexi/n/2015/0729/c385474-27377276.html)。
③ 参见江放:《怎样的案件才需提交审判委员会讨论》,载《法学》1983 年第 2 期。

多年里,关于审判委员会改革的讨论几乎从未停歇,形成了大量的研究成果。总的来看,法学界关于审判委员会制度的研究可以分为两种类型,即:第一,侧重于完善审判委员会制度的改革论,这一类研究在时间上贯穿了1980年代初期至今的几乎所有时段;第二,认为审判委员会应当取消的废除论,这一类型的研究自1988年始,至今仍有余音。对于这两类研究,笔者将首先作较为细致的综述性介绍,然后指出这些研究存在的不足。

（一）改革论的主要观点

改革论贯穿审判委员会研究始终,并在当今成为主流的学说集成。具体来讲,改革论可以分为两个阶段,以1998年《北大法律评论》主题研讨中国的审判委员会制度为两个阶段的界分时点,之前主要研讨审判委员会技术性规则的确立和修补,之后则主要侧重于更为深层次的反思性制度改革。

1. 1983—1998年的技术性修补讨论

这一阶段的主要特点在于突出审判委员会制度运行的技术规则之建立和修补,相关讨论尚未明显受到审判委员会存废之争的影响。此一阶段又可以具体分为两个细分时段。

第一个时段自1980年代初期开始,止于1993年9月,以最高人民法院发布《最高人民法院审判委员会工作规则》为结束标志。这一时段的讨论主要旨在确立一些审判委员会的基本工作规则,如研究审判委员会的权限是否应为讨论并直接决定案件①,审判委员会讨论案件的具体范围②,审判委员会委员是否需要回避③,审判委员会讨论决定案件谁来署名④,检

---

① 参见左卫民、高晋康:《审判独立新论》,载《争鸣》1988年第4期。
② 参见江放:《怎样的案件才需提交审判委员会讨论》,载《法学》1983年第2期。
③ 参见贺要生:《应建立审判委员会委员回避制度》,载《法学》1991年第11期。
④ 参见贺要生:《审判委员会决定的案件裁判书应由审判委员署名》,载《法学》1990年第10期;刘成任:《审判委员会决定的案件裁判书不应由审判委员署名》,载《法学》1991年第3期。

察长列席审判委员会的地位、职责和程序①,以及如何提高审判委员会讨论案件的质量等技术性问题。② 这一阶段的讨论对于最高人民法院制定《最高人民法院审判委员会工作规则》发挥了重要作用。

第二个时段自 1993 年 9 月最高人民法院出台《最高人民法院审判委员会工作规则》始,大致至 1998 年《北大法律评论》主题研讨中国的审判委员会制度之时止。此一阶段的讨论批判性有所增强,但主要聚焦于审判委员会制度在运行过程中存在突出的技术性问题,基本取向仍在于审判委员会制度的技术性修补。比如,有法官及论者提到,审判委员会应当由法院内部精通审判业务的人员组成,应当设立专业委员,要避免审判委员会委员成为政治待遇③;还有学者提出,应当压缩审判委员会讨论决定案件的范围,让审判委员会有更多精力总结审判经验④;另有一些论者指出,应当完善审判委员会工作制度和工作程序,审判委员会不应当庭前讨论决定案件,以及应当开庭审理案件等。⑤

2. 1998 年至今的反思性改革研究

这一阶段自 1998 年《北大法律评论》主题研讨中国的审判委员会制度之时始,相关讨论一直延续至今。这一阶段的明显特点在于,相当程度受审判委员会废除论的影响,不少研究一定程度上有为审判委员会制度辩护的意味,提出的改革建议也充分考虑了废除论的合理关切,总的

---

① 参见惠恩邦:《试议检察长列席人民法院审判委员会会议》,载《法学》1988 年第 6 期;吴日魁:《试论检察长列席刑事案件审判委员会会议的地位、作用、职责及程序》,载《中国刑事法杂志》1993 年第 1 期。

② 参见周士敏:《试谈提高审判委员会讨论案件的质量问题》,载《政法论坛》1988 年第 2 期。

③ 参见谢仁柱:《审判委员会要成为审判业务的权威》,载《人民司法》1994 年第 2 期;潘兆龙、宋国庆:《基层法院审判委员会运作过程中几个值得探讨的问题》,载《山东审判》1995 年第 11 期;贺要生:《论改革审判委员会制度》,载《法律适用》1997 年第 6 期。

④ 参见潘兆龙、宋国庆:《基层法院审判委员会运作过程中几个值得探讨的问题》,载《山东审判》1995 年第 11 期。

⑤ 参见吕中亚:《完善审判委员会工作制度的思考》,载《法学》1996 年第 5 期;潘兆龙、宋国庆:《基层法院审判委员会运作过程中几个值得探讨的问题》,载《山东审判》1995 年第 11 期;卫令儒:《完善审判委员会讨论案件程序的几点意见》,载《研究生法学》1994 年第 3 期;贺要生:《论改革审判委员会制度》,载《法律适用》1997 年第 6 期。

来讲更具反思性和建设性。具体来讲,这一阶段的研究又可以分为两类,即以审判委员会保留辩护为中心的附带改革论,和几乎完全侧重于审判委员会改革的改革论。

以审判委员会保留辩护为中心的附带改革论的代表是苏力教授。苏力经过实证考察后指出,审判委员会是当代中国法院制度体系中一个颇具中国特色的制度,有利于抵抗外部压力、避免司法腐败、发挥集体智慧、提升法官业务水平,其存在具有社会基础与现实合理性,是制约条件下相对有利、有效且公正的第二等最好的制度。① 并在此基础上附带指出,审判委员会改革的关键是应当同行政级别脱钩以强化其作为法院业务机构的职能,以及通过借鉴美国最高法院关于上诉案件的选择标准而限制进入讨论决定的案件范围。②

几乎完全侧重于审判委员会改革的改革论的一个基本背景是,由于不为官方所采纳,废除审判委员会的观点逐渐式微,改革论者不再言必回应废除论,而是更加专心于审判委员会改革本身的自洽性和合理性。比较有代表性的看法是,废除审判委员会制度的设想在目前恐难实现,完善审判委员会制度才是现实选择。③ 或许多少与这种观念一脉相承,一些学者为此提出了诸多聚焦于审判委员会改革的建议,具体包括:

(1) 关于审判委员会的职能。多数学者认为应当严格控制提交审判委员会讨论的案件数量,如左卫民教授认为可以将讨论范围限定在疑难案件、涉及法律创新、具有普遍适用性的指导性案件④;还有学者认为

---

① 参见苏力:《基层法院审判委员会制度的考察及思考》,载《北大法律评论》(第1卷第2辑),法律出版社1999年版。为审判委员会辩护者,还可见杨华:《审判委员会的实体审判权应否保留》,载《中国律师》1998年第2期;洪浩、操旭辉:《基层法院审判委员会功能的实证分析》,载《法学评论》2011年第5期;顾培东:《再论人民法院审判权运行机制的构建》,载《中国法学》2014年第5期;等等。
② 参见苏力:《基层法院审判委员会制度的考察及思考》,载《北大法律评论》(第1卷第2辑),法律出版社1999年版。
③ 参见李继红:《某省S市审委会制度运行实证探究》,载万鄂湘主编:《探索社会主义司法规律与完善民商事法律制度研究——全国法院第23届学术讨论会获奖论文集(上)》,人民法院出版社2011年版。
④ 参见左卫民:《审判委员会运行状况的实证研究》,载《法学研究》2016年第3期。

应当将审判委员会讨论决定案件的职责限定于讨论法律问题,但也有一些学者对此持保留态度,认为完全限定为讨论法律问题并不现实①;部分学者指出应当重置审判委员会的宏观指导职能,强化和充分发挥审判委员会总结审判经验等宏观指导职能。②

（2）关于审判委员会的组成与结构。有学者主张让资深法官和相关专家加入审判委员会行列,使其组成人员专职化和专业化;有学者主张建立专门委员会,确保分设后绝大多数案件依其性质实行分专业讨论③;还有学者认为可以在审判委员会内部设立大审判庭,并按照案件性质对审判委员会委员进行专业分工。④

（3）关于审判委员会的工作程序。有学者主张应当构建制度化、民主化和公开化的审判委员会议事讨论机制⑤;还有一些学者认为应当规范案件讨论程序,要实现审判委员会"个案审理"的庭审化技术改造,如确保直接言词原则的落实,改"讨论决定制"为"公开审理制"⑥,以及改革审判委员会投票表决的方式,强化审判委员会成员的责任约束等。⑦

总的来看,无论何种改革论者,立场虽有不同,观点亦有所区别,但目标却是基本一致的,即都不同程度地希望通过制度/技术性改革,促使审判委员会职能的充分发挥,尤其希望审判委员会在案件讨论上实现从普及性讨论到"择案而审"的转变,从官僚决策到专业决策的转变,以及从行政会议制到诉讼审理制的转变。

---

① 参见顾培东:《再论人民法院审判权运行机制的构建》,载《中国法学》2014年第5期。
② 参见四川省高级人民法院课题组:《司法改革中地方法院审判委员会宏观指导职能的重置》,载《理论与改革》2015年第6期。
③ 参见顾培东:《再论人民法院审判权运行机制的构建》,载《中国法学》2014年第5期。
④ 参见张卫斌:《审判委员会改革的模式设计、基本路径及对策》,载《现代法学》2015年第5期。
⑤ 参见左卫民:《审判委员会运行状况的实证研究》,载《法学研究》2016年第3期。
⑥ 参见李喜莲:《论审判委员会审判职能的"回归"》,载《宁夏大学学报》2007年第3期。
⑦ 参见顾培东:《再论人民法院审判权运行机制的构建》,载《中国法学》2014年第5期。

(二) 废除论的主要观点

废除论是审判委员会制度研究中一派影响极大的观点。废除论并非主张完全废除审判委员会,而是仅指废除审判委员会讨论决定案件之职责。通常认为,审判委员会废除论肇始于1998年《北大法律评论》主题研讨中国的审判委员会制度之时,当时左卫民、贺卫方、陈瑞华等曾旗帜鲜明地提出应当废除审判委员会。但是根据笔者的考察,废除论的提出要比这一时点早整整10年:1988年王祺国在《现代法学》撰文《审判委员会讨论决定第一审案件之举不妥》,即已有明显的废除论色彩。① 按照内容的不同,废除论可以分为两种类型,即鲜明的废除论和实质的废除论——替代论。

1. 鲜明的废除论

自学者王祺国对审判委员会讨论第一审案件之举进行质疑之后,旗帜鲜明地提出废除审判委员会就逐渐为一批学者所坚持。这种鲜明的废除论可以根据影响力的大小大致划分为三个阶段。

具体而言,第一阶段自1988年开始,止于1998年,属于影响较小尚未引起学界足够重视的阶段。这一阶段除了王祺国对审判委员会讨论决定第一审案件提出质疑外,王新如还曾对审判委员会决定案件提出质疑,认为应当明确审判委员会只可讨论而不可决定案件②;张步文认为应当取消审判委员会讨论决定案件之权。③ 第二阶段自1998年苏力与贺卫方、陈瑞华就审判委员会存废展开论战开始,持续近10年,属于影响很大的阶段。这一阶段除了贺卫方、陈瑞华明确提出应当废除审判委员会之外,左卫民教授这一时期也曾指出审判委员会不应涉足具体案件的审

---

① 参见王祺国:《审判委员会讨论决定第一审案件之举不妥》,载《现代法学》1988年第6期。
② 参见王新如:《审判委员会定案应予改变》,载《政治与法律》1989年第1期。
③ 参见张步文:《审判委员会制度亟待改革》,载《四川理工学院学报》1997年第1期。

判①,此外李炳成、余为清、肖建国、肖建光、赵红星、国灵华等众多学者都曾明确提出废除审判委员会的理论构想。② 第三阶段为 2009 年之后的阶段,由于废除论并未被官方采纳,加之改革论吸收了废除论不少合理关切,这一阶段新提出废除审判委员会者逐渐减少,仅有徐昕、张洪涛、秦前红等少数论者仍主张应当废除审判委员会③,影响亦逐渐式微。

综合来看,废除论的逻辑非常清晰,主要是从一种应然的司法理念出发,认为审判委员会严重违背诉讼的基本原则,损害司法独立、司法公正和诉讼效率,因此应当适时废除。具体论据有五:一是审判委员会有着浓厚的传统背景,是中国法治不健全时期的产物,随着中国的法治进程不断发展,法律体系不断完善,法官文化素质不断提高,目前审判委员会已经没有存在的基础。二是审判委员会制度审判分离,违背司法独立。审判委员会对于重大、疑难案件的决定,合议庭必须执行,这实际上变相剥夺了独任法官和合议庭的审判权,导致了审判的分离,审者不判,判者不审,责任主体不明确。三是审判委员会制度与司法公正要求相悖,行政化色彩明显。如与审判公开原则不一致,违反直接言词原则,缺乏审判委员会委员回避制度,影响了裁判中立,与诉讼的不间断原则相违背;以及人员组成和讨论方式行政化等。四是审判委员会讨论案件范围不明确,有碍于司法效率的提高。五是审判委员会所谓正面功能被夸大了,其实际已经沦为法官推卸责任的工具。④

---

① 参见左卫民、周长军、吴卫军:《法院内部权力结构论》,载《四川大学学报》1999 年第 2 期。

② 参见李炳成:《建议取消审判委员会》,载《中国律师》1994 年第 4 期;余为清:《取消审判委员会势在必行》,载《阜阳师范学院学报(社会科学版)》2000 年第 2 期;肖建国、肖建光:《审判委员会制度考——兼论取消审判委员会制度的现实基础》,载《北京科技大学学报(社会科学版)》2002 年第 3 期;赵红星、国灵华:《废除审判委员制度》,载《河北法学》2004 年第 6 期。

③ 参见张洪涛:《审判委员会法律组织学解读——兼与苏力教授商榷》,载《法学评论》2014 年第 5 期;白迎春:《审判委员会制度的存废之谈》,载《前沿》2015 年第 2 期;另外秦前红在一篇采访中也认为审判委员会从应然角度看应当取消,参见《审委会存废之争态势明朗:保留并改革》,载财新网(http://china.caixin.com/2015-09-22/100854431.html)。

④ He, Xin, (2012) Black Hole of Responsibility: The Adjudication Committee's Role in a Chinese Court, Law and Society Review, Volume 42, No.4, pp. 681-712.

总的来看,废除论虽然未被官方所采纳,但其影响却是极其巨大的,自废除论鲜明地提出之后,审判委员会的存废之争一时成为学界热点,直接推动了对审判委员会制度的进一步反思,也推动了审判委员会制度的深层次制度改革以及相关改革方案的出台。

2. 实质的废除论——替代论

与旗帜鲜明的废除论相较,替代论是学界不曾特别留意的一种实质的废除论。由于其在主张废除审判委员会的同时,提供了可替代的方案,因此值得给予充分的重视。替代论者的基本观点是,审判委员会讨论决定案件固然因存在很多弊端应予废除,但其有助于解决重大、疑难、复杂案件的积极功能不可忽视,因此应当建立审判委员会的功能替代机制。

替代论具体主要有两种方案:一种是将审判委员会改造为咨询机构,如尹忠显、尹春丽、施杰等学者认为,未来应将审判委员会改造为不具有强制力的法官判案咨询指导机构[1],这种方案承认法院内部存在某种解决"疑难杂症"的专业需求,但认为审判委员会应当只提供咨询意见,而不能替法官或合议庭作出决定。另外一种是由大法庭替代审判委员会,如姚莉教授提议建立由资深法官组成的大法庭制度替代审判委员会,由大法庭按照普通程序对重大、疑难、复杂案件进行审理,从而发挥其具有较高审判能力和审判权威的作用。[2] 总的来看,主张替代论的学者数量有限,其价值也尚未被学界和官方所充分认识。

(三)已有研究的不足

从学术界三十余年的探讨来看,审判委员会制度研究不仅在理论上取得了大量成果且不乏优秀者,从而深化了学界对审判委员会制度的认识和反思;而且在实践上,一方面,相关讨论极大程度地推动了审判委员

---

[1] 参见尹忠显主编:《法院工作规律研究》,人民法院出版社 2003 年版,第 289—290 页;尹春丽:《审判委员会改革的设想》,载《江淮法治》2006 年第 21 期;施杰:《对审判委员会制度改革的思考》,载《人民政协报》2015 年 1 月 22 日,第 003 版。

[2] 参见姚莉:《法制现代化进程中的审判组织重构》,载《法学研究》2004 年第 5 期。

会制度的变革,直接促成了类似《最高人民法院审判委员会工作规则》等与审判委员会运作相关的技术性规则的形成和完善,另一方面也是更为重要的是,大大推动了审判委员会制度改革的进程,无论是国家顶层主导的司法改革还是最高人民法院主导的数次法院改革,在与审判委员会相关的内容上,可以说都受到了学界争论的实质影响。

但是不容忽视的是,三十多年的审判委员会研究也都还存在比较明显的不足:第一,在方法上,前述1983—1998年的技术性修补讨论主要采用传统的法律教义学方法和对策研究方法,而1998年至今的反思性改革论虽然采用实证研究方法,但是系统性的实证研究仍不多见,且相关的调查研究多为2010年之前所作,绝大部分数据都已较为陈旧,对于审判委员会运作的最新状况、相关变化及变化的具体内容、原因等所知甚少。第二,在内容上,一方面,已有研究基本聚焦于审判委员会讨论决定案件的职能,对审判委员会总结审判经验等宏观指导职能涉猎极少;另一方面,绝大部分研究都集中于探讨基层法院的审判委员会,而对中级人民法院、高级人民法院乃至最高人民法院的审判委员会及其运作关注不多。与前面两点不足相关,对于审判委员会制度究竟应当如何改、如何彻底改,学界已有的讨论也相应地缺乏最新的、全面系统的实证材料作为支撑。

三、本书的研究方法与材料来源

毫无疑问,既有研究为本研究奠定了良好的基础。但如前所述,审判委员会制度及其改革还有进一步研究的必要和空间。那么,如何进一步研究中国审判委员会制度?如何为进一步改革特别是彻底改革中国审判委员会制度做准备?为了避免已有研究存在的前述不足,同时也为了全面系统地获取最新的一手资料,本书在方法上主要突出实证研究方法,在材料来源上则尽可能留意材料的全面性、典型性与代表性。

（一） 实证研究方法

经过近年来一些学者的大力鼓动和提倡，实证研究方法已经逐渐为学界所接受，并为越来越多的学人所熟知和应用。在审判委员会制度及其改革研究领域，实证研究方法比较早地得到了应用，成果也相对较为丰富。但是正如前文所示，这些成果大多集中于 2010 年之前，且系统性的实证研究并不充分，相关数据也已经较为陈旧。考虑到 2010 年之后包括审判委员会改革在内的司法改革动作频繁并渐入高潮，对审判委员会的最新运作境况作系统性实证了解，无疑显得非常必要。这里要特别强调的是，本书采用实证研究方法并非仅仅基于了解最新实践和更新资料的需要，更是因为实证研究方法天然地与审判委员会这样的本土制度和本土问题相亲和，如果应用得当，不仅能够更为全面、清楚地了解和发现审判委员会运作实践的面貌和内在逻辑，而且可以在此基础上检验已有理论的有效性，并有助于在新发现的刺激下提出新的观点乃至理论，进而为审判委员会改革提出更好的建议和方案。

笔者注意到，实证研究的具体方法比较繁杂，在一项研究中不可能也不需要全部采用。为此在审判委员会制度研究中，我们特别注重两种方法，即数据分析和定性研究。之所以特别重视数据分析，乃是因为通过数据分析，"比较容易达到通则式的解释"①，可以看到审判委员会运作的整体情况，并有利于从中得出一些普遍性结论。而之所以强调定性研究，则是由于定性研究具有通过"深描"将隐藏于审判委员会运作数据中的深层次结构和问题"连根拔起"的不可替代能力。②

具体来讲，一方面，通过实地的调研统计，通过数据表格、图形展示审判委员会的运作情况，并通过数据统计分析，形成对审判委员会各项职能的运作实际、不同层级法院审判委员会运作的差异、不同地域审判

---

① 〔美〕艾尔·巴比：《社会学研究方法》（上），邱泽奇译，华夏出版社 2000 年版，第 52 页。
② 这也是人类学更倾向于定性研究的一个缘由。参见〔美〕格尔茨：《文化的解释》，韩莉译，译林出版社 1999 年版，第一章"深描说"，第 3—42 页。

委员会运作的特点等问题的基本认识。另一方面,通过定性研究中的个案剖析和过程分析,再现中国审判委员会讨论决定案件以及总结审判经验的真实图景,尤其关注其中鲜活、复杂而又变动不居的经验事实,尽量展示审判委员会运作过程中不同层次行动者的权力运用和策略性行为,同时辅以背景介绍、规范释义、结果阐释等内容,以期对中国的审判委员会制度有更为深入的认识。

值得强调的是,尽管数据分析与定性研究特点迥异,但是在具体研究中,数据分析和定性研究常常是被同时采用、互相补充的。比如,有时通过数据分析发现了审判委员会运作的某些显著特点,但是仅仅数据分析往往难以厘清这些特点形成的深层原因,这种情况下就会采取定性研究方法,以印证数据分析的结果。再如,有时定性研究中观察到了某种观点,但是仅仅以定性研究中的经验材料往往难以支撑此观点,这种情况下就会采取数据分析的研究方法,通过对特定范围内相关数据的统计、分析,来验证这种观点,提高结论的说服力,并在此基础上进一步发展、修正相关观点。

当然,无论是单独采用定性、定量研究还是将两者结合起来,都必须以扎实的经验素材为基础。而经验素材的获得,往往需要一些实证技法的支持。在本项研究中,为了尽可能获得真实、全面、深切的经验素材,综合采用了文献收集、阅卷、访谈、参与观察、问卷调查以及个案跟踪等多种技法。

1. 收集与阅读文献资料

在背景资料方面,广泛查阅全国相关资料特别是统计资料,收集与调查样本所在地域相关的经济、社会、文化等情况的书籍、报告和报道。在审判委员会制度层面,则全面收集法律、司法解释层面与审判委员会相关的法律规定和解释,尽量收集各个样本法院关于审判委员会运作的文件、规定和总结。

2. 全面阅读、检索与审判委员会运作相关的记录和个案卷宗

在对审判委员会有整体了解之后,根据各个法院档案保管的情况,在获得允许的情况下,对审判委员会运作相关的记录和个案卷宗进行检

索,并分类进行编号、归档,必要时进行抽样。对于典型案例或事例,则采取摘抄、摘录、复印、全案拍照等多种方式进行信息存储。

3. 访谈、问卷以及个案跟踪

在广泛收集、阅读相关文献资料以及检索相关卷宗、记录的同时,深入各个法院进行访谈,无论是集体座谈、个别交流还是正式访谈、非正式闲谈,只要有助于深度了解审判委员会的运作,不拘形式都予以采用。访谈的同时,发放相关问卷,问卷对象既包括法院相关人员,必要时也涉及当事人甚至社会公众。此外,根据调研的实际情况和条件,有选择地跟踪一些个案,并尽可能列席审判委员会以了解审判委员会决策的过程,并在此基础上作进一步的深度访谈。

需要说明的是,尽管有上述诸多技法助阵,仍然深刻体会到在中国进行实证研究的困难性。这种困难感的产生,当然与系统性实证研究本身涉及面太广而较难全面把握有一定关系,但主要与接受实证调查的主体配合程度仍然有限(尽管已经属于非常配合)、官方统计缺乏以及官方数据可信度较低有关。尽管我们做了多种努力,但是这种困难仍然可能会在一定程度上影响调查和实证研究的范围和质量。

(二) 材料来源:样本的选择与说明

在实证研究的方法和思路下,我们选定一个中国西部大省 A 省法院系统的审判委员会作为研究材料的来源。下面的内容将首先介绍 A 省的概况以及该省法院系统的基本情况,然后说明我们选择 A 省法院系统审判委员会作为研究样本的几个理由。

1. A 省及其法院系统概况

A 省地处中国西部,是西南、西北和中部地区的重要结合部,是承接华南华中、连接西南西北、沟通中亚南亚东南亚的重要交汇点和交通走廊。辖区面积48.6万平方公里,居中国第五位,辖21 个市(州)、183 个县(市、区)。地势总体上呈西高东低走势,地貌类型以平原、丘陵、山地和高原为主,中部为 A 盆地(含 C 平原),盆地周围为丘陵、山地,西部是向青藏高原过渡的川西高原。截至 2015 年年底,人口 8 204 万人,GDP

总量30 103.1亿元,是我国的资源大省、人口大省、经济大省。A省是多民族聚居的省份,除汉族外,有彝族、藏族、羌族等55个民族,有全国最大的彝族聚居区、唯一的羌族聚居区,藏族聚居人口仅次于西藏自治区,民族自治地区土地面积占全省总面积的62.7%。A省是农业大省,城市化率约48%。A省省会所在地C市,2015年GDP总量达1.1万亿元,城市化率达到70%,为全国十大城市之一。

A省法院系统共有211个法院,包括1个高级人民法院、22个中级人民法院、188个基层人民法院。截至2015年年底,全省有法官10 700人。2016年,全省法院受理各类案件955 989件、同比上升4.46%,办结869 429件、同比上升5.86%;同2005年相比(312 710件),十年里全省法院系统审结案件数量增加2.6倍。全省211个法院均设有审判委员会,共有审判委员会委员2 447人,其中高级人民法院审判委员会委员23人,中级人民法院审判委员会委员346人,基层人民法院审判委员会委员2 078人。

本书赖以为基的材料均来自对A省211个法院审判委员会运作的了解和调查。一方面,课题组搜集到了2015年全年A省所有法院审判委员会讨论议题的数量以及会议的次数。另一方面,在保证调查的代表性和典型性的前提下,课题组重点实地调查了A省高级人民法院,以及C中级人民法院、Y中级人民法院、M中级人民法院、G中级人民法院、T中级人民法院及前述5个中级人民法院所辖部分基层人民法院,着重搜集了其2010—2014年5年间的全部数据。① 此外,课题组还于2016年4月1日—2016年4月30日在1个高级人民法院、5个中级人民法院、11个基层人民法院进行了为期1个月的跟踪调查,着重观察审判委员会运作

---

① 以上5个中级人民法院2015年受理案件的数量分别为:省会城市C中级人民法院34 642件,M中级人民法院3 787件,G中级人民法院2 562件,Y中级人民法院2 484件,铁路运输T中级人民法院627件。在中级人民法院的选择上,兼顾了经济发达、中等发达、欠发达地区,案件数量较多、中等、较少地区。

的程序及机制。①

以上前两个方面是静态数据,第三个方面是动态数据。同时,2015年基于A省总体的数据有效避免了对法院进行抽样可能带来的误差,2010—2014年的数据则有效避免了2015年这一年度可能带来的误差。三组数据配合使用,在相当程度上保证了课题研究的全面性、代表性。此外,在具体的研究中,在必要的时候,A省法院系统内的其他中级人民法院、基层人民法院的资料,乃至其他省份的素材,都会是非常重要的补充性素材来源。

2. 关于样本选择的几点说明

本书选择A省法院系统内高级人民法院、部分中级人民法院和基层人民法院审判委员会作为样本展开实证研究,主要基于如下几点考虑:

首先,A省法院系统辖区具有很强的典型性。如前所示,A省面积较大,人口众多,且既有平原、丘陵地貌,也有山区、高原地貌;既有经济发达的全国十大城市之一的C市,也有广袤的欠发达地区;既有城镇化率极高的省会城市,也有城市化率很低的以农村为主的地区;既有以汉族为主的地区,也有典型的少数民族聚居区。以这样的省的法院系统作为研究样本,可以比较全面地关照中国当前的城乡二元、经济发展不平衡以及多民族特点。在我们看来,即便放置于全国,A省法院辖区作为研究样本的典型性都是非常显著的。

其次,A省法院系统具有很强的代表性。从当前一些实证研究的情

---

① 这17个法院及其2015年案件受理的数量分别为:A省高级人民法院11 356件;省会城市C中级人民法院34 642件,其辖区内的Q法院18 672件、P法院2 250件;经济中等发达地区的L中级人民法院5 091件,其辖区内的Z法院8 949件、J法院542件;经济不发达地区的B中级人民法院2 208件,其辖区内的T法院5 183件、N法院3 377件、E法院2 042件;少数民族自治地区的G中级人民法院745件,其辖区内的L法院701件、B法院54件;铁路运输T中级人民法院627件,其辖区内的Y法院934件、X法院54件。在中级人民法院的选择上,兼顾了经济发达、中等发达、欠发达地区,案件数量较多、中等、较少地区,汉族地区以及少数民族地区;同时,在每个中级人民法院辖区内都选择了两个以上的基层人民法院,分别作为该地区案件数量较多和较少法院的代表。因此,该17个法院基本能够涵盖A省各类法院的情况,具有较高的代表性。

况来看,普遍采用的是多样本比较考察的方式,因此一般都会确定数个不同的样本进行实地调研,以增强样本的代表性。我们只选择一个省的法院系统进行调研,主要是因为我国是单一制国家,全国各个省、自治区、直辖市的法院系统具有相当的同质性,调查一个省法院系统的审判委员会运作,应该能够从中管窥中国审判委员会运作的基本特点。实际上,一方面,正如波普尔所言,任何描述都不可能是完整的,而仅仅是一种选择,并且所描述的事实总是事实中的一小部分,要避免有选择性是不可能的,而且这样做也是不可取的①;另一方面,就 A 省而言,与其他省、自治区、直辖市相较,在政法架构上并没有实质性区别,以至于很难找出其代表性有问题之处。

最后,选择 A 省法院系统展开调研具有很好的可操作性。众所周知,实证研究往往意味着需要动用大量的资源,尤其是相关的权力资源。② 课题主持人和参加人与 A 省法院系统有着常年的调研合作和工作关系,这种关系所内涵的权力资源,有助于课题组展开真正的、有效果的调研。此外,调查一个省的法院系统,可以集中有限的人力、物力、财力资源将调研做细,弄清楚该省法院系统审判委员会运作的整体情况,全面把握影响审判委员会运作的各个方面的情境性因素,详细考察不同层级审判委员会以及审判委员会不同职能之间的实际关系,从而助益于更好地贯彻前文主张的实证研究进路。

必须特别说明的是,选择 A 省法院系统作为研究样本存在一个不足,即没有覆盖最高人民法院的审判委员会及其运作。这既与我们可调配的权力资源和其他资源相对有限有关,更与最高人民法院审判委员会运作的保密性程度更高、更为敏感有关。应当说,从研究角度来看,最高人民法院审判委员会有着非常的重要性,尤其是其宏观职责的运作有着独特的特点和研究价值。在这个意义上,本研究未能覆盖最高人民法院

---

① 参见〔英〕卡尔·波普尔:《开放社会及其敌人》(第 2 卷),郑一明等译,中国社会科学出版社 1999 年版,第 394—395 页。

② 参见苏力:《法律社会学调查中的权力资源》,载《社会学研究》1998 年第 6 期。

审判委员会,不能不说是一个遗憾。不过好在对于最高人民法院宏观职能之发挥,我们在多年前就曾有过研究①,近几年的研究中对其案件方面的职能也有涉及②,也算是对此遗憾的一点点弥补吧。

四、本书的主要内容

在研究内容上,本书共分六章,除本章外,分别是:

第二章"审判委员会组织结构实证分析"。主要考察组织机构及人员构成情况、审判委员会会议模式、审判委员会会议情况、审判委员会工作机构职能,并分析指出审判委员会组织结构存在的问题。

第三章"审判委员会讨论案件实证分析"。具体分为审判委员会讨论对象的统计分析、审判委员会讨论结果的统计分析,并在前述分析基础上指出审判委员会讨论案件职能存在的问题。

第四章"审判委员会宏观指导职能实证分析"。对审判委员会的宏观指导职能与讨论案件职能的关系进行了分析,对审判委员会宏观职能进行了实证考察并揭示了其存在的问题。

第五章"审判委员会运行过程实证分析"。具体包括审判委员会运行的实证考察、审判委员会运行的整体面貌、审判委员会运行过程中存在的问题等内容。

第六章"审判委员会制度的改革完善"。在第二章至第五章实证研究的基础上,分别针对审判委员会的组织结构、职责内容、运行程序提出了改革思路和完善建议。

在上述六章内容中,除本章外,在具体研究中还会特别突出以下两个方面的思路和内容:

一方面,结合时代背景、制度环境和时空情境考察和分析审判委员

---

① 参见左卫民等:《最高法院研究》,法律出版社2004年版。
② 参见左卫民:《死刑控制与最高人民法院的功能定位》,载《法学研究》2014年第6期。

会及其运作。任何一个制度都生成和存在于特定的时代背景,并深陷于特定的制度环境与时空情境之中。因此,应当注意结合历史条件、制度环境和时空情境来分析具体问题,将具体制度放置于宏大的时代背景中,将制度的具体运作放置于特定的情境之中,以避免抽象的言说和争论。基于这一认识,我们在研究审判委员会制度尤其是其运作时,将尽可能描述其赖以存在的时代背景,同时特别注意审判委员会运作与外部环境之间的互动关系,注意当时当地的特定社会情境,力图通过置微观机制于宏大社会背景、置微观事件于社会情境的研究方式,凸显审判委员会制度生态的多样性和审判委员会运作过程的复杂性,以尽可能"神入"理解审判委员会制度及其运作,以便更加确当地评判审判委员会运作的过程和结果。

另一方面,注意不同层级法院审判委员会、审判委员会不同职能之间的相互关系。我们通过前期研究已经注意到,不同级别法院的审判委员会的功能并不完全相同,审判委员会的不同职能之间也会存在某种程度的资源竞争关系,不同性质的案件对审判委员会的需求也存在差异①,甚至同一审判委员会内部不同层次主体的利益和需求也不相同。② 对于这些问题,我们在研究时都会给予充分的关注,并尽可能详细地揭示各级法院审判委员会及其职能的实际运作,清理审判委员会运作系统中的各个组成部分,如承办法官、合议庭成员、审判委员会委员、院庭长③、审判委员会各专业委员会、法官会议、审判委员会办公室等之间的关系,并会把相当的精力投入到关注它们之间的相互协调、协作之中。

---

① 参见左卫民:《审判委员会运行状况的实证研究》,载《法学研究》2016 年第 3 期。
② 参见肖仕卫:《基层法院审判委员会"放权"改革的过程研究——以对某法院法官的访谈为素材》,载《法制与社会发展》2007 年第 2 期。
③ "院庭长"是实践中对"分管副院长、庭长"的统称。

第二章 审判委员会组织结构实证分析

审判委员会的组织结构既是审判委员会职能得以发挥的基础,也是审判委员会具体运作的依托,同时还对审判委员会的运作模式有着不可估量的影响,因此在探讨审判委员会的各项职能与运行过程之前,本书将首先对其组织结构进行考察。三大诉讼法及其司法解释对审判委员会的规定主要集中于职能,基本不涉及组织结构,《中华人民共和国人民法院组织法》也只是略微提及其委员任免与会议主持。① 但这并不意味着组织结构不重要,《人民法院第二个五年改革纲要(2004—2008)》对审判委员会的改革构想就主要集中于组织结构方面,涵盖了人员构成("改革审判委员会的成员结构,确保高水平的资深法官能够进入审判委员会")、会议模式("最高人民法院审判委员会设刑事专业委员会和民事行政专业委员会;高级人民法院、中级人民法院可以根据需要在审判委员会中设刑事专业委员会和民事行政专业委员会")以及工作机构("健全审判委员会的办事机构")等多个方面。② 那么,在《人民法院第二个五年改革纲要(2004—2008)》发布十余年后的今天,审判委员会组织结构的实际情况为何?本章将主要回答这一问题。

---

① 《人民法院组织法》第10条规定:"各级人民法院设立审判委员会,实行民主集中制。审判委员会的任务是总结审判经验,讨论重大的或者疑难的案件和其他有关审判工作的问题。地方各级人民法院审判委员会委员,由院长提请本级人民代表大会常务委员会任免;最高人民法院审判委员会委员,由最高人民法院院长提请全国人民代表大会常务委员会任免。各级人民法院审判委员会会议由院长主持,本级人民检察院检察长可以列席。"

② 参见《人民法院第二个五年改革纲要(2004—2008)》第23条。

一、审判委员会的人员构成

审判委员会是实行民主集中制的议事机构,审判委员会委员的构成情况直接影响着审判委员会各项职能的发挥。为了全面、直观地反映 A 省各地中级人民法院的委员构成情况,课题组对 A 省三级法院审判委员会委员的构成情况进行了统计分析,并根据经济发展情况,分为都会区法院、发展中地区法院、边远地区法院、专门法院等,抽样调查了 5 个中级人民法院审判委员会委员构成情况。同时,就审判委员会委员范围等问题也进行了问卷调查。

(一) 审判委员会委员的数量

A 省共有审判委员会委员 2 447 人,以 2015 年年底全省 10 700 名法官来计算,审判委员会委员占法官总人数的 22.87%。其中高级人民法院 23 人,中级人民法院合计 346 人、平均每个中级人民法院 15.73 人,基层人民法院合计 2 078 人、平均每个基层人民法院 11.05 人(见图 2-1、图 2-2)。平均来看,高级别法院审判委员会委员的人数明显多于较低级别法院审判委员会委员的人数。

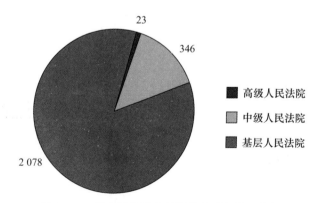

图 2-1　A 省各级法院审判委员会委员的总人数

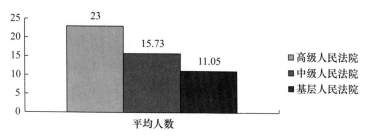

图 2-2　A 省各级法院审判委员会委员的平均人数

就抽样的 5 个样本法院而言，C 中级人民法院、M 中级人民法院、Y 中级人民法院、G 中级人民法院、T 中级人民法院的委员人数分别为 14 人、15 人、17 人、11 人、13 人。从 5 个中级人民法院的情况来看，委员人数与经济发达程度、案件数量、法官数量似乎关系都不大。首先，就经济发展程度而言，C 中级人民法院辖区为经济发达的都会区，M 中级人民法院辖区为经济中等发达地区，但二者的委员数量却基本相同；同为欠发达地区，Y 中级人民法院与 G 中级人民法院的委员数量却相差 6 位。可以看到，委员数量并未随着经济发达程度不同而呈现出规律性变化。其次，从案件数量与委员人数的比值来看，各法院之间的差异也很显著，T 中级人民法院低至 48∶1，M、Y、G 中级人民法院均为一两百比一，而 C 中级人民法院却为 2 474∶1，看来案件数量与委员人数之间也并没有太直接的联系。最后，就委员人数占法官人数的比例而言，低者如 C 中级人民法院仅占 7.11%，高者如 Y 中级人民法院和 T 中级人民法院均接近半数，这表明，并非法官数量越多、委员数量也越多。

当然，需要说明的是，由于课题组未能获取 2015 年度的法官人数，仅能以 2016 年年底首批入额法官的数量作为大致的参考。尽管数据在时间上不甚匹配，但笔者认为依然有一定的参考价值，尤其是当将关注的重点放在不同法院相关比例之间的差异、而非每个法院的相关比例本身时。①

---

① 此外，据了解，因为法官的调动、退休等，各中级人民法院的委员数量可能每年都在发生变化，例如 C 中级人民法院最多的时候达到 18 位委员。

表 2-1　5 个样本地区中级人民法院的委员人数

地区	法院	委员人数（单位：人）	委员人数与法官人数的比较		委员人数与受理案件数量的比较	
			首批入额法官数①（单位：人）	委员人数占首批入额法官数的比例	受理案件数量②	受理案件数：委员人数
经济发达地区	C 中级人民法院	14	197	7.11%	34 642	2 474∶1
中等发达地区	M 中级人民法院	15	40	37.5%	3 787	252∶1
欠发达地区	Y 中级人民法院	17	35	48.57%	2 484	146∶1
	G 中级人民法院	11	36	30.56%	2 562	233∶1
铁路运输法院	T 中级人民法院	13	28	46.43%	627	48∶1

为何经济发达程度、案件数量、法官人数对委员人数的影响不大？我们观察发现，这或许与法院内部职能部门的设置和结构存在关系。众所周知，法院内部结构和职能部门相对是比较明确的，即便经济不发达地区、案件数量少、法官人数少的法院，基于分工的需要，最基本的部门是必须具备的，也需要多个院领导分管不同的部门，因此委员数量即便再少也有底线；而经济发达地区、案件数量多、法官人数多的法院，其内部机构也不可能无限扩张，所以其委员数量再多也有上限。

那么法院审判委员会委员人数的多寡究竟与什么因素有关呢？课题组发现，审判委员会委员的人数很大程度上与审判委员会委员的来源

---

① 首批入额法官数量为 2016 年年底的数据，而统计委员人数的时间为 2015 年，当时尚未施行法官员额制。尽管数据在时间上不甚匹配，但依然具有一定的参考价值。
② 该受理案件数量为 2015 年全年的数据，包括新收案件和旧存案件。

有关,与专职委员的设立有关。通过调研发现,一方面,大部分法院的审判委员会委员都主要来源于院领导和部门负责人(后文将会进行详细分析),因此委员的数量很大程度上取决于院领导的数量和部门的数量。大体而言,院领导和部门的数量在不同层级法院之间的差异很大,在同一层级法院之间的差异则很小,根源可能在于更高级别的法院往往分工更细,这或许就是图2-2中委员人数随法院级别的提升而增加的重要原因。另一方面,也是特别值得注意的是,由于专职委员往往享受副院级待遇,导致专职委员变相成为提升资深法官职级待遇的途径,使得不少法院通过设立数目不等的专职委员解决一些法官的职级待遇,这也使得不同法院的审判委员会委员数量呈现出相当的差异。

(二) 审判委员会委员的职务

在了解了审判委员会委员的总体人数后,有必要进一步分析其构成情况,因为审判委员会委员构成是否科学合理、委员是否专业,很大程度上决定着其职能发挥是否良好。其中,委员的职务情况尤其值得关注——学界普遍认为审判委员会委员大都具有行政职务,由此导致审判委员会的行政化色彩浓厚。那么实际情况如何呢?

从A省的情况来看,担任行政职务的委员比例的确普遍较高。如图2-3所示,截至2015年7月,院领导在审判委员会委员中占比49.86%,主要包括院长、副院长、政治部主任、纪检组组长、机关党委书记、执行局局长等;专职委员(通常简称"专委")占比10.26%;业务庭长占比28.97%;审判综合部门(主要包括研究室和审判管理办公室)负责人占比4.37%;综合部门(主要包括办公室)负责人占比0.04%;资深法官占比6.5%。换言之,非行政职务的委员占比仅6.5%,即便算上实际上享受副院级待遇并分管部分行政事务的专职委员,比例也仅为16.76%。当然不同级别法院的情形又有细微之差异。

从高级人民法院看,A省高级人民法院有审判委员会委员23人,其中,院长1人,副院长5人,纪检组长、政治部主任、执行局长各1人,院领导委员共计9人,占委员总数的39.13%;审判委员会专职委员2人,占8.7%;审判业务庭庭长7人,占30.43%;审判综合部门负责人(研究室、审判管理办公室主任)2人,占8.7%;综合部门负责人1人,占4.34%;资深法官2人(1人原为审判业务庭庭长、1人原为某中级人民法院副院长),占8.7%(见图2-3)。需要说明的是,该综合部门负责人为办公室主任,其曾经担任过研究室主任,因此具有审判委员会委员的身份,这也是全省唯一一个特例。总的来看,如仅计算资深法官的人数,高级人民法院非行政职务的委员比例为8.7%,如加上专职委员,比例则为17.4%。

从中级人民法院看,A省22个中级人民法院共有审判委员会委员346人。其中,院长22人、副院长82人、纪检组长10人、政治部主任9人、执行局长17人、机关党委书记7人,院领导委员共计147人,占委员总数的42.49%;专职委员34人,占9.83%;业务庭长124人,占35.84%;审判综合部门负责人(研究室主任、审判管理办公室主任)16人,占4.62%;资深法官25人,占7.23%(见图2-3、图2-4)。总的来看,如仅计算资深法官的人数,各中级人民法院非行政职务的委员比例为7.23%,如加上专职委员,比例则为17.06%。

从基层人民法院看,A省188个基层人民法院共有审判委员会委员2078人。其中,院长184人、副院长541人、纪检组长100人、政治部主任98人、执行局长121人、机关党委书记20人,院领导委员共计1064人,占审判委员会委员总数的51.2%;专职委员215人,占10.35%;业务庭长578人,占27.82%;审判综合部门负责人89人,占4.28%;资深法官132人,占6.35%(见图2-3、图2-4)。总的来看,如仅计算资深法官的人数,基层人民法院非行政职务的委员比例为6.35%,如加上专职委员,比例则为16.7%。

纵向来看,总体而言,A省三级法院审判委员会委员的职务构成情况差异不大,院领导均占据大多数,其次是业务庭长,而专职委员、审判综合部门负责人、资深法官均不超过10%。但具体而言,部分委员的比重依然存在差异。第一,高级、中级、基层三级法院资深法官委员平均人数以及占比均呈现递减趋势。如高级人民法院资深法官委员为2人,占比

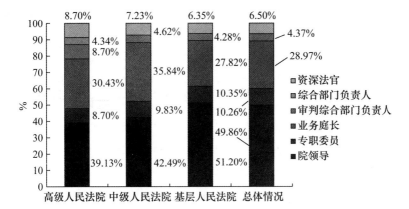

图 2-3　A 省各级法院审判委员会委员的职务情况

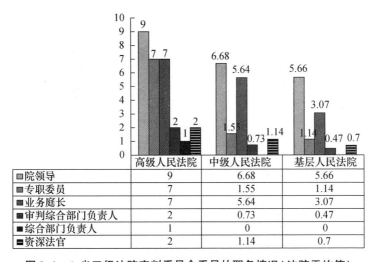

图 2-4　A 省三级法院审判委员会委员的职务情况（法院平均值）

8.7%；中级人民法院资深法官委员平均为1.14人，占比7.23%；基层人民法院资深法官委员平均仅0.7人，占比6.35%。第二，在院领导委员、庭室负责人委员占比上，一方面，随着法院层级的降低，院领导委员的比重明显升高，基层人民法院甚至超过半数，如图2-3所示，高级人民法院、中级人民法院、基层人民法院院领导的比例分别为39.13%、42.49%、51.20%；另一方面，在庭室负责人占比上，基层人民法院业务庭长的比例最低,中级人民法院最高,中、基层人民法院审判综合部门负责人的比例明显低于高级人民法院。我们发现,院领导委员、庭室负责人委员占比存在的这些差异,很大原因在于越是低层级的法院,其审判业务部门、综合审判部门的设置往往更少,因此相关负责人所占据的比重更轻,反之院领导的比例则更重。

横向来看,同一层级的不同法院各类委员占比也存在一定的差异。如表2-2所示,抽样调查的5个中级人民法院中,G中级人民法院院领导比例很高、庭领导比例很低(仅1人);M中级人民法院庭领导比例均较高(院领导占比40%,庭领导占比53.33%);C中级人民法院、Y中级人民法院分别有1～2位资深法官,其他法院都没有;除此以外,其他法院、其他委员的比例差异不大。一方面,几个特例数据并未体现出某种规律;另一方面,大部分法院的数据较为一致,而这些法院所在地区的经济发展水平差异却较大。这似乎表明,法院所在地区经济发达程度与中级人民法院委员的职务情况并没有明显关系。然而,在中级人民法院辖区的不同基层人民法院,却表现出不同的特点。如表2-3所示,随着经济发达程度的降低,院领导的比例有所增加、业务庭长的比例明显降低。这似乎表明,委员的职务构成情况与经济发达程度(同时也包括案件数量、法官数量)并非完全没有关系。[①] 中级人民法院与基层人民法院的这种差异,第一,或许是由样本量不同造成的,中级人民法院样本量为5个、基层人民法院的样本量为43个;第二,也不排除与法院层级有关。总之,经济发达程度与委员构成之间的关系,更具体地说与不同层级法院的委员构成之间的关系,尚难有定论,或需要进一步的考证。[②]

---

① 这里主要分析了C、M、Y、G五个地区,T中级人民法院是铁路运输法院,因此此处暂不考虑。

② 当然,谈到委员的行政职务,审判委员会的"行政化"就是一个不可回避的问题。对此,课题组将在"审判委员会组织结构存在的问题"部分进行分析。

表 2-2　A 省 5 个中级人民法院审判委员会委员的职务情况

经济发达程度	法院	人数	院领导		专职委员		业务庭长		审判综合部门负责人		资深法官	
			人数	比例	人数	比例	人数	比例	人数	比例	人数	比例
经济发达地区	C 中级人民法院	14	7	50.00%	2	14.29%	3	21.43%	1	7.14%	1	7.14%
中等发达地区	M 中级人民法院	15	6	40.00%	1	6.67%	8	53.33%	0	0.00%	0	0.00%
欠发达地区	Y 中级人民法院	17	9	52.94%	2	11.76%	4	23.53%	0	0.00%	2	11.76%
	G 中级人民法院	11	8	72.73%	2	18.18%	1	9.09%	0	0.00%	0	0.00%
铁路运输法院	T 中级人民法院	13	6	46.15%	1	7.69%	5	38.46%	1	7.69%	0	0.00%

表 2-3　A 省 5 个地区基层人民法院审判委员会委员的职务情况

经济发达程度	法院	辖区基层人民法院数量	委员总数	院领导		专职委员		业务庭长		审判综合部门负责人		资深法官	
				人数	比例	人数	比例	人数	比例	人数	比例	人数	比例
经济发达地区	C 地区	21	231	109	47.19%	23	9.96%	74	32.03%	15	6.49%	10	4.33%
中等发达地区	M 地区	6	52	32	61.54%	4	7.69%	12	23.08%	3	5.77%	1	1.92%
欠发达地区	Y 地区	8	80	41	51.25%	9	11.25%	20	25.00%	2	2.50%	8	10.00%
	G 地区	6	63	35	55.56%	7	11.11%	12	19.05%	3	4.76%	6	9.52%

(续表)

经济发达程度	法院	辖区基层人民法院数量	委员总数	院领导		专职委员		业务庭长		审判综合部门负责人		资深法官	
				人数	比例	人数	比例	人数	比例	人数	比例	人数	比例
铁路运输法院	T中院辖区法院	2	14	10	71.43%	2	14.29%	2	14.29%	0	0.00%	0	0.00%

（三）审判委员会委员的资历

委员的资历影响着其权威性,同时在理论上与审判委员会委员构成是否"行政化"、何种程度"行政化"问题有着重要关联,因此有必要给予特别的考察。课题组将从年龄、审判工作年限、担任审判委员会委员的时间、学历背景四个方面——它们分别代表着委员的社会经验、审判经验、解决疑难案件的经验以及专业知识的丰富程度——来综合评估委员的资历。

1. 审判委员会委员的年龄

年龄在某种程度上代表着其生活经验、社会经验是否丰富。司法案件并非纯粹的法律问题,同时也是社会问题、生活问题,很多时候需要法官具备丰富的社会经验、高超的生活智慧;甚至对于法官的裁判推理而言,尽管主要依靠证据与法律,但生活与社会经验也会给其提供重要的启发与思路。如表2-4所示,样本法院中的高级人民法院、中级人民法院、基层人民法院委员的平均年龄分别为52岁、48岁、45.9岁。三级法院中年龄最高的委员均为59岁,即临近退休的年纪;基层人民法院、中级人民法院年龄最小的委员在30岁上下,而高级人民法院即便年龄最小的委员也超过了40岁。总体来看,审判委员会委员以中年为主。就此而言,审判委员会委员的资历是较深的,尤其是和大量二十多岁的应届毕业生相比。

表2-4　A省三级法院审判委员会委员的年龄

法院 \ 年龄	平均年龄	最小值	最大值
高级人民法院	52	43	59
中级人民法院	48	34	59
基层人民法院	45.9	28	59

2. 审判委员会委员的审判工作年限

司法不仅需要社会阅历,更是一项门槛较高的专门性工作,需要长期磨砺技艺并积累经验。因此工作年限就成了评判审判委员会委员审判业务经验的重要指标。有鉴于此,课题组考察了审判委员会委员的审判工作年限。从图2-5来看,A省三级法院的审判委员会委员都属于"资深法官"。A省高级人民法院审判委员会委员从事审判工作在21年及以上的18人(占比78.26%),16～20年的3人(占比13.04%)。这就意味着仅8.7%的委员其审判工作年限在15年及以下。其中,从事审判工作4年及以下的仅1人,但该委员此前曾长期从事检察工作。在全省中级人民法院336个委员中,审判工作年限在4年及以下的同样仅有1个。16～20年的60人(占17.86%),21年以上的216人(占64.28%),二者合计82.14%。此外,11～15年的38人(占11.31%),5～10年的21人(6.25%)。基层人民法院审判委员会委员中,从事审判工作年限在4年及以下的139人,占6.69%;5～10年的229人,占11.02%;11～15年的189人,占9.1%;16～20年的483人,占23.24%;21年及以上的1 038人,占49.95%。总体来看,三级法院绝大多数委员都具有十余年甚至二十余年的审判工作经验。以人一生工作三十余年来计算,这就意味着委员们半生甚至多半生的精力都用于学习审判知识、积累审判经验、增长审判智慧。就此而言,在审判业务上审判委员会委员们应当说具有较高的权威性。

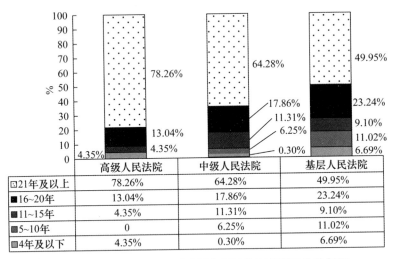

图 2-5　A 省三级法院审判委员会委员从事审判工作的年限

3. 担任审判委员会委员的时间

审判委员会与普通审判组织的区别在于,它主要负责解决"疑难杂症"。因此这就需要委员不仅要具有丰富的审判经验,更要具有解决"疑难杂症"的丰富经验。就此而言,担任委员的时间就显得举足轻重。从委员的平均任职时间来看,样本法院中高级人民法院、中级人民法院、基层人民法院分别为 4.7 年、6 年、7 年(见图 2-7)。高级人民法院的委员任职时间相对较短,69.57% 的委员不超过 6 年;中、基层人民法院的委员任职时间更长,6 年及以上的均超过了 50%;同时,三级法院都分别有 20% 左右的委员任职在 11 年及以上。高级人民法院委员任职时间相对较短可能与高级人民法院审判委员会委员事实上的任职条件较高有关,譬如委员绝大多数都是院领导或庭室领导,而在高级人民法院担任这些职务往往意味着需要长年积累从而导致任职时年龄较大等。不过需要注意的是,尽管高级人民法院审判委员会委员的任职时间较中、基层人民法院委员更短,但一方面高级人民法院的案件本身更疑难复杂,这就意味着其在担任委员之前接触疑难复杂案件的概率并不算低;另一方面,高级人民法院审判委员会的召开频率明显更高①,这就意味着在同样的时间里高级人民法院的委员们参与"疑难杂症"的"会诊"更多。因此,总体来看,审判委员会委员们在审理疑难案件方面的经验是较为丰富的。

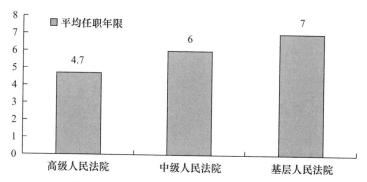

图2-6　A省三级法院审判委员会委员的平均任职年限(单位:年)

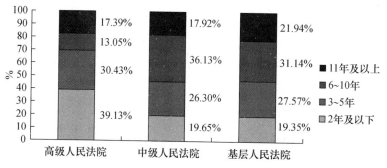

图2-7　A省三级法院审判委员会委员的任职时间

4. 审判委员会委员的学历背景

前面三个指标都主要考察委员各层面审判经验的丰富程度,但司法审判不仅需要经验,更需要专业知识。就此而言,委员的学历背景即是一项非常重要的可供参考的评判指标。如图2-8所示,高级、中级、基层人民法院具有法学学历的委员比例分别为100%、97.98%、93.41%,尽

---

① 本书第五章将对此展开论述。

管随着法院层级的降低有所下降,但均在九成以上。虽然因各种原因课题组并未获取到其学历的具体来源,对于其中硕士、博士所占比例也未获得详细数据,但总体而言,法学学历意味着其经历了较长时间、系统的学习,意味着其专业知识较为扎实、司法理念较为牢固。

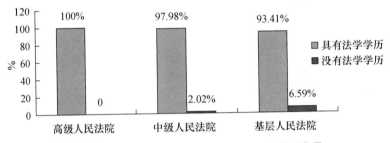

图2-8　A省三级法院审判委员会委员的学历背景

综合以上四个指标来看,审判委员会委员的年龄普遍较大、审判经验普遍较丰富、任职委员的时间普遍较长、几乎都受过法学专业训练,绝大部分都属于审判业务能力较强、社会经验和阅历丰富的资深法官,应当说具有高于普通法官的解决"疑难杂症"的能力。结合前文对审判委员会委员构成的考察来看,尽管委员中有行政职务者占比很大,但是这些有着行政职务的委员却也并非仅是法院的"官员型委员",绝大部分委员同时也是有相应履职能力的"专业型委员"(对此我们在下文还将作进一步的讨论)。当然,就具体个案而言,委员的履职能力还受限于其所学专业背景和所属业务背景等因素。

二、审判委员会会议的组织

审判委员会的人员组成情况无疑构成了影响审判委员会职能发挥的基础,不过审判委员会以何种组织方式作出决策,也构成了影响审判委员会实际运作的重要内容。换言之,必须考察和研究审判委员会如何组织开会这一问题。对此,我们将从审判委员会的会议类型、会议的主持、会议的发言顺序着手加以考察。

（一）审判委员会的会议类型

审判委员会的会议类型不是一成不变的,除了全委会外,为适应经济社会发展对审判工作的新要求,根据《人民法院第二个五年改革纲要（2004—2008）》等规定[①]及司法实践的探索,最高人民法院和部分高级、中级人民法院也先后建立了专业委员会。司法实践中,部分法院结合自身工作情况建立了审判委员会例会制度。[②]

从司法实践看,法院审判委员会可以分为全委会、专业委员会和例会等会议类型。其中全委会是由院长主持、全体委员参加的审判委员会,主要讨论宏观指导议题和例会、专业委员会讨论后难以决定的疑难复杂案件。专业委员会是由院长委托相对固定的副院长主持,由该专业委员会委员参加的,集中讨论决定各业务部门提交审判委员会讨论的同一类型案件的审判委员会。例会是由分管副院长主持的,能够参会的审判委员会委员参加的审判委员会,主要讨论决定分管副院长分管业务部门提交讨论的案件。例会与专业委员会的主要区别在于会议主持人和参会人员是否相对固定。具体而言,一方面,专业委员会一般分为刑事、民事、行政专业委员会等,主持人是固定的,同一类案件由同一主持人主持讨论决定;而例会的主持人则是相关案件的分管副院长,一般由分管副院长根据分管部门提交讨论案件情况,轮流主持,由于分管副院长不同,不同部门提交讨论的同一类型案件的主持人也可能不同。另一方面,从建立专业委员会制度的法院看,在设立专业委员会的同时,对参加相关专业委员会的委员分工也一并作出了明确规定,除相关专业委员会委员人数不足等情况外,其他专业委员会的委员一般不参加该专业委员会会议;而例会制度则不同,从各地法院的做法看,虽然在安排例会时会

---

① 《人民法院第二个五年改革纲要（2004—2008）》第 23 条提出"最高人民法院审判委员会设刑事专业委员会和民事行政专业委员会;高级人民法院、中级人民法院可以根据需要在审判委员会中设刑事专业委员会和民事行政专业委员会"。

② 虽然设立例会制度的法院较多,但最高人民法院相关规定一直未将该制度纳入正式审判委员会工作制度之中,属于各地探索形成的工作方法。

考虑委员专业背景等因素进行重点通知,但其他委员如无特殊情况,按照规定也是需要参会的。也就是说,例会的参会人员范围是全体委员。那么,全委会、专业委员会、例会等审判委员会会议类型的运行情况如何呢?

通过问卷调查发现,对于是否建立专业委员会或例会,各地法院的做法并不一致,A省中、基层人民法院中,49.45%的中级人民法院调查对象所在法院建立了专业委员会或例会制度,基层人民法院则仅为26.69%。可见,超过一半的中级人民法院和大部分基层人民法院审判委员会是以全委会形式开展工作的(见表2-5)。

从表2-5可知,49.45%的问卷调查对象反映所在的中级人民法院在设立审判委员会之外又设立了专业委员会,50.55%的被调查对象反映所在的中级人民法院仅设立审判委员会没有设立专业委员会;26.69%的被调查对象反映所在的基层人民法院在设立审判委员会之外又设立了专业委员会,73.31%的被调查对象反映所在的基层人民法院仅设立审判委员会没有设立专业委员会。这种情况与课题组在A省法院系统实际调查获得的信息基本一致。对比可见,在设立审判委员会之外又设立了专业委员会的法院中,中级人民法院更多,基层人民法院则较少。这种情况的出现,可以归因为以下因素:第一,基层人民法院的案件数量多,但与中级人民法院审理的案件相比难度要小一些,需要提交审判委员会的案件和宏观指导事项比例相对较低,仅设审判委员会全委会就足以应对,一般的基层人民法院没有必要单设专业委员会,也没有必要建立例会制度。第二,基层人民法院案件多,在法官数量有限的条件下,人均办案数量高,在都会区甚至高达人均五六百件,审判人员每天疲于审理案件,没有精力在审判委员会上讨论他人承办的案件,更别提再设立专业委员会和例会。第三,中级人民法院负有指导下级人民法院审判业务的职责,需通过发布典型案例等方式对基层人民法院予以指导,考虑到民事审判、刑事审判、执行等工作的区别度较大,设立专业委员会更便于提高会议的专业性、讨论的质量以及会议的效率,同时也可以有效减少其他专业委员会委员参会的次数和时长,减少不必要的"会累"。

表 2-5　中、基层人民法院审判委员会会议类型(问卷调查)

调查对象 \ 选项	有区分		没有区分	
	人数	比例	人数	比例
中级人民法院	181	49.45%	185	50.55%
基层人民法院	158	26.69%	434	73.31%
小计	339	35.39%	619	64.61%

从实地调研情况看,A 省高级人民法院于 2008 年建立了例会制度,并在总结例会制度工作经验的基础上,根据《人民法院第二个五年改革纲要(2004—2008)》的要求,参考外省法院做法,于 2013 年建立了专业委员会制度,分别成立了刑事专业委员会和民事行政专业委员会。抽样调查的 5 个中级人民法院中,C 中级人民法院建立了专业委员会制度,另外 4 个中级人民法院建立了例会制度。抽样调查的 17 个基层人民法院均未设立专业委员会,仅 1 个法院建立了例会制度。从外省考察情况看,课题组考察的 H 省辖区 D 中级人民法院、T 法院、M 法院均未建立专业委员会或者例会制度(见表 2-6)。

表 2-6　5 个地区设立专业委员会、例会情况

法院	专业委员会	例会制度	未设立
高级人民法院	1	0	0
中级人民法院	1	4	0
基层人民法院	0	1	16

从对法官的问卷调查看,审判层级越高的法院法官,支持设立专业委员会或例会制度的比例越大(见表 2-7),显示较高级别法院法官对审判委员会专业委员会或例会的需求更大,这可能与较高级别法院审理的案件更加复杂有关。

表 2-7 法官对是否有必要区分全委会和专业委会(例会)的态度分析

选项 调查对象	有必要		没有必要		无所谓	
	人数	比例	人数	比例	人数	比例
高级人民法院	67	77.91%	9	10.47%	10	11.63%
中级人民法院	228	67.26%	69	20.35%	42	12.39%
基层人民法院	278	53.77%	155	29.98%	84	16.25%
小计	573	60.83%	233	24.73%	136	14.44%

可见,不同地区、不同层级法院对于建立专业委员会或例会的需求不同,高级人民法院和都会区中级人民法院由于案件数量和新类型案件较多,有成立专业委员会的需求,而其他中级人民法院和基层人民法院则不需要建立专业委员会。改革过程中应充分考虑各地法院具体情况,既要充分考虑审判委员会专业化建设需要,又要充分考虑机构设置的必要性。高级人民法院有设立专业委员会的必要;并非所有中级人民法院都有必要设立专业委员会或例会,对案件较少的中级人民法院,没有必要再"叠床架屋";基层人民法院可以不设置专业委员会或例会。

(二) 审判委员会会议的主持

审判委员会会议主持人对于审判委员会工作质量有着十分重要的影响,从一般意义上讲,法院院长是审判委员会的当然主持人,但由于各级人民法院院长承担的行政事务较多,加之部分法院审判委员会会议较为频繁,司法实践中,院长授权其他人主持审判委员会的情况十分普遍。从问卷调查情况看,仅 36.99% 的法院审判委员会是由院长主持,61.06% 的法院院长授权副院长主持审判委员会(见表 2-8)。

司法实践中,审判委员会一般由院长本人主持会议,但当院长因生病、会议、其他事务而无法出席审判委员会时,则委托职位排名第二的副院长主持审判委员会;也有法院根据案子的类型而定,即在讨论民事案件时委托分管民事审判工作的副院长主持审判委员会,在讨论刑事案件时委托分管刑事审判工作的副院长主持审判委员会;还有的法院由副院长轮流主持。副院长主持审判委员会来自院长的授权,已基本形成惯常做法。从审判委员会会议情况看,由于不同地区、不同层级法院面临的任务有很大不同,高级人民法院和案件数量较多的中级人民法院审判委员会建立了专业委员会或者例会制度,由院长主持全委会,由院长指定的副院长主持专业委员会,例会则由分管院领导主持;基层人民法院一般未作区分,均由院长主持。从走访情况看,建立例会制度的中级人民法院数量远远超过建立专业委员会的中级人民法院。从工作效果看,会议结果最权威的是院长主持的审判委员会,会议效率最高的是由分管院领导主持的例会,而专业委员会则介于两者之间。

表 2-8 审判委员会主持人情况分析(问卷调查)

选项 调查对象	院长		院长或分管副院长		院长或委托的副院长		其他	
	人数	比例	人数	比例	人数	比例	人数	比例
高级人民法院	4	6.25%	28	43.75%	28	43.75%	4	6.25%
中级人民法院	77	20.7%	117	31.45%	166	44.62%	12	3.23%
基层人民法院	300	50.51%	132	22.22%	158	26.60%	4	0.67%
小计	381	36.99%	277	26.89%	352	34.17%	20	1.94%

三、审判委员会的配套保障

审判委员会作为会议制的审判组织,会议保障机构运行情况对于其工作有直接的影响。本部分将对其工作机构设置情况、人员配备情况、信息化系统建设情况进行考察。

(一)审判委员会的工作机构

从工作机构设置情况看,被调研法院中,只有高级人民法院和部分中级人民法院设立了专门的办事机构,绝大部分中、基层人民法院是在研究室、办公室或者审判管理办公室(以下简称"审管办")内部指定一人作为审判委员会的兼职工作人员,具体是在该部门工作人员中指定一人

(可称之为审判委员会工作人员、记录人员或者审判委员会秘书)负责审判委员会日常工作,例如会议排期、会议记录、填发会议决议等。同时,已设立审判委员会办事机构的法院,基本是作为研究室等部门的一个"内设机构",由于运行缺乏独立性,审判委员会工作人员"身兼多职"的情况也普遍存在。在中、基层人民法院,即便设立了审判委员会办事机构,但相关职能由研究室等部门来承担,相关的工作由某一个人或者某几个人来承担,随意性大。从实证调研结果看,最高人民法院由审管办负责审判委员会会务工作,A省高级人民法院由研究室负责审判委员会会务工作,中、基层法院均由综合部门或综合业务部门负责审判委员会会务工作。其中,由研究室负责会务工作的占13.64%,由审管办负责会务工作的占68.18%,由办公室等部门负责会务工作的占18.18%。从对H省、Z省等地法院审判委员会工作机构考察情况看,具体负责部门也不统一(见表2-9)。

表2-9 中、基层人民法院工作机构分布情况

工作机构 法院	研究室	审判管理办公室	办公室
高级人民法院	1	0	0
中级人民法院	1	3	1
基层人民法院	2	12	3
合计	4	15	4

(二) 审判委员会的工作人员

从实证调研情况看,审判委员会会务保障人员和记录人员普遍较为缺乏,在一些人手不足、工作量大的法院,审判委员会会务保障人员和记录人员大多是其他部门的人员身兼数职,甚至是临时安排的人员,或者在某一个机构人员里轮流值守。抽样调查显示,确定了负责审判委员会记录的专职工作人员的中级人民法院3个、基层人民法院1个,分别占60%、5.88%;确定了专人负责会务工作但不负责会议记录的中级人民法院2个、基层人民法院10个,分别占40%、58.82%;没有确定专人负责会

务工作的基层人民法院 6 个,占 35.29%(见表 2-10)。

表 2-10 5 个地区中、基层人民法院审判委员会工作人员职责分布情况

工作人员职责 法院	有负责记录的 专职工作人员	有专人负责会务工作 但不负责会议记录	没有专人负责 会务工作
中级人民法院	3	2	0
基层人民法院	1	10	6
合计	4	12	6

(三)审判委员会的信息化系统

从调研情况看,各地法院对审判委员会会议的物质装备保障普遍较好,均设有专门的审判委员会会议室,并建成信息化审判委员会会议系统①,除涉密案件外,各级法院的案件均可通过该系统提交审判委员会讨论。从对审判委员会委员的调研情况看,第一,审判委员会配套的信息化建设大大方便了审判委员会委员的履职,审判委员会会议系统在审判委员会委员实时审阅案件卷宗材料、全面掌握案情方面发挥了重要作用,部分解决了委员讨论案件"亲历性"问题。第二,审判委员会配套的信息化建设提升了会议的效率和质量,在承办人汇报案件过程中,审判委员会委员可以借助审判委员会会议系统仔细查看相关证据材料、庭审笔录,大大降低了审判委员会委员向承办人核实案件事实的次数和时长,委员在发言和表决时不再仅仅依赖于承办人的口头汇报,提升了会议的效率和质量。第三,审判委员会配套的信息化建设便利了会议的日常管理,审判委员会工作机构人员借助审判委员会会议系统直接向参会人员发送会议通知,实时在线记录会议发言便于委员实时在线修改和签字。但是目前的审判委员会信息化建设过于单一和简单,只能实现最基础和最简单的功能,与司法实践需求尚存在一定的差距。

---

① A 省法院自 2010 年在全省法院实现网上同步办案,除死刑等案件外,提交审判委员会讨论的案件均通过审判委员会会议系统排期讨论。审判委员会会议系统主要有会议排期、卷宗资料查阅、参会人员签到、会议记录、委员网上审核签字、讨论笔录自动加入案件卷宗、汇报人考评等功能。

四、审判委员会组织结构存在的问题

毫无疑问,经过十多年的司法改革,审判委员会在组织结构层面已经发生了很大变化,许多方面得到了优化与完善。但是必须指出的是,审判委员会的组织结构还存在不少问题,比如委员人数和任免条件不明确、委员身份高度行政化以及审判委员会配套保障不健全等,其中委员身份行政化问题可以说是过去长期存在的"陈年痼疾"。

(一) 委员人数和任免条件不明确

审判委员会作为一级审判组织,组织结构应当具备一定的稳定性。但从法律和司法解释等规定看,均未明确规定审判委员会的组成人员及委员的任职条件等,各地法院在实际操作中"各自为政",导致审判委员会的组织具有较大的随意性和任意性①,不利于提升审判委员会的权威性。

1. 委员组成人数不明确

从实证调查来看,不同地区法院的审判委员会委员数量存在较大的差异。如抽样调查的 5 个中级人民法院中,多的有 17 名委员,少的则只有 11 人。而且同一法院在不同年份的委员人数差别也比较大。审判委员会自身组成的不稳定会传导形成审判委员会决定的不稳定,会对审判委员会履行规范司法行为、统一裁判尺度等审判指导职能产生影响。从调研情况看,由于审判委员会组成人员不同,个别法院的审判委员会在不同时期对同一类案件的认识也存在差异,导致"类案不同判"现象,影响了审判委员会的权威性。同时,由于审判委员会委员人数不确定,部分法院审判委员会由于委员过多,对审判委员会工作效率产生了一定影响。以委员人数较多的 Y 中级人民法院为例,针对一项议题,17 名委员

---

① 参见潘醒:《关于我国审判委员会改革的实证研究》,载《管理科学》2005 年第 3 期。

按每人 3～5 分钟的发言时间计算,仅一轮发言就需要近一个小时或以上的时间,再加上承办人汇报、委员询问、列席人员补充等时间,一个议题耗时可能达两三个小时甚至更长时间,导致审判委员会议事效率低下,影响案件审判的司法效率。这也造成有的委员囿于时间原因,往往在发言时不愿充分展开探讨、辩论,只对案件处理结果进行表态,不利于审判委员会形成高质量的案件处理决议。

2. 委员选任条件和程序不完善

从审判委员会委员的产生来看,仅《人民法院组织法》和《中华人民共和国法官法》中作出了"地方各级人民法院审判委员会委员,由院长提请本级人民代表大会常务委员会任免"的程序性规定,对于审判委员会委员的任职条件、遴选标准等均无法律规定。这对于一级审判组织组成人员而言无疑是不严肃的,也影响了审判委员会委员充分履行职务,对各级审判委员会的有序运行产生了不良影响。从调研情况看,当前各级法院审判委员会委员由本级法院院长提名,本级人大任命,其遴选程序与遴选条件和选任标准由各地组织人事部门把握,尚无统一法定的要求。审判委员会委员任免程序的不公开、不透明,选任条件、标准的不明确、不统一,加上实践中院庭长委员比例较高的现实状况,使部分学者产生了审判委员会委员任命完全操持在法院院长手中,完全按照行政职务的任免程序进行,给外界以审判委员会隶属于院长的"行政化"权力之下,民主集中制难以切实贯彻落实等负面观感。

3. 委员的退出机制不明确

我国尚未明确审判委员会委员的退出机制。当前审判委员会委员实行的是无限期制,即法院人员一旦被任命为审判委员会委员,除非因调离、退休等原因,其委员的身份就一直保留,不会被取消。从调研情况看,A 省三级法院任职时间在 11 年以上的审判委员会委员占委员总数的 21.47%。审判委员会委员任期过长缺乏退出机制会对审判委员会工作产生一定影响。首先,由于缺乏反向激励机制,委员缺乏加强学习新法律、法规的动力和认真履行委员职责的积极性。其次,随着年龄的增长,有的委员对新知识的接受能力随之降低,知识结构老化,不能适应纷繁复杂的新类型案件的处理,最终导致审判委员会讨论案件的质量下降。最后,部分法院在不免除老委员资格的前提下,不断增加新委员,这又使得审判委员会结构过于庞大,增加了审判委员会运作的成本,降低了审判委员会运行的效率。

另外需要注意的是,在法官员额制改革过程中,根据司法改革要求,政治部主任、纪检组长、机关党委书记、办公室主任等仍然担任相应领导职务的人员均未入额。由于缺乏委员退出机制,相关人员的审判委员会委员资格仍然存在。虽然在改革过渡期内,相关人员仍然可以履行相关审判职责,但在司法改革完成后,不是员额法官却可以作为审判委员会委员履行审判职责,将成为"悖论",需要通过健全完善委员退出机制,以妥善处理法官员额制改革带来的问题。

(二) 审判委员会委员构成的行政化

如前文所述,A省审判委员会委员中,院领导占比49.86%,部门负责人占比33.38%,二者合计83.24%;此外,专职委员占10.26%,资深法官占6.5%。毫无疑问,仅就委员的身份而言,审判委员会是一个高度"行政化"的审判组织。应当如何看待这一现象?

结合前文调研获得的实证材料,笔者认为,应尽量客观地看待行政化这一特性。"行政化"一词本身并不天然地带有不正当性,即便在法院系统也是如此。一般而言,如果我们批评一种制度,一定是因为它的存在引发了诸多不可忽视的问题。那么,审判委员会委员构成的行政化究竟会带来什么问题呢?我们不妨从学界的担忧一一谈起。

首先,很多人担心,行政化可能会影响决议的结果。例如,部分行政职务较高的委员可能在会议时抢先发言,凭借自己的行政职务给其他委员施加隐形压力,从而使决议结果顺从自己的意愿。但根据前文的讨论,笔者认为,在发言顺序逐渐规范的当下,这已基本不成其为问题,或者说很容易解决。

其次,还有人认为,行政化可能意味着不专业。这种观点有一个前提性的假设,即行政职务和审判业务是泾渭分明的。但事实上,在法院并非如此。从前文的实证分析来看,一方面委员大都担任行政职务,另一方面他们都是具有丰富审判经验的资深法官,二者具有高度的身份重合性。很大程度上是因为绝大部分庭长、副院长属于"业务型"领导,虽然业务能力较强的法官并不能都得到提拔,但得到提拔的法官大都业务能力较强。① 在我国,"提拔"是对几乎所有科层组织员工的最高肯定,"被提拔"也是大多数"追求进步"(甚至也包括所谓"没追求")的人的梦想,即便在具有高度专业性的法院也不例外。为何会出现这种现象呢?因为法官的待遇、法官等级与行政级别挂钩。如上文所述,对于绝大部分审判委员会委员而言,审判委员会工作实际上是兼职。审判委员会委员不能成为专职的主要原因就在于审判委员会委员本身并不能解决法官的职级待遇问题。为此,一些法院为留住优秀法官,客观上不得不任命其担任其他行政职务以解决职级待遇的问题。如2015年6月8日在成都召开的"司法改革背景下的审判委员会制度改革"高层研讨会上②,部分参会的中、基层法院院长表示,符合条件的资深法官均被任命了行政职务,在非领导职务法官中选择审判委员会委员不具有可操作性。外省考察中有一个典型的事例,H省D中级人民法院为解决一位资深审判委员会委员的职级待遇,将其任命为纪检组副组长。正是因此,作为专业人才的法官才会追求行政级别。总之,尽管委员身份高度行政化,但正如前文考察已经揭示的,他们中的绝大多数同时也都属于法院的业务精英。在我们看来,这种身份上的重叠无疑是需要重视和特别强调的。

---

① 参见左卫民等:《中基层法院法官任用机制研究》,北京大学出版社2014年版,第四章、第五章。

② 为做好审判委员会制度改革研究课题研究,进一步推进审判委员会制度改革,课题组于2015年6月8日在成都召开了"司法改革背景下的审判委员会制度改革"高层研讨会,四川省高级人民法院王海萍院长到会致辞,最高人民法院审管办主任周建平、法研所副所长范明志,《中国法学》总编辑张新宝,中国社会科学院法学研究所研究员王敏远,《中国社会科学》法学学科负责人赵磊,四川大学研究生院常务副院长左卫民,四川大学法学院教授龙宗智,西南财经大学法学院院长高晋康,香港城市大学教授贺欣,北京大学副教授侯猛,四川省、上海市、湖北省高级人民法院,成都市、深圳市、徐州市、乐山市、巴中市中级人民法院,双流县、郫县等基层人民法院的代表参加了会议,参会人员围绕审判委员会制度改革宏观和微观两个方面的问题进行了深入研讨,形成了丰富的研究成果,为课题研究提供了重要参考。

当然，上述分析并不意味着审判委员会组织结构的行政化完全正当。实际上，审判委员会组织结构行政化有着非常严重的问题，只是这些问题不是来自审判委员会会议的结果层面，而是来自对审判委员会会议的过程特别是效率层面，考虑到这已属于审判委员会运行过程中的问题，课题组将在第五章着重予以讨论。

（三）审判委员会的配套保障机制不完善

审判委员会作为会议制的审判组织，会议保障机构运行情况对于其工作有直接的影响。但从实证调研情况看，审判委员会的会议保障水平尚不能满足审判委员会工作的需要。

1. 工作机构不统一、人员配备不专职

如本章第三部分所述，审判委员会的办事机构可能设立在研究室、办公室、审管办，工作人员也往往身兼数职，这种人员配备和管理的随意性，一定程度上影响了审判委员会职能的有效发挥。

首先，不利于审判委员会宏观指导职能的有效发挥。审判委员会按其职能来看，会议前中后都有大量辅助性工作要做，如总结审判经验、出台规范性文件、收集分析发布案例，统一同类案件裁判尺度等，这些均需要审判委员会工作机构做大量的前期调研准备工作，如收集审判经验资料、调研论证、提出前瞻性解决方案等，仅由一名或两名兼职人员从事审判委员会工作，不可能完成如此繁重的工作任务。但在司法实践中，审判委员会工作人员的工作任务都是由相关部门结合部门工作统筹安排，通常还要负责调查研究、信息宣传、公文材料等工作，审判委员会工作往往只是其工作中很小的一部分，在其他工作压力大的情况下，无疑会减少对审判委员会工作的投入，很难满足审判委员会工作的实际需要。

其次，不利于审判委员会讨论议题的规范性。审查提交讨论议题的规范性和必要性应当是审判委员会工作机构的重要职责，但在司法实践中，审判委员会工作人员主要承担简单的会务性工作，如会前发布资料、会中作记录、会后整理材料等，没有承担起与审判委员会有关的实质性工作。拟提交讨论的议题由院长或者分管副院长决定后，审判委员会工作人员只是起中间流转的作用,导致大量内容不成熟、准备不充分的议题提交审判委员会讨论,影响了审判委员会的工作效率。

最后,不利于审判委员会工作效果的扩展。审判委员会作为法院的最高审判组织,其讨论的案件及其他议题能够集中反映出本地区一定阶段内审判工作的普遍性、突出性问题,但对于这些问题的处理大都是个别化的,没有形成具有普遍指导性的文件材料。这就需要审判委员会工作机构创造性地开展工作,及时汇总、梳理、分析相关议题,从中抽象出类型化的问题和解决措施。但从实际工作看,除高级人民法院外,由于缺乏相应的组织、人员和时间保障,中、基层人民法院均未对审判委员会议题讨论情况、审判委员会委员参会情况等定期开展分析通报,审判委员会讨论案件等议题过程中形成的宝贵资源没有得到充分的发掘运用。

2. 缺乏委员履职考评机构及人员

一般来说审判委员会由院长、副院长、专职委员、庭长、副庭长等人员组成。在审判委员会委员监督保障工作中,谁来监督位于领导岗位的各位委员是个难题。在审判委员会会议制度上,往往设立了请假制度,各委员因故无法参加审判委员会会议,需要向主持会议的院领导请假,院领导在开会之初说明缺席人员的名单以及缺席的理由,由审判委员会办公室做记录。至于各位委员其他履职行为,如发言次数、时长、发言内容、提交调研报告的数量一般由审判委员会办公室记录。审判委员会办公室所做的记录是对审判委员会委员履职情况的记载,对各委员的履职到位与否并不作评价,审判委员会办公室所做的这些工作是审判委员会的行政工作、辅助工作,而不是严格意义上的审判委员会委员履职监督工作。其他出席、列席审判委员会的人员不对委员的发言作出评价,更不会对委员的履职状况进行监督。在这种全靠自觉的工作机制下,委员们如何履职,实际上完全取决于工作热诚和单位内部"文化",实践中形成一些委员懒于出席非本人专业背景案件的讨论,或者虽然出席但不发言或附和性发言的不良局面。

3. 信息化系统不完善

虽然各地法院普遍建立了信息化审判委员会会议系统,但由于现代技术发展较快,除部分信息化建设更新较快或者建设较晚的法院外①,各地法院审判委员会信息化建设普遍较为滞后,且各地法院审判委员会信息化会议系统建设差异较大。以课题组所调查的 A 省法院系统来看,普遍存在如下问题:

一是当前的审判委员会会议系统功能较为单一,仅能满足审判委员会委员查阅案件电子卷宗、审判委员会会议记录等要求,无法对审判委员会决议及其执行情况等进行深度分析,不利于审判委员会进一步加强宏观指导。

二是当前的审判委员会会议系统功能较为简单,审判委员会委员无法在相关材料上批注、增加或者删除相关内容,无法将自己的意见通过该系统予以反映,不利于审判委员会对案件的精准指导。

三是当前的审判委员会会议系统与办案系统嵌入度不够深入,审判委员会会议系统仅安装在审判委员会会议室的电脑上,也只有在审判委员会会议室的电脑上才可以查阅案件电子卷宗,委员在自己办公室的电脑上无法查阅,影响了委员会前熟悉案情。

四是当前的审判委员会会议系统与办公系统脱节,委员无论在自己办公室的电脑上还是审判委员会会议室的电脑上均无法通过审判委员会会议系统查阅相关审判业务性文件、案例等议题材料,而只能借助电脑共享盘、邮件系统、公文系统、U 盘拷贝、打印纸质件等形式才得以查看,影响了委员履职的便利性。

五是当前的审判委员会会议系统无法确保涉密案件议题不泄密,审判委员会会议系统与办公办案内网接通,当讨论死刑等涉密案件和议题时,在无法确保不泄密的情况下,委员了解案件和议题只能采取局域电脑共享盘、纸质打印件、听取承办人口头汇报的形式,导致审判委员会会议系统无用武之地。

六是审判委员会系统辅助功能不完善,普遍缺乏语音自动识别系

---

① 在信息化建设方面,建设较早的法院往往容易落后于后建的法院,"后发优势"较为明显。

统,审判委员会记录仍然由会议记录人员手工记录,既占用了大量人力,又无法保证完全客观真实,无法应对对委员履职的记录、考评等司法实践的需要。

七是没有实现与典型案例、法条法规等办案辅助系统的无缝对接,不利于审判委员会委员高效率履职。

第三章 审判委员会讨论案件实证分析

《人民法院组织法》第 10 条第 1 款规定:"……审判委员会的任务是总结审判经验,讨论重大的或者疑难的案件和其他有关审判工作的问题。"审判委员会作为人民法院的最高审判组织,讨论具体案件是其基本工作职能之一。虽然审判委员会讨论决定案件有着明确的法律依据,但学术界对此依然存在较大争议,部分学者认为审判委员会过多介入了个案的审理,有的甚至主张废除审判委员会。① 类似的讨论主要集中于理论和规范层面的分析,基本缺乏实证数据的支撑,因此有必要通过实证考察予以验证和回应。

一、审判委员会讨论案件的数量

针对审判委员会讨论案件职能的实际运作情况,课题组对 A 省法院系统进行了实证考察,以期对审判委员会的整体样貌与实际运作进行客

---

① 参见王祺国:《审判委员会讨论决定第一审案件之举不妥》,载《现代法学》1988 年第 6 期;王新如:《审判委员会定案应予改变》,载《政治与法律》1989 年第 1 期;张步文:《审判委员会制度亟待改革》,载《四川理工学院学报》1997 年第 1 期;左卫民、周长军、吴卫军:《法院内部权力结构论》,载《四川大学学报》1999 年第 2 期;李炳成:《建议取消审判委员会》,载《中国律师》1994 年第 4 期;余为清:《取消审判委员会势在必行》,载《阜阳师范学院学报(社会科学版)》2000 年第 2 期;肖建国、肖建光:《审判委员会制度考——兼论取消审判委员会制度的现实基础》,载《北京科技大学学报(社会科学版)》2002 年第 3 期;赵红星、国灵华:《废除审判委员会制度》,载《河北法学》2004 年第 6 期;张洪涛:《审判委员会法律组织学解读——兼与苏力教授商榷》,载《法学评论》2014 年第 5 期;白迎春:《审判委员会制度的存废之谈》,载《前沿》2015 年第 2 期。另外,秦前红在一篇采访中也认为审判委员会从应然角度看应当取消,参见《审委会存废之争态势明朗:保留并改革》,载财新网(http://china.caixin.com/2015-09-22/100854431.html)。

观、细致地把握和梳理,进而对既有的关于审判委员会的研究成果进行回应。鉴于审判委员会讨论案件的范围大小一直是学界争议极大的问题,因此本章首先考察审判委员会讨论案件的实际数量。

(一) 审判委员会讨论案件的数量

以 2015 年为例,A 省 2015 年全年三级法院审判委员会共讨论案件 11 680 件。同时,在不同级别法院之间,平均每个法院讨论案件的数量也有一倍乃至数倍的差异。① 据观察,形成这种差异的原因在于,"应当"提交审判委员会的案件在中、高级人民法院更多(对此课题组将在后文"讨论案件的类型"部分进行详细阐述)②,"可以"提交审判委员会讨论的案件在中、高级人民法院也较多。此外,中、高级人民法院所审理的民事案件标的较大,案件牵涉范围可能较广,类型较新或疑难复杂的可能性更大,因此需要提交审判委员会讨论的可能性更大。

调查发现,区域经济发达程度不同,法院审判委员会讨论案件的数量也有较大差异。图 3-1 是经济发达地区的 C 中级人民法院、中等发达地区的 M 中级人民法院、欠发达地区的 Y 中级人民法院及三者辖区内所有基层人民法院 2015 年审判委员会所讨论的案件数量。由图 3-1 可见,经济越发达,审判委员会讨论的案件数量越多。与此相对应的是,经济落后地区的基层人民法院审判委员会则较少乃至不讨论案件,2015 年 A 省共有 19 个法院讨论案件数量为 0,其中 18 个法院均位于地理位置偏僻、经济不发达的少数民族地区;某经济不发达地区基层人民法院的审判委员会甚至长达 7 年未讨论过案件。

---

① 因多种原因,课题组不便列举三级法院讨论案件的具体数量。
② 最高人民法院《关于适用〈中华人民共和国刑事诉讼法〉的解释》第 178 条第 2 款规定:"拟判处死刑的案件、人民检察院抗诉的案件,合议庭应当提请院长决定提交审判委员会讨论决定。"《中华人民共和国刑事诉讼法》(以下简称《刑事诉讼法》)第 20 条规定:"中级人民法院管辖下列第一审刑事案件:(一) 危害国家安全、恐怖活动案件;(二) 可能判处无期徒刑、死刑的案件。"第 235 条规定:"死刑由最高人民法院核准。"第 236 条规定:"中级人民法院判处死刑的第一审案件,被告人不上诉的,应当由高级人民法院复核后,报请最高人民法院核准。高级人民法院不同意判处死刑的,可以提审或者发回重新审判。高级人民法院判处死刑的第一审案件被告人不上诉的,和判处死刑的第二审案件,都应当报请最高人民法院核准。"第 237 条规定:"中级人民法院判处死刑缓期二年执行的案件,由高级人民法院核准。"

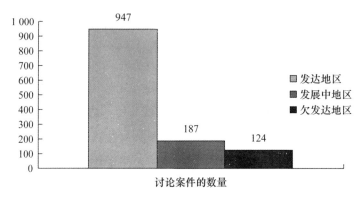

图 3-1　经济发达程度与审判委员会讨论案件数量之间的关系

之所以形成这种现象,可能有如下原因:第一,伴随着社会经济的发展,基本的物质生活水平得到保障,人们的利益诉求呈现出多元化的趋势,经济水平发展到一定程度后,利益追求多元化的态势日趋明显,当既有的规则无法作出有效回应之时,社会矛盾必然增多,纠纷的形式和类型多样化,进而导致进入司法程序的案件数量日益增长。第二,由于我国是成文法国家,法律规定的"漏洞"乃至一定的滞后性,不能完全适应社会发展的需要,导致司法实践中遇到的新情况、新问题无法得到及时有效解决,演变为疑难、复杂案件,从而被提交到审判委员会进行讨论。相对而言,经济发达地区因为商业活动频繁,由此产生的纠纷更多,新类型案件以及疑难、复杂案件出现的可能性更高,从而也就会有更多案件被提交到审判委员会进行讨论。第三,有必要特别指出的是,刑事案件的数量与区域经济发展程度相关。一般而言,发达地区的常住人口与流动人口数量较大,犯罪率往往高于发展中地区与欠发达地区。通过访谈得知,在提交审判委员会讨论的刑事案件中,故意杀人、抢劫等案件占据了相当的比例,而这类案件一般多发于经济发达地区。

(二) 审判委员会讨论案件数量的变化趋势

课题组发现,随着司法改革的推进,各级法院审判委员会讨论具体案件的比例呈下降趋势。通过对考察对象讨论的案件数量进行统计后注意到,近五年来,样本法院讨论案件数量平均每年减少2%左右(见表

3-1）。同时，考虑到每年法院的受案数量仍呈上升的态势，则更容易得出提交审判委员会讨论的案件数量在逐渐下降的结论。这也就意味着审判委员会的个案讨论功能在整体上趋于弱化，司法实践中由合议庭、独任法官自主决定的案件越来越多。

可以预见，在法官员额制改革后，随着法官司法能力的进一步提升，审判委员会讨论具体案件的数量可能会进一步缩减。之所以作出这样的预判，主要是基于以下两方面理由：一是伴随着司法改革的推进，特别是法官员额制和司法责任的推行，法院院庭长等过去较少办理案件的领导、资深法官应当更多地直接办案，而且他们也有资质和能力办理相当数量的重大、疑难、复杂案件，通过这种方式可以部分消化提交审判委员会审理的个案数量。二是进行员额制改革以后，合议庭、独任法官的独立裁判地位得到进一步加强和保障，包括法院院庭长、资深法官在内的入额法官可以集中精力审理案件，并依法进行裁判，从而降低需要提交审判委员会进行讨论的案件数量。这些都有利于审判委员会脱离大量讨论具体案件的羁绊，把精力放到总结审判经验和加强审判管理等宏观指导上来，通过宏观指导的方式促进重大、疑难、复杂案件的解决，从而形成良性循环。

表 3-1　2010—2014 年 A 省部分法院审判委员会讨论案件数量变化情况①

年份	讨论案件数
2010 年	1 294
2011 年	1 388
2012 年	1 031
2013 年	1 077
2014 年	1 163
年平均增长	－2.1%

（三）审判委员会讨论的案件占法院受理案件的比例

如前所述，审判委员会制度饱受争议的最主要原因是部分学者认为

---

① 这里的 A 省部分法院包括 A 省所属的 1 个高级人民法院、5 个中级人民法院、17 个基层人民法院，共 23 个法院。

审判委员会过多介入了个案的审理。2015年A省三级法院审判委员会共讨论案件11 680件,这一数量是高还是低?从绝对数量来看,1万多件确实不少,尤其对于对司法实践了解有限的社会公众而言更是如此。但是就学术研究而言,还必须做进一步的考察。这里我们不妨将其与案件总量进行对比。课题组注意到,同年A省法院共受理案件915 129件,前者占后者的比例为1.28%。可见,从比例的角度而言,审判委员会讨论决定的案件在法院受理的全部案件中仅占极少部分,对于绝大多数案件,不存在审判委员会干涉合议庭、独任法官依法独立行使审判权的问题,审判委员会个案裁判决策功能的发挥实际上是非常有限的。①

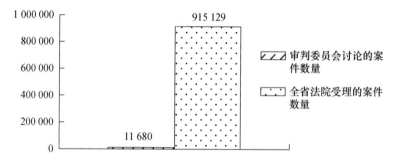

图3-2　A省三级法院审判委员会讨论案件的数量及全省受理案件的数量(单位:件)

当然,不同级别法院之间、经济发展程度不同的法院之间也存在案件讨论比例上的差异。比如2015年A省高级人民法院审判委员会所讨论的案件占受理案件的比例为3.15%,远远高于样本地区的中、基层人民法院(见表3-2);同时,同辖区内的C中级人民法院较之W法院、M中级人民法院较之D法院、Y中级人民法院较之B法院,前者审判委员会所讨论案件占总体案件的比例均是后者的两倍左右。这表明,上级法院所受理的案件被提交审判委员会讨论的概率更高。其原因与上文所述相同,即上级法院的案件更可能符合"应当"与"可以"提交审判委员会的情形。

---

① 需要说明的是,此处课题组仅从比例的角度进行客观描述,并未从司法理念角度进行价值评判。

表 3-2　2015 年 A 省部分地区审判委员会讨论案件的数量

地区 案件数量	发达地区		发展中地区		欠发达地区	
	C 中级人民法院	W 法院	M 中级人民法院	D 法院	Y 中级人民法院	B 法院
讨论案件数（单位:件）	132	56	39	39	29	0
法院受理案件数（单位:件）	34 642	23 144	3 787	6 877	2 484	1 118
比例	0.38%	0.24%	1.03%	0.57%	1.17%	0.00%

需要注意的是,前文曾提及经济发达地区法院审判委员会所讨论的案件绝对数量远远高于经济不发达地区,但从其占总体案件的比例来看,结论却相反。如表 3-2 所示,C 中级人民法院受理案件数量显著高于 M 中级人民法院,M 中级人民法院略高于 Y 中级人民法院,而 C 中级人民法院审判委员会讨论案件的数量占受理案件数量的比例明显低于 M 中级人民法院,M 中级人民法院略低于 Y 中级人民法院;同样,W 法院受理案件的数量显著高于 D 法院,其对应比例却约为 D 法院的一半。考虑到受理案件数量能够在相当程度上代表经济的发展水平,因此,总体来看(除 B 法院 2015 年讨论案件数为 0 以外),经济越发达,审判委员会讨论案件的数量占受理案件数量的比例越低。其主要原因在于,审判委员会的工作负荷是有限的,当工作量达到饱和后,讨论案件的数量就不可能再无限扩张,一些疑难案件就只能通过其他正式或非正式的方式予以讨论、解决。

(四) 审判委员会讨论案件占审判委员会总体工作量的比例

审判委员会的工作职能并不限于讨论决定案件。2015 年全年 A 省三级法院共讨论案件 11 680 件,讨论宏观议题 1 746 项,分别占比 87% 和 13%(图 3-3)。由此可见,整体上,审判委员会的日常功能集中于对具体案件的讨论,案件裁判功能发挥显著。此外,课题组还统计了 2010—2014 年部分法院讨论案件的数量,如表 3-3 所示,讨论具体案件占到了审判委员会工作总量的93.3%,宏观议题仅占6.7%。这充分表明,审判委员会的工作以讨论案件为主并非2015年的特例,而是多年来的常态现象。

表3-3 2010—2014年A省部分法院宏观指导议题数量与讨论案件数量总体对比情况①

议题数量 法院	宏观指导议题	讨论案件数量	宏观议题与案件之比
高级人民法院(1个)	4.40%	95.60%	1:22
中级人民法院(5个)	9.80%	90.20%	1:9.2
基层人民法院(17个)	6.10%	93.90%	1:15.3
总体	6.70%	93.30%	1:13.9

当然,在讨论案件占审判委员会整体工作量的比例上三级法院之间也并不完全一样。如图3-4所示,2015年高级人民法院、中级人民法院、基层人民法院审判委员会讨论案件的比重分别为90.86%、90.33%、86.11%;2010—2014年部分样本法院中,高级、中级、基层人民法院的相应数据分别为95.60%、90.20%、93.90%(见表3-3)。结合两组数据来看,尽管并不相同,总体上三级法院之间并没有特别显著的差异。② 其主要原因在于,法院级别越高,其宏观职能越显著,但同时其讨论的案件数量也越多(前文已有论述);基层人民法院基本不承担宏观指导职能,但同时讨论案件也较少。因此体现在比例上,反而没有太大差异。

---

① 课题组对A省1个高级人民法院、5个中级人民法院、17个基层人民法院共23个法院的审判委员会在2010—2014年间的具体运作进行了实证考察,并对其进行了统计分析。其中总数为被调查的三级23个法院5年间总体宏观指导议题的数量和讨论案件的数量,比例为被调查法院宏观指导议题数量与讨论案件数量分别占审判委员会议题数量(即前两者之和)的比例。要说明的是,最高人民法院《关于改革和完善人民法院审判委员会制度的实施意见》对审判委员会开展宏观指导的方式进行了细化规定,将制定司法解释和规范性文件、进行审判态势分析、讨论发布案例、开展案件质量评查等纳入了审判委员会宏观指导职能范围。由于制定司法解释、发布指导性案例属于最高人民法院专属权限,因此课题组针对A省各级法院审判委员会开展其他宏观指导工作的情况进行了统计分析。

② 当然,这里所谓没有显著差异是仅就比例而言,而非绝对值。

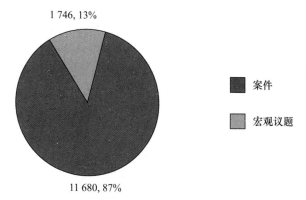

图 3-3　A 省三级法院审判委员会的讨论对象

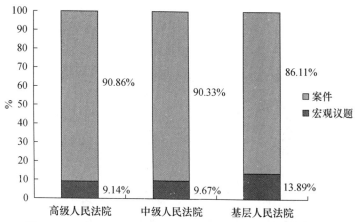

图 3-4　2015 年 A 省三级法院审判委员会的工作量分布情况

综上所述，从 A 省 2015 年全年的数据不难发现，全省 211 个法院审判委员会共讨论案件的绝对数量较大（达到 11 680 件），同时法院级别越高、经济越发达，讨论的案件数量越多，但整体而言，提交审判委员会讨论的案件数量在法院受理的案件中所占比例较小，且近年来伴随着司法改革的推行，审判委员会讨论的案件数量总体上呈下降趋势。此外，审判委员会讨论的案件数量仅占受理案件的极少数，上级法院的比例高于下级法院，经济发达地区法院的比例低于经济不发达地区法院。讨论案件占据了审判委员会绝大部分的工作量，在这一点上三级法院之间并没有显著差异。

二、审判委员会讨论案件的类型

要全面考察审判委员会讨论案件职能,除审判委员会讨论案件的数量及其比例之外,审判委员会讨论案件的类型,包括案件所属的诉讼类型、案件讨论前所属的程序阶段以及案件争议焦点的类型也应当得到关注。

(一)审判委员会讨论案件的诉讼类型

从案件的诉讼类型来看,2015年A省法院审判委员会所讨论的全部案件中,刑事案件占据了半壁江山(51.60%),民事案件次之(34.35%),二者合计比例为85.95%,行政案件和其他案件分别占比5.73%、8.32%(见图3-5)。总体上,各级法院提交审判委员会讨论的案件涵盖了所有案件类型,审判委员会成为审理各种案件的"综合庭",显示出当前审判委员会在各个审判领域均发挥着重要作用。

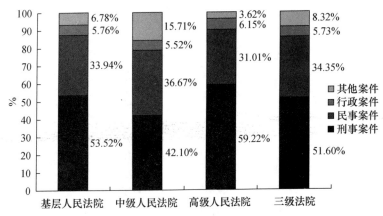

图3-5 2015年A省法院审判委员会讨论的案件类型

课题组发现,三级法院审判委员会讨论的民事案件比例均在30%左右、行政案件比例均在5%左右,不同级别法院在这一点上差异不大,但在刑事案件和其他案件类型上,不同级别的法院审判委员会讨论的案件所占比例存在较大差异。以2015年的数据为例,在其他案件类型的占比上,中级人民法院占比最高(15.71%),高级人民法院则最低(3.62%);在刑事案件类型的占比上,高级人民法院的刑事案件占比最高(59.22%);基层人民法院次之(53.52%),几乎接近高级人民法院;中级人民法院的却仅占42.10%,低于高级人民法院甚至低于基层人民法院。

一年的数据也许并不足以说明问题。为此课题组还统计了A省部分法院2010—2014年5年间的数据。总的来看,5年中刑事案件占所讨论案件总数的58.2%、民事案件占32.1%、行政案件占6.2%、其他案件占3.5%。从各级法院审判委员会讨论的案件类型看,虽然各级法院讨论案件的绝对数量不同,但这种变化并没有影响到主要类型案件在各级法院审判委员会讨论案件所占的比例。在2010—2014年的5年时间里,A省高级、中级、基层人民法院审判委员会讨论的案件中,刑事案件的比例分别占63.6%、64.8%和42.3%,民事案件的比例分别占27.9%、26.2%和45.7%,行政案件的比例分别占5.8%、7.1%和5.5%,其他案件分别占比2.7%、1.9%和6.5%(见表3-4)。总体来看,样本法院5年间的数据和2015年全省的数据差异不大,略有差异的是中级人民法院的刑事案件比例较2015年更高、民事案件比例较之更低。

表3-4 2010—2014年A省部分法院审判委员会讨论的案件类型①

法院\案件类型	刑事	民事	行政	其他
高级人民法院	63.6%	27.9%	5.8%	2.7%
中级人民法院	64.8%	26.2%	7.1%	1.9%
基层人民法院	42.3%	45.7%	5.5%	6.5%
合计	58.2%	32.1%	6.2%	3.5%

以上数据中值得特别注意的是,在审判委员会讨论的案件中,刑事案件三级法院中都占据了较高比例。其中在高级人民法院审判委员会讨论案件中所占比例接近六成,如2015年的比例为59.22%,2010—2014年的平均值为63.6%,远远高于刑事案件大约只占法院同期全部受理案

---

① 这里的A省部分法院包括A省所属的1个高级人民法院、5个中级人民法院、17个基层人民法院,共23个法院。

件10%左右的比例。在这个意义上，相当程度上A省高级人民法院的审判委员会似乎已经成了"刑事型审判委员会"。

通过观察发现，高级人民法院审判委员会之所以会成为某种程度的"刑事型审判委员会"，原因主要在于法律、司法解释、政策文件的强制性规定。① 第一，如表3-5所示，民事、行政案件"应当"提交审判委员会的类型只有三四种，而刑事案件却高达8种。其中，死刑案件由中级人民法院一审，当被告人上诉或检察院抗诉时会进入高级人民法院二审；当被告人不上诉、检察院不抗诉时，死刑立即执行的案件需要逐级层报最高人民法院核准，死刑缓期两年执行的案件需由高级人民法院核准。② 因此，作为应当提交审判委员会讨论的案件，死刑案件都会汇集到高级人民法院，这是导致高级人民法院审判委员会讨论刑事案件数量较多、比例较高的重要原因之一。第二，拟在法定刑以下判处刑罚的案件也应当提交审判委员会讨论，而根据刑法的规定，该类案件同样需要逐级层报最高人民法院核准③，因此也会集中到高级人民法院——虽然实践中这类案件并不多见。第三，高级人民法院承担了部分刑事案件的二审裁判功能，这些二审案件如果有检察院的抗诉，同样应当提交审判委员会讨论。

---

① 政策文件主要是指最高人民法院《关于改革和完善人民法院审判委员会制度的实施意见》，考虑到实践中其对法院具有一定的指导作用，课题组也将一并纳入讨论。
② 《刑事诉讼法》第20条规定："中级人民法院管辖下列第一审刑事案件：(一)危害国家安全、恐怖活动案件；(二)可能判处无期徒刑、死刑的案件。"第235条规定："死刑由最高人民法院核准。"第236条规定："中级人民法院判处死刑的第一审案件，被告人不上诉的，应当由高级人民法院复核后，报请最高人民法院核准。高级人民法院不同意判处死刑的，可以提审或者发回重新审判。高级人民法院判处死刑的第一审案件被告人不上诉的，和判处死刑的第二审案件，都应当报请最高人民法院核准。"第237条规定："中级人民法院判处死刑缓期二年执行的案件，由高级人民法院核准。"
③ 《中华人民共和国刑法》第63条规定："……犯罪分子虽然不具有本法规定的减轻处罚情节，但是根据案件的特殊情况，经最高人民法院核准，也可以在法定刑以下判处刑罚。"最高人民法院《关于适用〈中华人民共和国刑事诉讼法〉的解释》第336条规定："报请最高人民法院核准在法定刑以下判处刑罚的案件，应当按照下列情形分别处理：(一)被告人未上诉、人民检察院未抗诉的，在上诉、抗诉期满后三日内报请上一级人民法院复核。上一级人民法院同意原判的，应当书面层报最高人民法院核准；不同意的，应当裁定发回重新审判，或者改变管辖按照第一审程序重新审理。原判是基层人民法院作出的，高级人民法院可以指定中级人民法院按照第一审程序重新审理；(二)被告人上诉或者人民检察院抗诉的，应当依照第二审程序审理。第二审维持原判，或者改判后仍在法定刑以下判处刑罚的，应当依照前项规定层报最高人民法院核准。"

表 3-5　提交审判委员会讨论的案件类型①

应当提交审判委员会讨论的案件			可以提交审判委员会讨论的案件
刑事案件	民事案件	行政案件	
① 本院已经发生法律效力的判决、裁定确有错误需要再审的案件	① 本院已经发生法律效力的判决、裁定、调解书确有错误需要再审的案件	① 本院已经发生法律效力的判决、裁定，发现有《中华人民共和国行政诉讼法》第91条规定情形之一，或者发现调解违反自愿原则或者调解书内容违法，认为需要再审的	① 合议庭意见有重大分歧、难以作出决定的案件

---

① 《人民法院组织法》第12条规定："死刑除依法由最高人民法院判决的以外，应当报请最高人民法院核准。"《刑事诉讼法》第180条规定："……对于疑难、复杂、重大的案件，合议庭认为难以作出决定的，由合议庭提请院长决定提交审判委员会讨论决定。审判委员会的决定，合议庭应当执行。"第243条第1款规定："各级人民法院院长对本院已经发生法律效力的判决和裁定，如果发现在认定事实上或者在适用法律上确有错误，必须提交审判委员会处理。"最高人民法院《关于适用〈中华人民共和国刑事诉讼法〉的解释》第178条规定："……拟判处死刑的案件、人民检察院抗诉的案件，合议庭应当提请院长决定提交审判委员会讨论决定。对合议庭成员意见有重大分歧的案件、新类型案件、社会影响重大的案件以及其他疑难、复杂、重大的案件，合议庭认为难以作出决定的，可以提请院长决定提交审判委员会讨论决定……"《中华人民共和国民事诉讼法》第198条第1款规定："各级人民法院院长对本院已经发生法律效力的判决、裁定、调解书，发现确有错误，认为需要再审的，应当提交审判委员会讨论决定。"最高人民法院《关于适用〈中华人民共和国民事诉讼法〉的解释》第443条规定："人民法院院长发现本院已经发生法律效力的支付令确有错误，认为需要撤销的，应当提交本院审判委员会讨论决定后，裁定撤销支付令，驳回债权人的申请。"《中华人民共和国行政诉讼法》第92条第1款规定："各级人民法院院长对本院已经发生法律效力的判决、裁定，发现有本法第九十一条规定情形之一，或者发现调解违反自愿原则或者调解书内容违法，认为需要再审的，应当提交审判委员会讨论决定。"最高人民法院《关于改革和完善人民法院审判委员会制度的实施意见》规定："九、高级人民法院和中级人民法院审理的下列案件应当提交审判委员会讨论决定：（一）本院已经发生法律效力的判决、裁定确有错误需要再审的案件；（二）同级人民检察院依照审判监督程序提出抗诉的刑事案件；（三）拟判处死刑立即执行的案件；（四）拟在法定刑以下判处刑罚或者免于刑事处罚的案件；（五）拟宣告被告人无罪的案件；（六）拟就法律适用问题向上级人民法院请示的案件；（七）认为案情重大、复杂，需要报请移送上级人民法院审理的案件。十、基层人民法院审理的下列案件应当提交审判委员会讨论决定：（一）本院已经发生法律效力的判决、裁定确有错误需要再审的案件；（二）拟在法定刑以下判处刑罚或者免于刑事处罚的案件；（三）拟宣告被告人无罪的案件；（四）拟就法律适用问题向上级人民法院请示的案件；（五）认为应当判处无期徒刑、死刑，需要报请移送中级人民法院审理的刑事案件；（六）认为案情重大、复杂，需要报请移送上级人民法院审理的案件。"

(续表)

应当提交审判委员会讨论的案件			可以提交审判委员会讨论的案件
刑事案件	民事案件	行政案件	
② 拟判处死刑的案件	② 本院已经发生法律效力的支付令确有错误,需要撤销的	② 拟就法律适用问题向上级人民法院请示的案件	② 新类型案件
③ 人民检察院抗诉的案件	③ 拟就法律适用问题向上级人民法院请示的案件	③ 认为案情重大、复杂,需要报请移送上级人民法院审理的案件	③ 社会影响重大的案件
④ 拟在法定刑以下判处刑罚或者免于刑事处罚的案件	④ 认为案情重大、复杂,需要报请移送上级人民法院审理的案件		④ 法律规定不明确,存在法律适用疑难问题的案件
⑤ 拟就法律适用问题向上级人民法院请示的案件			⑤ 其他疑难、复杂、重大的案件
⑥ 拟宣告被告人无罪的案件			
⑦ 认为应当判处无期徒刑、死刑,需要报请移送中级人民法院审理的刑事案件			
⑧ 认为案情重大、复杂,需要报请移送上级人民法院审理的案件			

结合2010—2014年5年的数据来看,中级人民法院和高级人民法院审判委员会所讨论的刑事案件在比例上几乎没有差异(分别为64.8%、63.6%)。因此,总体而言,中级人民法院的审判委员会也属于"刑事型

审判委员会"。需要注意的是,2015年中级人民法院的刑事案件比例却低于高级人民法院(42.10%),主要原因在于其他类型的案件比例较高(15.72%,而高级人民法院仅为3.63%)。理论上,前文对高级人民法院审判委员会讨论刑事案件比例较高的原因分析,同样适用于中级人民法院,因为中级人民法院承担着死刑案件的一审程序;同时,对于法定刑以下处刑的案件,除高级人民法院的裁判外,其他法院的裁判也会汇集到中级人民法院。①

与中级、高级人民法院相较,基层人民法院审判委员会讨论的刑事案件占比呈现出略微不同的情形。比如,2015年基层人民法院审判委员会讨论的刑事案件占53.52%,2010—2014年样本法院的比例则为42.3%,与中级、高级人民法院审判委员会讨论刑事案件占比60%以上相较(中级人民法院2015年的数据除外),差异明显但难言显著。之所以如此,笔者认为可能有如下两方面的原因:一方面,这是因为由法律明确规定应当提交审判委员会讨论的8个刑事案件类型中,再审案件、法定刑以下处刑的案件、拟就法律问题向上级法院请示的案件、拟宣告无罪的案件、可能判处无期徒刑或死刑需要报请移送中级人民法院审理的案件、案情重大复杂需要报请移送上级人民法院审理的案件,这6类都可能出现在基层人民法院,尽管各自的数量未必有多高,但在讨论案件的总体数量本就不太高的基层人民法院,其比例未必低。另一方面,除表3-5所列举类型外,为限制、监督法官的自由裁量权,部分基层人民法院还规定拟判处缓刑的案件也必须提交审判委员会讨论,这也在一定程度上拉高了刑事案件的总体比例。如图3-6所示,审判委员会讨论刑事案件数量超过民事案件数量3倍的基层人民法院共有38个,超过民事案件5倍的共有16个,差异最高的两个法院分别达到18倍和23倍。因此,法律制度的规定和部分法院内部工作规则的扩大性规定共同导致基层人民

---

① 若是中级人民法院的裁判则应当提交审判委员会讨论,若是基层人民法院的裁判则应当通过中级人民法院逐级向上呈报,因此除高级人民法院的裁判外,其他人民法院的裁判都会汇集到中级人民法院。

法院刑事案件的比例仍然较高但又比中、高级人民法院略低。

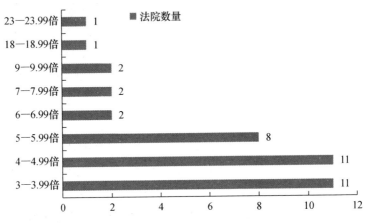

图 3-6 审判委员会所讨论的刑事案件数量超过民事
案件数量 3 倍的基层人民法院

当然,民商事案件也是审判委员会讨论决定的主要案件类型之一。就此而言,一方面,其占 A 省全省法院审判委员会所讨论案件的比例均为三成左右,较之民商事案件在法院总受理案件中的巨大体量,这一比例应当说是很低的。另一方面,制度规定民商事案件"应当"提交审判委员会的类型仅包括再审案件、支付令确有错误需要撤销的案件、拟向上级法院请示的案件、案情重大复杂需要报请移送上级人民法院审理的案件,其他的均为"可以"提交的类型(见表3-5)。就此而言,审判委员会所讨论的民商事案件数量并不低。原因之一在于,随着经济社会的发展、矛盾纠纷的多元化,民商事案件日益复杂化、新类型化,出现合议庭意见有重大分歧或法律适用疑难的情形日益增多。此外,调研发现,部分民商事案件牵涉面广、涉及利益较为重大,即便法律问题本身并不复杂,也会成为难办的棘手案件,从而被提交审判委员会讨论。

至于行政案件和其他案件,一方面制度规定应当提交审判委员会讨论的情形较少,另一方面案件基数较小,因此仅属于审判委员会所讨论案件中很少的一部分。

（二）案件提交审判委员会讨论前所属的程序阶段

从程序的角度来看，案件在审判委员会讨论前所属的程序阶段，主要有立案审查案件、一审案件、二审案件以及再审案件。就此而言，调查发现，提交审判委员会讨论的案件在讨论前所属程序阶段的分布比例上，整体上呈现出以下三个方面的特征：

（1）立案审查的案件占比为18.6%（见图3-7）。实践中，申请再审的案件由立案庭负责；申诉案件尽管在权利属性、法院内部编号方式上与申请再审不同，但本质上也是在反映案件裁判有问题，希望启动再审，也由立案庭负责。这两类案件大体上属于法律所规定的"本院已经发生法律效力的判决、裁定确有错误需要再审的案件"。因此，除去极少部分的请示案件，18.6%中的大部分属于法律规定应当提交审判委员会讨论的类型。

（2）再审案件占比4.8%。当案件启动再审程序后，将交由审监庭负责审理。从图3-7来看，这类案件并不属于审判委员会的工作重点，仅占4.8%。这既是因为再审案件的数量整体上就偏少①，同时还因为再审案件并非必须提交审判委员会，除非其符合制度规定的应当或可以提交审判委员会讨论的情况。

（3）一、二审案件占比38.7%。审判委员会的工作重点集中在常规的一、二审案件，因为这些案件本身就是法院业务的主要构成部分。如图3-7所示，S省高级、中级、基层三级人民法院审判委员会讨论的一审案件占37.9%，高级人民法院和中级人民法院审判委员会讨论的二审案件占38.7%，二者合计占76.6%，占据了提交审判委员会讨论案件的绝大部分。

当然，具体考察案件提交审判委员会讨论前所属的程序阶段，可以发现不同级别的法院之间存在明显差异（见图3-8）。一方面，不同法院

---

① 当然，这里所说的整体上偏少，是较之常规案件而言。事实上，从维护裁判权威、稳定性的角度而言，我国启动再审程序的案件可能不是偏少而是偏多。

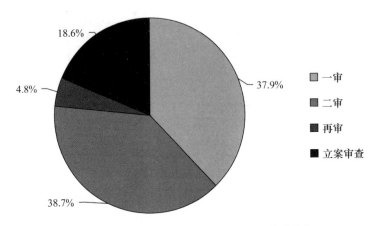

图 3-7　2010—2014 年 A 省部分法院审判委员会
所讨论案件的审理程序

的一审和二审案件占比存在差异。在基层人民法院,一审案件是提交讨论的案件的主要部分(占 88%);在中级人民法院,一审案件为主(占 58%),二审案件为辅;在高级人民法院则以二审案件为主(占 69.5%),一审案件的比例极低。总体来看,一审和二审案件在三级法院的分布情况与各级法院本身的功能定位相一致。另一方面,地方各级人民法院审判委员会讨论的立案审查案件情况也有较大差异,如高级人民法院审判委员会讨论的立案审查案件占比达到 23.9%,中级人民法院占比为 18.3%,基层人民法院则仅为 6.9%。这种差异主要是请示案件的比例不同造成的。按照法律和相关司法解释,各级人民法院在裁判过程中遇到法律问题,可以向上级人民法院请示;上级人民法院可以直接答复,也可以继续向上级人民法院请示。如果直接答复,请示案件涉及的法律问题可能较为疑难复杂,可能会提交审判委员会讨论;如果继续向上级人民法院请示,根据最高人民法院《关于改革和完善人民法院审判委员会制度的实施意见》的规定,"拟就法律适用问题向上级人民法院请示的案件"应当提交审判委员会讨论。因此,法院的级别越高,所汇集的请示案件越多,提交审判委员会讨论的比例也越高。

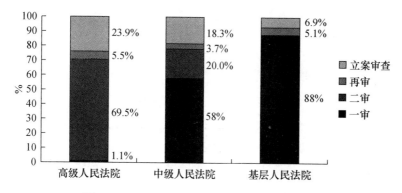

图 3-8　2010—2014 年 A 省部分法院提交审判委员会讨论案件的审理程序

（三）审判委员会讨论案件的争议类型

理论上,审判委员会对个案的讨论应该侧重于案件的法律适用问题。①《关于全面深化人民法院改革的意见——人民法院第四个五年改革纲要(2014—2018)》也明确提出,"除法律规定的情形和涉及国家外交、安全和社会稳定的重大复杂案件外,审判委员会主要讨论案件的法律适用问题"②。然而,实证调查的发现却与之有所差异,即实践中审判委员会讨论案件的争议类型既包括事实问题也包括法律问题,还包括事实问题与法律问题之外的其他问题;既有审判庭内部的争议,也有审判庭和院庭长之间的不同意见。

1. 争议的性质类型:事实问题、法律问题以及其他

从对提交审判委员会讨论案件事由的抽样调查看,如表3-6所示,在

---

① 参见夏孟宣、胡苗玲:《司改背景下审判委员会职能合理定位的路径选择——以温州市中级人民法院审判委员会改革为视角》,载《法律适用》2015 年第 11 期;褚红军、陈靖宇:《审判委员会制度若干问题研究——兼论审判委员会制度的改革和完善》,载《法律适用》2005 年第 10 期。

② 最高人民法院《关于全面深化人民法院改革的意见——人民法院第四个五年改革纲要(2014—2018)》第 32 条。

刑事案件中,除涉及死刑、抗诉、无罪等应当提交讨论的案件外①,与事实证据认定相关的案件占 28.4%,仅涉及法律适用的案件占 54.2%;在非刑事案件中,事实证据存在疑问案件占 41.7%,成为提交审判委员会讨论案件的主要因素。这意味着证据判断与事实认定是一线法官目前面临的现实挑战,至少这是目前审判一线法官关注的重心之一。此外,在刑事案件中,与社会影响等相关的占比 4.1%,其他占比 13.3%;在非刑事案件中,与社会影响等相关的占比 8.1%,其他占比 14.5%。所以,关于审判委员会应当只关注法律适用的改革主张似乎与实践需要颇有距离。如何有效回应实践需要值得深入思考。

表 3-6　2010—2014 年 A 省部分法院提交审判委员会讨论案件的讨论焦点比例②

讨论焦点 \ 案件类型	刑事案件	非刑事案件
事实认定	28.4%	41.7%
法律适用	54.2%	35.7%
社会影响等	4.1%	8.1%
其他	13.3%	14.5%

为进一步完善课题内容,课题组于 2016 年 4 月对 A 省的 17 个法院进行了为期 1 个月的跟踪调查。③ 在 1 个月的时间里,9 个法院合计讨论了 62 件案件(见表3-7)。课题组根据这些案件的审理报告,对提交的理由进行了梳理,其中涉及法律问题的比例最高(79.03%),这符合审判委员会讨论法律问题的基本定位;涉及事实问题的案件占 24.19%,虽然远低于法律问题,但考虑到理论上认为审判委员会不应解决事实问题,因

---

① 参见表 3-5。
② 这里的 A 省部分法院包括 A 省所属的 1 个高级人民法院、5 个中级人民法院、17 个基层人民法院,共 23 个法院。其中刑事案件 3 468 件,非刑事案件 2 485 件。
③ 17 个法院包括 1 个高级人民法院、5 个中级人民法院和 11 个基层人民法院。跟踪调查时间为 2016 年 4 月 1 日至 2016 年 4 月 30 日。

此高达 1/4 的比例依然不低;涉及社会影响的案件有 9 件,占比 14.52%。①

值得注意的是,"应当"提交审判委员会的案件和"可以"提交审判委员会的案件在提交理由的类型上有明显差异。② 对于"可以"提交审判委员会的案件,"事实问题"和"社会影响"的比例较之"应当"提交的案件明显更高(见表 3-7)。

表3-7　2016 年 A 省部分法院"应当"和"可以"提交
审判委员会的案件的提交理由③

案件类型 \ 提交理由	数量	事实问题		法律问题		社会影响	
		数量	比例	数量	比例	数量	比例
"应当"提交审判委员会	30	4	13.33%	25	83.33%	2	6.67%
"可以"提交审判委员会	32	11	34.38%	24	75.00%	7	21.88%

进一步来看,在审判委员会讨论案件争议的类型上,不同级别法院之间也存有差异。如表 3-8 所示,基层人民法院审判委员会所讨论的案件,涉及"事实问题"的比例明显更高,大致是中、高级人民法院的两三倍,这或许是因为基层人民法院所处理的案件均为初审案件,查明案件事实的任务较重,所面临的事实证据方面的问题更多。正如某基层人民法院从事民商事审判的法官所说,"纯粹的法律问题不多。背后的问题很多都涉及事实认定,害怕事实不清而发回重审,大家帮着一起出主意,承办人不想承担责任"。此外,涉及"社会影响"的案件更为显著,基层人民法院是中、高级人民法院的 8 倍和 6 倍。这或许表明,基层人民法院所需要承受的社会压力更大,抑或是说基层人民法院面临社会压力时的

---

① 需要说明的是,提交的理由可能为多个,例如同一个案件可能既涉及法律问题又涉及社会影响,后文不再赘述。
② 所谓"应当"提交审判委员会的案件,是指法律、司法解释规定必须提交审判委员会的案件(注意,不包括法院内部的规定);所谓"可以"提交审判委员会的案件,是指"应当"提交审判委员会的案件以外的案件。后文不再赘述。
③ 这里的 A 省部分法院指课题组于 2016 年 4 月进行跟踪调查的 9 个法院。

"还手"能力更弱。

表 3-8　2016 年 A 省部分法院将案件提交审判委员会的理由①

提交理由 法院	案件总数	事实问题		法律问题		社会影响	
		案件数量	比例	案件数量	比例	案件数量	比例
基层人民法院	15	6	40.00%	7	46.67%	6	40.00%
中级人民法院	20	3	15.00%	17	85.00%	1	5.00%
高级人民法院	27	6	22.22%	25	92.59%	2	7.41%

需要说明的是，事实问题、法律问题、社会影响其实本就很难严格区分，甚至很多时候是互相交织的。我们访谈的另一位法官表示，很多案件之所以提交审判委员会，是因为"(对于有的当事人)道理上该支持他，法律上没有支持他的依据，如果不支持，社会影响不好"。所谓"法律上没有支持他的依据"，不外乎两种原因：一是证据欠缺；二是缺乏法律依据。对于这一类案件，事实问题、法律问题、社会影响就是交织在一起的。也正是因此，以上的统计数据未必能最准确地反映司法现状，某种程度上只能作为大致的参考。至于对争议类型更加深入、细致、精确的研究，只能留待将来的研究来完成。

2. 谁与谁之间的争议：进一步的类型学考察

在调研过程中，发现审判委员会讨论决定案件的实际运作大大超出法律规定的动作。比如，虽然合议庭内部存在争议是审判委员会讨论的重要理由，但是实践中却并不限于这一理由。这一点尤其体现在如下现象上。

第一，存在因审判庭与院庭长之间有不同意见而提交审判委员会讨论的情形。我们发现，实践中案件之所以被提交审判委员会，不仅仅因为其涉及合议庭、独任庭内部在事实问题、法律问题或者社会影响层面

---

① 这里的 A 省部分法院指课题组于 2016 年 4 月进行跟踪调查的 9 个法院。此外还需说明的是，一个案件可能同时涉及多个问题，例如存在事实疑难，并且有较大的社会影响。因此，事实问题、法律问题、社会影响的对应案件数之和可能大于等于案件总数。

存在不同意见或者难有准确判断,许多时候还因为在这些问题上法院内部合议庭、独任庭与院庭长之间存在不同看法。① 统计发现,62 件案件中的 32 件合议庭(独任法官②)是一致意见,占比 51.6%;28 件有两种意见,占比 45.2%(见图 3-9),且对于因事实问题、法律问题或者社会影响而提交审判委员会的案件,意见的数量并没有明显区别(见表 3-9)。

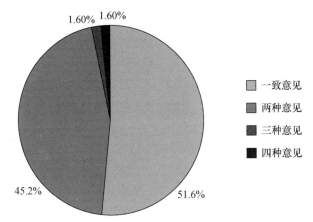

图 3-9 2016 年 A 省部分法院提交讨论的案件争议意见的数量

表 3-9 2016 年 A 省部分法院提交审判委员会讨论的理由与
合议庭、独任庭争议意见的数量

争议意见 提交理由	案件总数	一致意见		两种意见		三种意见		四种意见	
		数量	比例	数量	比例	数量	比例	数量	比例
事实问题	15	7	46.67%	7	46.67%	0	0.00%	1	6.67%
法律问题	49	23	46.94%	24	48.98%	1	2.04%	1	2.04%
社会影响	9	4	44.44%	5	55.56%	0	0.00%	0	0.00%

注:需要说明的是,提交的理由可能是单一的也可能是多样的,比如有的案件既涉及事实问题又涉及社会影响。因此,事实问题、法律问题、社会影响对应的数量之和大于总数。

理论上,"应当"提交审判委员会的案件属于"规定动作",而"可以"

---

① 当然,"应当"提交审判委员会的案件除外。
② 32 件案件中有 3 件是独任审判。

提交审判委员会的案件是因为争议较大才会被提交到审判委员会,因此,"应当"提交审判委员会的案件不必然都是一致意见,但"可以"提交审判委员会的案件必然是不一致意见。事实并非如此,如表 3-10 所示,"可以"提交审判委员会的案件中,依然有 31.25% 是一致意见,有 65.63% 有两种意见。对于独任审判的案件,承办法官为何不直接根据自己的意见作出裁判? 对于合议庭审理的案件,为何不按照少数服从多数的原则作出裁判,而将案件提交审判委员会? 访谈发现,实践中案件是否提交审判委员会,其关键不仅仅在于合议庭内部是否有分歧,更在于合议庭(独任法官)与院庭长是否有意见分歧。如果存在分歧且合议庭(独任法官)不能接受院庭长的意见,那么案件就会提交到审判委员会讨论。①

第二,存在审判庭没有争议制造争议的情形。尽管在审理报告和现场汇报中,一定会清楚表明合议庭的不同意见及其理由,但哪些合议庭成员分别支持哪种意见,却不得而知。更重要的是,有法官表示,这种现象或许并非疏忽、遗漏,而可能是合议庭故意为之。很多时候,合议庭非常清楚按照法律应该怎么裁判,但这样裁判存在"风险",导致案件的社会效果或政治效果不好;而更妥善的处理方案,则可能不太合乎法律的规定,由合议庭作出这样的裁判同样存在一定"风险"。于是,合议庭将两种方案分别列出,请审判委员会定夺。换言之,审判庭内部本来并没有争议,但是基于其他考虑而制造争议由审判委员会定夺。用 W 法官的话说,"上审判委员会,这才是他们真正并且一致的结论。多数意见、少数意见只是提出来让审判委员会做的选择题而已",这一观点得到了不止一位法官的认同,某中级人民法院的庭长甚至半开玩笑地将其概括为"都是套路"②。

---

① 许多接受访谈的法官都谈到了这一点,后文"过滤机制"部分将继续展开分析。
② 所谓"套路",包含的意义是非常广泛的,包括将哪些作为多数意见、哪些作为少数意见,可能都是考虑的范围。

表3-10 2016年A省部分法院"应当"与"可以"提交
审判委员会的案件的争议意见数量

争议意见 案件类型	案件总数	一致意见		两种意见		三种意见		四种意见	
		数量	比例	数量	比例	数量	比例	数量	比例
"应当"提交审判委员会	30	22	73.33%	7	23.33%	1	3.33%	0	0.00%
"可以"提交审判委员会	32	10	31.25%	21	65.63%	0	0.00%	1	3.13%

此外，有必要特别提及的是，调研中还发现，合议庭形成一致意见后仍然提交审判委员会的案件占案件总数的70.2%，此类案件一般在事实认定和法律适用方面均不存在争议，由于法律及司法解释规定不得不提交审判委员会"走程序"。可见，法律、司法解释和各地法院审判委员会工作规则对于提交讨论案件事由的规定过于宽泛，虽然能够将需要提交讨论的案件纳入其中，但更多的是不需要提交讨论的案件。因此，理论上讲应当严格控制提交审判委员会讨论的案件类型，一方面应当提交讨论的案件应当排除"走程序"的案件；另一方面可以提交讨论的案件应当排除事实认定、社会影响等案件。

三、审判委员会讨论案件的结果分析

审判委员会和独任庭、合议庭是法定的三大审判组织，前者和后两者之间的关系问题是形成"审者不判，判者不审"争议的关键因素之一，严重制约着审判委员会决定的权威性和执行力。从审判委员会讨论案件的意见及其结果来看，审判委员会委员内部是什么关系？审判委员会与合议庭、独任法官两者之间在审理案件方面究竟是何种关系？审判委员会通过讨论案件能否起到审判指导、审判管理、审判监督等作用呢？通过对司法实践的实证分析厘清两者之间的关系，对于确定审判委员会制度的改革方向具有重要的意义。

（一）审判委员会内部讨论意见：分歧占少数

课题组首先从审判委员会内部的视角考察了审判委员会委员的讨

论意见。从统计情况看,委员之间形成一致意见的案件占 80.2%,形成两种意见的占 17.6%,形成三种以上意见的仅占 2.1%(见图 3-10)。可见,委员意见一致的案件占大部分,有不同意见的只是少数。结合走访座谈的情况看,委员意见较为一致的原因有三:一是案件争议不大,提交审判委员会只是"过一下""走程序",委员会很快达成一致意见。二是当前审判委员会制度设计使然。由于根据审判委员会工作规则,1/2 以上委员同意才能作出审判委员会决定,而往往参会委员人数本身就刚过半,这就形成如果一个委员持不同意见,就可能无法形成审判委员会决定的情况,审判委员会实际参会人数的有限性在一定程度上限制了委员发表不同意见的空间。三是案件专业性的结果。由于提交讨论案件类型多样,而委员不可能精通所有领域,对于非专业领域的案件,委员的通常做法是参考专业委员的意见,形成专业委员提出意见,其他委员"附和"的局面。

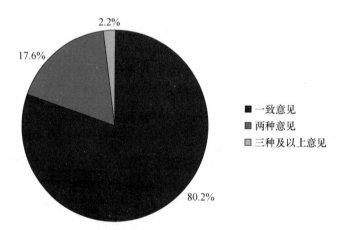

图 3-10　2010—2014 年 A 省部分法院审判委员会委员意见分布情况①

（二）审判委员会意见与合议庭多数、独任庭意见:大部分情况下一致

由于审判委员会对案件讨论的结果直接关涉其与合议庭、独任庭这

---

① 这里的 A 省部分法院包括 A 省所属的 1 个高级人民法院、5 个中级人民法院、17 个基层人民法院,共 23 个法院。

两种审判组织在审判权配置与行使中的关系,因此在对审判委员会内部的意见进行考察后,有必要对审判委员会与合议庭、独任法官案件处理意见的关系进行考察。

从调查情况看,审判委员会决定与合议庭多数、独任法官意见(含多数意见,下同)相同的占 82.2%,改变合议庭多数、独任法官意见(含少数意见)的占 12.9%,要求合议庭、独任法官补查补证的占 4.9%(见图 3-11)。可见,在司法实践中,在审判委员会与合议庭、独任法官案件处理意见的关系上,二者基本上是一个认同型关系,而不是否定式关系。也就是说,实践中审判委员会的决定推翻或者改变合议庭多数、独任庭案件处理意见的情形并不常见,绝大多数情况下都是认同它们的处理意见。这与我们既往所形成的审判委员会通过讨论改变合议庭多数、独任庭的意见而侵害审判权独立行使的判断相悖[1],从而就在相当程度上挑战了学界所认为的审判委员会是法官独立审判的制约性因素的笼统性判断。[2]

当然,这并不意味着审判委员会的讨论在案件实体决策方面不起任何作用,相反它仍然发挥着重要的作用,这种作用除了有审查办案法官的事实认定与法律适用之外[3],还起着支持或认同办案法官和合议庭处理意见的作用,甚至后者在某种意义上还更具重要性与实质性。换言之,审判委员会对合议庭、独任法官办理案件的质量进行了强有力的审查把关,在确保审判质量方面起着重要作用。因此,从总体上看,审判委员会作为审判组织审理案件的职能仍有长期存在的必要。

之所以大多数情况下审判委员会对合议庭、独任法官的意见持认同态度,可能的原因在于:一方面,对于应当由审判委员会讨论决定的案件而言,由于相当部分的案件并非属于事实或法律存在疑难的案件,而是因为法律要求必须由审判委员会讨论,因此对于这一部分案件审判委员

---

[1] 参见吴英姿:《审判委员会讨论的群体决策及其规制》,载《南京大学法律评论》(2006 年春季号),第 201 页。
[2] 参见左卫民:《审判委员会运行状况的实证研究》,载《法学研究》2016 年第 3 期。
[3] 参见肖建国、肖建光:《审判委员会制度考——兼论取消审判委员会制度的现实基础》,载《北京科技大学学报(社会科学版)》2002 年第 3 期。

会和合议庭、独任庭意见一致也就在情理之中。另一方面,对于属于法律规定"可以"提交审判委员会讨论的案件,如前所述,虽然的确有相当比例的案件属于事实或法律上的疑难案件或者合议庭内部存在分歧的案件,但更多的是案件本身的事实认定和法律适用没有争议的情形,而是合议庭或审判法官出于对案件社会效果的考量、规避责任等原因而将案件提交审判委员会讨论,在此情形下审判委员会当然会更倾向于支持多数法官或独任法官提出的解决方案。总之,"不管是基于何种理由将案件提交审判委员会讨论,审判委员会在多数情况下都对合议庭或审判法官的处理意见起到了一种保证性的作用,这又在一定程度上刺激了合议庭或审判法官将案件提交到审判委员会讨论的可能性"①。

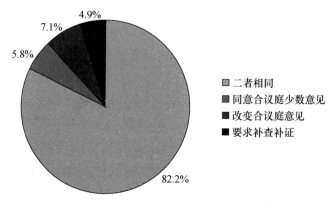

图3-11 2010—2014年A省部分法院审判委员会决议
与合议庭、独任法官意见的关系②

（三）审判委员会决定与上级法院裁判：维持比例高

从审判委员会决定的效果看,据统计,审判委员会决定的案件中维持原判的占93.2%,被上级法院发回重审的占1.9%,改判的占4.9%,与同期普通案件发回重审率、改判率相比,总体持平(图3-12)。从数据

---

① 左卫民：《审判委员会运行状况的实证研究》,载《法学研究》2016年第3期。
② 这里的A省部分法院包括A省所属的1个高级人民法院、5个中级人民法院、17个基层人民法院,共23个法院。

分析看,似乎审判委员会讨论的案件质量与合议庭、主审法官自行决定的案件质量并无不同。但事实上,由于对象不同,其结果不能简单地做"加减法"。显然,与审判委员会改变合议庭、审判法官意见的案件数量相比,被上级法院发回重审或改判的案件仍然属于极少数。鉴于提交审判委员会讨论的案件,被发回重审或改判的概率本身可能就高于普通案件,能够如此已属不易。

因此,这不仅在一定程度上证实了审判委员会的案件讨论对案件质量的保障作用,而且还表明审判委员会起到了提升案件质量的作用。但审判委员会讨论案件被发回重审或改判的确影响了审判委员会的权威性,反映出其对案件质量的把握存在提升的空间。同时,对于审判委员会讨论案件被发回重审或改判的,如何评定其案件质量也是需要考虑的问题。

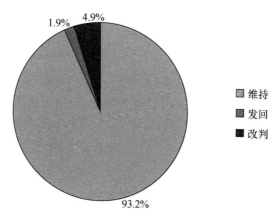

图3-12　2010—2014年A省部分法院审判委员会决定的发改情况分析①

综上所述,审判委员会讨论决定案件的效果是比较明显的,其维续审判质量的作用不可小觑。一如所知,虽然法律明确规定审判委员会是人民法院的最高审判组织,讨论具体案件是其基本工作职能之一,但学术界对于审判委员会能否讨论案件依然存在较大争议,许多人主张废除

---

① 这里的A省部分法院包括A省所属的1个高级人民法院、5个中级人民法院、17个基层人民法院,共23个法院。

审判委员会讨论决定个案。从实证考察的情况来看,这种争议或者"废除论"基本可以休矣。从审判委员会讨论案件的类型看,审判委员会讨论的案件基本覆盖了法院审理的所有案件类型,充分体现了审判委员会在保证审判执行各类案件质量方面所发挥的作用,但也反映了当前法官队伍素质和外部司法环境等尚存在不足,法官难以通过个人的"有限理性"实现司法公正,需要依靠审判委员会的"集体理性"解决审判工作中遇到的法律和非法律疑难问题。从审判委员会讨论案件的数量看,被调研法院提交审判委员会讨论案件仅占审结案件总数的0.98%,同时,各级人民法院审判委员会讨论案件的比例正在逐年降低。可见,无论是从讨论案件数量还是讨论内容来看,都不存在审判委员会干涉合议庭、独任法官审判权的问题,当前审判委员会讨论案件有其现实基础。随着我国法治进程的推进,法院内外条件的改善,审判委员会讨论案件的数量将会逐渐缩减。从审判委员会讨论案件的结果看,5.8%案件中审判委员会同意合议庭少数意见,12%的案件审判委员会未同意合议庭、独任法官意见。可见,审判委员会在保证案件质量方面发挥着重要作用。当然,审判委员会也不是万能的,在法院内外各种因素的共同作用下①,其讨论决定的案件依然可能被发回重审或者改判。在司法改革过程中,需要通过完善审判委员会案件质量责任制度,进一步提升审判委员会讨论案件的质量。

四、审判委员会讨论案件职能存在的问题

(一)审判委员会讨论案件职能定位模糊

审判委员会讨论案件,是为了直接对案件作出审判,还是为了对合议庭的审理工作进行审查把关?审判委员会在个案讨论中的审判功能

---

① 从实证调研看,审判委员会讨论案件被发回重审或改判的原因十分复杂,在很多案件中,下级法院审判委员会讨论决定某些案件时就已经做好了被上级法院发回重审或者改判的准备,事实上成为下级法院"规避"和"解决"案件外部压力和风险的"渠道"。

与监督功能如何理清？这些在法律规定上都不甚明确。按照有些法律的规定①,审判委员会讨论案件时,主要讨论"裁判文书是否有错误""是否需要再审"等问题,在认定裁判文书确有错误需要再审后,还是要另行组成合议庭进行审理和裁判,而不是由审判委员会直接审理和裁决。因此,这种规定是一种监督式的规定,目的在于对合议庭作出的已经生效裁判进行审查监督。而按照其他法律规定②,审判委员会讨论案件则是为了对案件进行审判,要形成最终的裁判决定并且合议庭必须服从,其充当的又是审判者的角色。

审判委员会监督者角色与审判者角色之间的界限不甚清晰,直接导致如下两方面的问题:一是合议庭基于上交矛盾、转移风险等的考虑而把某些本不属于审判委员会审判范畴的案件交由审判委员会作最终决定;二是某些应主要由审判委员会审核把关合议庭裁判意见是否存在问题的案件,审判委员会在没有进行深入审理的前提下就形成自己的处理决定,并简单地以自己的决定来替代合议庭的意见,合议庭与审判委员会之间欠缺充分的对话与探讨,不能有效地保障案件的审判质量。

更重要的是,课题组分析发现,审判委员会讨论案件职权定位上还存在以审判委员会讨论决定案件管理法官的行政化倾向,并直接催生了审判委员会讨论案件范围的扩大。审判委员会不但要对案件本身行使审判职权,还要对合议庭、主审法官行使相应的审判监督和管理职权,反映到审判委员会具体职权设置上,就是出现了审判委员会具体工作规则

---

① 例如,《人民法院组织法》第13条第1款规定:"各级人民法院院长对本院已经发生法律效力的判决和裁定,如果发现在认定事实上或者在适用法律上确有错误,必须提交审判委员会处理。"《民事诉讼法》第198条第1款规定:"各级人民法院院长对本院已经发生法律效力的判决、裁定、调解书,发现确有错误,认为需要再审的,应当提交审判委员会讨论决定。"《刑事诉讼法》第243条第1款规定:"各级人民法院院长对本院已经发生法律效力的判决和裁定,如果发现在认定事实上或者在适用法律上确有错误,必须提交审判委员会处理。"《中华人民共和国行政诉讼法》第92条第1款规定:"各级人民法院院长对本院已经发生法律效力的判决、裁定,发现有本法第九十一条规定情形之一,或者发现调解违反自愿原则或者调解书内容违法,认为需要再审的,应当提交审判委员会讨论决定。"

② 例如,《刑事诉讼法》第180条规定:"合议庭开庭审理并且评议后,应当作出判决。对于疑难、复杂、重大的案件,合议庭认为难以作出决定的,由合议庭提请院长决定提交审判委员会讨论决定。审判委员会的决定,合议庭应当执行。"

与立法原意和中央、最高人民法院改革指导思想"南辕北辙"的情况,造成运行秩序的紊乱。①

具体而言,在行政化思维的影响下,相关法律、司法解释和工作规则在关于审判委员会审判职权的规定中,含有附带审查合议庭、主审法官履职情况的目的。为达到该目的,各级法院审判委员会工作规则虽然以限定性条文形式对提交审判委员会讨论的案件范围作出规定,但其内容却不是最大限度地缩小审判委员会讨论案件的范围,而是以审判程序、裁判结果、案由等为标准,将含有"疑难、复杂、重大"因素的案件类型全部纳入需要提交审判委员会讨论的范围。例如,根据最高人民法院《关于改革和完善人民法院审判委员会制度的实施意见》第9条、第10条的规定,即使是有充分证据证明,应当宣告被告人无罪的案件也应当提交审判委员会讨论,导致实践中大量不需要提交审判委员会讨论的案件进入了审判委员会的议程。

可见,行政化逻辑支配下审判职权设置不科学,导致法律、司法解释和各地法院审判委员会工作规则对于提交讨论案件事由的规定过于宽泛,是审判委员会审理案件数量居高不下的主要原因。未来需要对提交审判委员会讨论的案件类型作出严格限定,明确审判委员会审判职权的"权力清单"。

(二) 审判委员会讨论案件职能配置未考虑不同法院的多样化需求

目前,我国法律规范仅对不同层级法院的受案范围进行了规定,并未对不同层级法院审判委员会讨论案件的具体范围进行区分,而是采用了"一刀切"的笼统方式予以规定。这种笼统规定难以覆盖我国法院系统的多样性需求,带来了诸多问题。

一方面,不同层级的法院由于自身面临的任务和审级定位不同,对

---

① 参见顾培东:《再论人民法院审判权运行机制的构建》,载《中国法学》2014年第5期。

审判委员会讨论案件的职能区分和具体运转有着不同的要求。就不同级别法院审判委员会讨论案件的职能而言，规定的固定性和需求的多样性之间产生了矛盾，导致大量不应该提交审判委员会讨论的案件被提交讨论。对于中、高级人民法院而言，需要花费更多的时间和精力来处理具体的案件，而不能有效总结审判经验，发挥其宏观指导职能。对于基层人民法院而言，为了满足审判委员会讨论案件的工作需要，部分不需要提交讨论的案件仍然被提交讨论，在一定程度上造成了司法资源的浪费。

另一方面，由于我国幅员辽阔，而且即使是相同层级的法院，由于不同地区法院面临的具体案件类型、数量、人员结构、外部环境的差别较大。有的法院审判人员偏少、断层现象严重，院庭长（审判委员会委员）直接参与一线办案的比例很高；有的法院审判人员相对较多，除审判委员会委员之外，还有大量资历较浅、能力相对差一些的法官在一线办理案件，这些不同法院对审判委员会讨论案件职能发挥的诉求差距也很大。但就目前而言，现行法律规定并未对此作出有效回应，导致司法实践中各地法院往往在现行法律的基础之上，根据自身情况对本院有关案件讨论职能进行规定，且相互之间内容千差万别，存在较大差异，不利于案件的审理和司法裁判的统一。

（三）审判委员会讨论案件的范围不合理

审判委员会讨论决定案件的范围问题是学界涉猎较多的议题。笔者认为，目前法律规定的审判委员会讨论决定案件的范围是不合理的，尤其在"疑难、复杂、重大的案件"的界定模糊、应当提交审判委员会讨论案件的范围过宽问题上体现明显。

具体而言，一方面，关于"疑难、复杂、重大的案件"的界定模糊问题。根据表3-5及最高人民法院《关于改革和完善人民法院审判委员会制度的实施意见》，"认为案情重大、复杂，需要报请移送上级人民法院审理的案件"应当提交审判委员会讨论，"其他疑难、复杂、重大的案件"可以提交审判委员会讨论。然而，对于何为重大、疑难、复杂，法律上缺乏明确的界定,司法实践中也没有统一的认定标准,给实际操作带来了诸多不便。各级人民法院往往通过审判委员会工作规则的方式来弥补法律上的缺陷,但是由于没有一个统一的标准,各类案件进入审判委员会有很大的随意性,审判委员会讨论案件的范围有过于宽泛的趋势。

这尤其表现在民事案件上,现行制度规定民事案件应当提交审判委员会讨论的类型是较少的,但从实证调研情况看,各地法院均有相当数量的民事案件提交审判委员会讨论;从讨论过程看,审判委员会讨论民事案件占用的时间平均是刑事案件的3倍;从提交讨论的原因看,民事案件提交讨论的原因主要是"当事人不断信访案件处理需慎重""法律适用疑难""事实认定疑难""案件受省(市)政法委、纪委、人大、上级法院等各级各类单位督办关注""抗诉或检察建议再审""二审拟发回重审或改判"六类。显然,当事人信访、各级各类单位关注、督办等仅表明外界给予合议庭审理的压力,并非案件提交审判委员会讨论的合法理由。如此一来,一方面造成审判委员会工作量加大,讨论案件的时间被大大压缩,最终影响案件的审判质量;另一方面,滋长了审判人员的依赖意识,审判委员会成为合议庭和承办人上交矛盾,逃避责任的避风港。

另一方面,关于应当提交审判委员会讨论的案件范围过宽问题。对于应当提交审判委员会讨论的案件范围,本章表3-5已作详细描述。这里想要强调的是,应当提交审判委员会讨论决定的案件范围存在过于宽泛的问题,其中有相当部分并非必须,而是可以降为"可以"提交审判委员会讨论决定。以死刑案件为例,大量死刑案件并没有太多争议,提交审判委员会讨论的必要性较低。从司法解释和最高人民法院对死刑案件办理程序相关规定的演变轨迹看,随着对死刑适用控制的逐渐加强,对死刑案件提交审判委员会讨论的规定也更加严格。1998年最高人民法院《关于执行〈中华人民共和国刑事诉讼法〉若干问题的解释》规定合议庭"拟判处死刑的",可以提请讨论决定。2002年最高人民法院《关于人民法院合议庭工作的若干规定》则规定"应当提请讨论决定"。2010最高人民法院《关于改革和完善人民法院审判委员会制度的实施意见》仍然规定"应当提交讨论决定",只是进一步结合死刑执行制度,将死刑区分为"死刑立即执行"和"死刑缓期二年执行",只有"拟判处死刑立即执行的案件"才"应当提交讨论决定",对于拟判死缓的案件未要求提交审判委员会讨论。2012年最高人民法院《关于适用〈中华人民共和国刑事诉讼法〉的解释》从严格限制死刑适用的角度考虑,又取消了《关于改革和完善人民法院审判委员会制度的实施意见》对死刑案件的区分,再次笼统规定"拟判死刑的案件应当提请讨论决定",从文义上看,再次将死缓案件纳入应当提交审判委员会讨论的案件范围。虽然法律规定死刑案件应当提交审判委员会进行讨论,但通过实证研究,我们进一步发现绝大多数死刑立即执行案件及死缓案件,合议庭并无分歧,提交讨论只是履行"程序"。由于合议庭多是一致意见,分管领导也多无异议,个别委员简单询问个别问题后表态,多数在听取报告后直接表示同意合议庭意见,扣除汇报的时间,讨论过程短至两三分钟,审判委员会讨论也变成了"走过场"。这些案件提交讨论的必要性不大,规定应当提交讨论反而影响了案件处理效率,也不利于法官责任意识的培育。考虑到死刑案件毕竟人命关天,应当格外严肃对待,未来至少应当考虑将死刑立即执行和死缓案件区别对待。

当然,除了死刑案件之外,对于抗诉案件、"拟在法定刑以下判处刑罚""免于刑事处罚的案件""拟宣告被告人无罪的案件"等情形,也都存在"一刀切"规定为"应当"提交审判委员会讨论决定的情形。不仅如此,在民事诉讼、行政诉讼中,也存在类似"应当"由审判委员会讨论决定的范围过宽之情形。对于这些问题,未来的审判委员会制度改革应当予以充分的关注。

(四) 审判委员会讨论决定个案未能与总结审判经验很好结合

众所周知,审判委员会的职能除了讨论决定个案,还需要总结审判经验,两者之间并非各自为政,而是紧密联系的。换言之,审判委员会发挥总结审判经验等一般指导的功能,根本在于从讨论疑难、复杂、新型案件,或具有典型示范效应的类案的处理入手,加以总结,并升华为一般性规范。① 也就是说,一个疑难案件经审判委员会讨论决定后就应该对之后的审判工作具有指导、示范作用,之后再遇有类似的案件就可参照其作出判决。但在司法实践中,审判委员会讨论案件往往只是落实个案的处理,较少将个案决定上升为一般指导的,其一般指导职能被虚化现象严重。这就导致同一类型的案件不止一次地被重复提交审判委员会讨论。这一方面增加了审判委员会的工作量,对同类案件会多次重复讨论;另一方面也不利于对疑难复杂案件之裁判以制度化的形式形成审判经验固定下来。

---

① 参见鲁为、张璇、廖钰:《论"审判权统一行使"在基层法院的实现路径——以基层法院审判委员会的微观运行为视角》,载《法律适用》2014 年第 1 期。

第四章　审判委员会宏观指导职能实证分析

按照现行法律规定,审判委员会除了具有个案讨论决定职能之外,还有宏观指导即总结审判经验、讨论决定审判工作重大事项之职能。从司法改革动向来看,"强化审判委员会总结审判经验、讨论决定审判工作重大事项的宏观指导职能"也是最高人民法院确定的当前推进审判委员会制度改革的基本方向。① 过去在理论和实务界的相关研究中,审判委员会的职能定位与作用发挥,甚至审判委员会的存废问题一直是讨论的热点,然而这种讨论(批评或者辩护)大多集中在审判委员会讨论决定个案问题上②,围绕审判委员会宏观指导职能所作的专门分析则相当少,实证研究更是罕见。这一状况显然不利于当下的审判委员会制度改革乃至司法改革的推进。有鉴于此,本章专门针对审判委员会审判宏观指导职能的实施情况展开实证考察和分析。

---

① 参见最高人民法院司法改革领导小组办公室:《〈最高人民法院关于全面深化人民法院改革的意见〉读本》,人民法院出版社2015年版,第171页。
② 参见贺卫方:《关于审判委员会的几点评论》,载《北大法律评论》(第1卷第2辑),法律出版社1999年版,第365—374页;苏力:《基层法院审判委员会制度的考察及思考》,载《北大法律评论》(第1卷第2辑),法律出版社1999年版,第320—364页;陈瑞华:《正义的误区》,载《北大法律评论》(第1卷第2辑),法律出版社1999年版,第381—412页;赵红星、国灵华:《废除审判委员会制度——"公正与效率"的必然要求》,载《河北法学》2004年第6期;张洪涛:《审判委员会法律组织学解读——兼与苏力教授商榷》,载《法学评论》2014年第5期;洪浩、操旭辉:《基层法院审判委员会功能的实证分析》,载《法学评论》2011年第5期;顾培东:《再论人民法院审判权力运行机制构建》,载《中国法学》2014年第5期;等等。

一、审判委员会宏观指导职能的总体情形

（一）审判委员会宏观指导职能总体情况：与案件讨论职能之比较

众所周知，宏观指导职能与讨论案件职能是审判委员会的两大基本职能。从《人民法院组织法》第 10 条对法院审判委员会的定位的表述来看，"总结审判经验"被放在首位，并且从调研了解到的各地法院制定的审判委员会规则来看，往往也是把"总结审判经验"的提法放在突出位置。① 不仅如此，"审理重大的或者疑难的案件，对这些案件的审理进行把关，显然也不应当是为了审而审，而是通过讨论这些重大的或者疑难的案件，对后者起到指导和示范的作用"②。由此看来，"从具体审判活动中提炼出带有普遍性的原则、做法等，对不特定案件审判进行宏观指导，是立法者最初设置审判委员会的主要目的"③。

然而在司法实践中，宏观指导议题数量远远少于讨论案件数量。如表 4-1 所示，2015 年 A 省三级法院讨论宏观议题 1 746 项，仅占审判委员会工作量的 13%，宏观议题与案件的比值为 1∶6.69。从 2010—2014 年 5 年间部分样本法院的数据来看，差异更为明显，宏观指导事项数量与讨论案件议题数量的总体比例为 1∶13.91，也就是说，各级法院审判委员会平均讨论 14 件案件才会讨论 1 件宏观指导议题（见表 4-2）。

---

① 参见四川省高级人民法院课题组、王海萍：《司法改革中地方法院审判委员会宏观指导职能的重置——基于 C 省审委会制度运行的实证分析》，载《理论与改革》2015 年第 6 期。
② 四川省高级人民法院课题组、王海萍：《司法改革中地方法院审判委员会宏观指导职能的重置——基于 C 省审委会制度运行的实证分析》，载《理论与改革》2015 年第 6 期。
③ 四川省高级人民法院课题组、王海萍：《司法改革中地方法院审判委员会宏观指导职能的重置——基于 C 省审委会制度运行的实证分析》，载《理论与改革》2015 年第 6 期。

表 4-1　2015 年 A 省三级法院宏观指导议题数量与讨论案件数量的对比情况

议题类型 法院	宏观议题	案件	宏观议题与案件之比
高级人民法院	9.14%	90.86%	1∶9.94
中级人民法院	9.67%	90.33%	1∶9.34
基层人民法院	13.89%	86.11%	1∶6.20
三级法院合计	13.00%	87.00%	1∶6.69

表 4-2　2010—2014 年 A 省部分法院宏观指导议题数量与讨论案件数量对比情况①

议题类型 法院	宏观指导议题	讨论案件数量	宏观议题与案件之比
高级人民法院(1 个)	4.40%	95.60%	1∶22
中级人民法院(5 个)	9.80%	90.20%	1∶9.2
基层人民法院(17 个)	6.10%	93.90%	1∶15.3
总体	6.70%	93.30%	1∶13.9

必须强调的是,虽然议题数量在一定程度上反映了审判委员会讨论案件较多这一现实状况,但由于宏观指导与讨论案件两者的职能性质以及各级法院工作任务等不相同,可比性并不明显,因此不能将两者的绝对数量作简单的对比从而得出各级法院宏观指导职能不到位的结论。实际上,司法实践中,高级、中级人民法院及部分地方基层人民法院审判委员会通过出台规范性文件、发布案例等形式开展宏观指导工作,及时回应和解决了大量审判实践中所遇到的法律适用疑难问题,积极推动了具体案件的审判工作。由于相关议题都是针对当前审判工作中存在的普遍性问题提出的,对于解决司法疑难问题、规范司法行为、促进公正司法、提升司法公信力发挥了十分重要的作用。

具体而言,以 A 省高级人民法院为例,该法院 2014 年讨论通过的 19 件规范性文件及研究确定的 20 项工作事项中,既包括《关于依法快速办

---

① 这里的 A 省部分法院包括 A 省所属的 1 个高级人民法院、5 个中级人民法院、17 个基层人民法院,共 23 个法院。参见左卫民:《审判委员会运行状况的实证研究》,载《法学研究》2016 年第 3 期。

理轻微刑事案件的若干规定》《关于督促执行案件办案流程管理规定》等对具体指导相关领域具体司法行为的规定,也包括《案件质量责任追究办法》《案件质量评查的规定》等涉及办案质量责任追究的工作制度,还包括关于"司法公开平台建设""信访工作情况""案件质效评估体系"等工作内容,有力规范了相关司法行为,解决了审判工作中面临的普遍性疑难问题,并对法院改革等作出了前瞻性研判。同时,经审判委员会讨论后发布的参考性案例及"年度十大典型案例"等案例在规范相关案件裁判尺度、统一法律适用、法治宣传等方面发挥了积极作用。例如,"包间费"一案①一经发布就引起了社会的广泛关注,案件的裁判结果统一了社会各界对于"包间费""开瓶费"等服务费能否收取及收取条件等的认识,有力维护了消费者的合法权益。从问卷调查情况看,大部分法官对于审判委员会的宏观指导职能作用也都给予了较高评价(见表4-3)。

表4-3 不同审级法院法官对审判委员会宏观指导作用的评价分析

选项 调查对象	能		有时能		不能	
	人数	比例	人数	比例	人数	比例
高级人民法院	47	55.29%	34	40.00%	4	4.71%
中级人民法院	194	57.06%	131	38.53%	15	4.41%
基层人民法院	279	53.76%	192	36.99%	48	9.25%
小计	520	55.08%	357	37.82%	67	7.10%

(二)地方三级法院审判委员会宏观指导职能实施情况之纵向比较

地方三级法院审判委员会在宏观指导职能的实施上呈现出绝对数

---

① 2014年2月16日,何某某带着自购的酒水到张某经营的码头故事火锅店的包间就餐。结账时,火锅店执意收取了何某某50元"包间费"和30元"开瓶费"。成都市锦江区人民法院判决张某退还何某某"开瓶费"和"包间费"。而武侯区人民法院审理的另一"包间费"案,即刘某诉成都优客餐饮公司餐饮服务合同纠纷案,法院认定经营者与消费者之间就收取"包间费"达成了合意,因此未支持消费者要求返还"包间费"的请求。两案看似裁判标准不统一,但实际上是统一的,即遵循当事人是否达成一致的原则进行裁判。本案对于规范餐饮行业的经营行为,引导消费者依法维权,起到了很好的司法导向作用。

量上差异较大,而宏观议题与具体案件讨论比例差别不明显的特点。一方面,在宏观议题的绝对数量上,三级法院之间差异明显。统计显示,2015年高级人民法院审判委员会讨论的宏观议题是中级人民法院审判委员会讨论案件的平均值的三四倍,是基层人民法院审判委员会讨论案件的平均值的四五倍,差异显著。① 同时,2015年中级人民法院讨论宏观议题的平均值比基层人民法院高3项,尽管在平均值上仅是略高,但2015年全年未讨论宏观议题的中级人民法院占13.63%(图4-1)、基层人民法院却占39.36%(图4-2),也在一定程度上表明中级人民法院与基层人民法院之间存在差异。此外,从2010—2014年5年间部分法院的数据来看,同一辖区内的中级人民法院讨论宏观议题的数量均高于基层人民法院(表4-4)。

另一方面,就三级法院审判委员会宏观议题与具体案件讨论比例而言,结合表4-1、4-2来看,总体上宏观议题所占的比例差异并不明显。正如第三章所述,法院级别越高,其宏观职能越显著,但同时其讨论的案件数量比例也越多;基层法院基本不承担宏观指导职能,同时讨论案件比例也较少。因此体现在比例上,反而没有太大差异。

我们注意到,三级法院审判委员会的前述宏观指导议题数值差异主要源于不同级别法院的职能定位不同。级别越高的法院,承担的宏观指导职能越重;级别越低的法院,承担的审判职能越重。即使经济比较发达的中级、基层人民法院,其审判委员会进行宏观指导的事项也相当少(表4-4)。这可能与最高人民法院的指导政策有关,因为最高人民法院《关于规范上下级人民法院审判业务关系的若干意见》限制了中级、基层人民法院宏观指导的形式;也可能与中级、基层人民法院宏观指导得不到认可有关,比如有的基层人民法院曾经出台指导法院内部掌握裁判尺度的类似"意见"或"会议纪要"的文件,但是出台后却引起一些质疑,给法院带来了不必要的麻烦。看来,未来需要从立法或者司法解释层面进一步明确基层人民法院审判委员会宏观指导的相关职权和实现途径,确

---

① 因各种原因,课题组不宜公开全省的具体数据。

保基层人民法院审判委员会能够在统一本院法律适用方面发挥更大的作用。

表 4-4　2010—2014 年 A 省部分法院宏观指导议题数量与讨论案件数量对比情况

地区	法院	宏观指导议题	讨论案件数量	议题与案件之比
C 市	C 中级人民法院	146	1 161	1∶8
	W 人民法院	62	453	1∶7.3
M 市	M 中级人民法院	16	369	1∶23.1
	D 人民法院	0	118	—
铁路运输法院	T 中级人民法院	31	381	1∶12.3
	Y 人民法院	5	162	1∶32.4
	X 人民法院	11	17	1∶1.5

（三）地方各级法院审判委员会宏观指导职能实施情况的横向比较

就地方各级法院审判委员会宏观职能运作的横向比较而言，差异是非常明显的。

从区间来看，在中级人民法院层面，2015 年有 6 个中级人民法院讨论了 1～5 项宏观议题、5 个中级人民法院讨论了 6～10 项宏观议题、4 个中级人民法院讨论了 16～20 项宏观议题（图 4-1）。讨论宏观议题数量最多的是 C 中级人民法院（51 项），此外，两个偏远地区和一个经济不发达地区的中级人民法院 2015 年未讨论宏观议题（占所有中级人民法院的 13.63%）。在基层人民法院层面，74 个基层人民法院全年未讨论宏观议题，占所有基层人民法院的 39.36%；71 个基层人民法院讨论宏观议题的数量在 10 个以内，占所有基层人民法院的 37.77%。此外，21 个基层人民法院讨论了十余项宏观议题，13 个基层人民法院讨论了二十余项宏观议题。讨论宏观议题数量不超过 30 项的基层人民法院合计 179 个，占基层人民法院总数的 95.21%，而讨论宏观议题数量最多的两个基层人民法院分别为 116 项和 131 项。

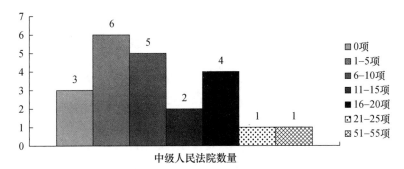

图 4-1　2015 年 A 省中级人民法院审判委员会讨论宏观议题的数量

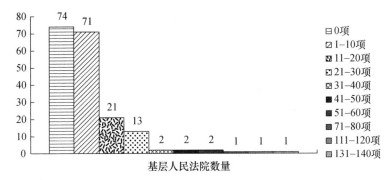

图 4-2　2015 年 A 省基层人民法院审判委员会讨论宏观议题的数量

从极值来看,同级法院均有一些极端值存在,且极端值之间的差异较大;结合表 4-4 的数据来看,同为中级人民法院,C 中级人民法院 5 年共讨论宏观指导议题有 146 项,而 M 中级人民法院则仅有 16 项;同为基层人民法院,D 法院连续 5 年未讨论宏观议题,W 法院则讨论了 62 项。我们注意到,这种比较极化的差异性既与不同法院的风格、工作模式、对某项工作的重视程度等有关,某种程度上也与司法改革工作有关。比如,2015 年讨论宏观议题超过 15 项的中级人民法院共 6 个,其中 3 个均为司法体制改革试点法院,且该年度有且仅有 3 个试点法院。实际上,在司法改革中,审判权力运行机制的改革是一项重要内容,审判委员会是不可或缺的一环,各试点法院都将压缩审判委员会讨论案件的数量、加大宏观指导力度作为工作重点,而这恰好可以从我们的统计数据上得以验证。

(四) 地方法院审判委员会宏观指导职能运作的趋势考察

调研显示,各地法院审判委员会的宏观指导职能议题呈现稳步增强态势。近三年来,一些法院宏观指导议题讨论的数量有所上升。如A省高级人民法院,将审判委员会区分为专委会和全委会,把案件讨论和宏观指导进行了分离,努力加强其宏观指导职能。2012年以来讨论的审判态势分析、审判业务文件、案例等宏观指导议题数量逐年上升,分别为20件、23件和35件。并且该院2014年将司法规范化建设列为工作重点,围绕审判工作相关的7个方面起草制定了一批制度性审判业务文件。C、M、Y三个中级人民法院也呈现类似的趋势。可见,司法实践需要审判委员会进行宏观指导,审判委员会也存在开展宏观指导工作的条件。随着司法改革的深入,审判委员会宏观指导职能还有进一步提升的空间(见图4-3)。

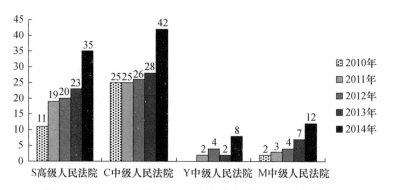

图4-3　2010—2014年A省部分法院审判指导职能变化情况

二、审判委员会宏观指导职能的具体内容

最高人民法院《关于改革和完善人民法院审判委员会制度的实施意

见》等审判业务文件及各地法院审判委员会工作规则对审判委员会开展宏观指导的方式进行了细化规定,将制定司法解释和规范性文件、进行审判态势分析、讨论发布案例、开展案件质量评查等纳入审判委员会宏观指导职能范围。① 由于制定司法解释、发布指导性案例属于最高人民法院的专属权限,课题组仅对A省各级法院审判委员会开展的除最高人民法院专属权限之外的其他宏观指导工作的情况进行了调研、统计和分析。

（一）出台规范性文件

出台审判工作制度规范成为各地法院审判委员会履行宏观指导职能的重要形式和渠道,也体现出各级人民法院希望充分发挥审判委员会在规范司法行为等方面的作用的意图。在司法改革的背景下,随着法官审判自主权的扩大,以规范性文件形式对司法活动提出具体要求成为规范司法行为的必要手段。

2015年A省三级法院出台规范性文件占宏观指导议题的22.45%,其中高级人民法院的比例高达52.78%,占据审判委员会宏观议题的绝对多数;中级人民法院的比例略低于高级人民法院(41.48%),但同样是其最重要的宏观指导职能;基层人民法院的比例为18.77%,基本符合其初审法院的职能定位(见表4-5)。此外,课题组还统计了2010—2014年部分法院的数据,5年间样本法院共讨论出台规范性文件287件,占宏观指导议题的67%。②

---

① 参见左卫民:《审判委员会运行状况的实证研究》,载《法学研究》2016年第3期。
② 需要说明的是,2015年的比例与2010—2014年的平均比例差异很大。之所以出现如此大的差异,很大原因在于样本的选择上。考虑到搜集5年的数据工作量较大,课题组选择了1个高级人民法院、5个中级人民法院、17个基层人民法院作为样本,23个样本人民法院中,高级人民法院占4.35%、中级人民法院占21.74%、基层人民法院占73.91%。但就A省的总体状况而言,高级人民法院在211个法院中占比0.47%,22个中级人民法院占比10.43%,188个基层人民法院占比89.10%。因此23个样本法院中,高级人民法院、中级人民法院的比例分别比实际高出3.88%、11.31%。正如表4-5所示,中级、高级人民法院是出台规范性文件的主要主体,由此造成样本法院2010—2014年规范性文件的数据明显高于2015年全省的数据。

表 4-5　2015 年 A 省三级法院审判委员会讨论宏观议题的数量

议题类型 法院	案例	案件质量评查	审判态势分析	规范性文件
高级人民法院	33.33%	5.56%	8.33%	52.78%
中级人民法院	25.33%	15.28%	17.90%	41.48%
基层人民法院	12.76%	47.81%	20.66%	18.77%
三级法院合计	14.83%	42.67%	20.05%	22.45%

从年度分布看,近年来出台的规范性文件数量出现明显上升,尤其是高级人民法院的上升幅度较大(见图 4-4)。同时,从规范性文件的内容看,审判工作制度规范在各级人民法院审判委员会宏观指导职能中占有重要地位,而关于法律适用问题的议题较少且偏于谨慎,各级人民法院审判委员会在这方面的工作力度还需要进一步加强。

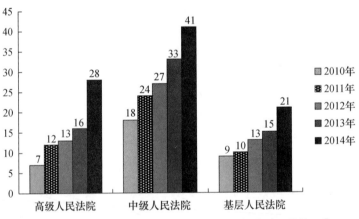

图 4-4　2010—2014 年 A 省部分法院讨论规范性文件情况①

（二）讨论发布参考案例或典型案例

讨论发布参考案例或典型案例是审判委员会发挥宏观指导作用的

---

① 这里的 A 省部分法院包括 A 省所属的 1 个高级人民法院、5 个中级人民法院、17 个基层人民法院,共 23 个法院。

另外一种重要方式。2010—2014年,被调研法院共讨论各类案例173件,其中,高级人民法院96件、中级人民法院53件、基层人民法院24件,平均到每个法院,每年高级、中级、基层三级法院分别讨论19.2件、2.12件和0.28件(见表4-6)。A省法院在全国属于案例工作开展较早和较好的地区,但总体来看,各级法院审判委员会讨论发布的案例数量仍然偏少,不能满足司法实践的需要。此外,2015年A省三级法院审判委员会讨论的案例占宏观议题的14.83%,高级、中级、基层人民法院的比例分别为33.33%、25.33%和12.76%(见表4-5),从比例来看,案例工作尚未成为审判委员会宏观指导职能的重点。

我们发现,造成这一现象可能主要有三个方面的原因:一是审判委员会讨论案例时间较少。由于提交审判委员会讨论的个案较多,基于审限等因素,审判委员会需要优先予以讨论,导致参考案例或典型案例议题排期时间较长,讨论时间又少,通过的参考性案例或典型案例自然较少。二是案例选编工作难度较大。由于存在裁判文书说理性不足、审判程序瑕疵等问题,许多好的案件无法转化为案例,加上一线法官选编案例的工作积极性不高,影响了案例的选编工作。三是基于案例发布后的参考效果的考虑,审判委员会发布案例较为谨慎。由于案例对司法实践具有指导意义,各地法院审判委员会在讨论案例时顾虑较多,通过率不高(由表4-6可见),这在某种程度上间接影响了提交讨论的案例数量。

从调研情况看,一线办案法官对案例的需求较为迫切。如在G中级人民法院座谈时,该院副院长表示,在审判工作中常常遇到争议较大的法律适用问题,对审判工作形成了较大困扰,如果能够参照相关案例就会很快达成一致意见,既能够保证审判质量,也能够提升审判效率。因此,在今后的工作中,应当进一步提升案例在审判委员会工作中的比重,优先排期、优先讨论,提升案例指导工作力度。

此外,案例工作还体现出显著的层级差异。如表4-6所示,案例的院均年度平均值随着法院层级的降低而显著减低,案例工作主要集中在高级人民法院。其主要原因在于,中级、基层人民法院无发布案例权限。由于我国属于成文法国家,根据最高人民法院《关于案例指导工作的规定》等规定,只有最高人民法院有权发布指导性案例,高级人民法院可以发布参考性案例,中级、基层人民法院则仅能向上级法院推荐案例,无权发布具有参照意义的案例,这就在很大程度上限制了中级、基层人民法院案例工作的开展。

表 4-6　2010—2014 年 A 省部分法院讨论案例情况①

讨论与发布案例情况 法院	讨论案例数量 (单位:件)		发布案例数量 (单位:件)	
	合计	院均年度平均值	合计	院均年度平均值
高级人民法院	96	19.2	55	11
中级人民法院	53	2.12	49	1.96
基层人民法院	24	0.28	20	0.24
合计	173	1.50	124	1.08

(三) 审判态势分析

通过实地调研发现,2015 年 A 省三级法院审判委员会开展审判态势分析占审判委员会工作量的 20.05%,其中高级、中级、基层人民法院分别占 8.33%、17.90% 和 20.66%(见表 4-5),高级、中级、基层三级法院平均进行审判态势分析 3 次、1.86 次、1.63 次。值得注意的是,188 个基层人民法院中,审判委员会未进行审判态势分析的法院共 126 个,余下 62 个法院审判委员会中的 54 个进行审判态势分析的次数不超过 10 次。中级人民法院的情况也类似,22 个中级人民法院审判委员会中的 16 个未开展该项工作,余下的 6 个中 5 个开展次数不超过 10 次(见表 4-7)。

---

① 这里的 A 省部分法院包括 A 省所属的 1 个高级人民法院、5 个中级人民法院、17 个基层人民法院,共 23 个法院,下同。

表 4-7　2015 年 A 省中级、基层法院审判委员会进行审判态势分析情况

审判委员会开展审判 态势分析的次数	基层人民法院数量 （合计 188 个）	中级人民法院数量 （合计 22 个）
0 次	126	16
1～10 次	54	5
11～12 次①	7	1
13 次以上	1	0

从上述数据可以看出，事实上大多数中级、基层人民法院的审判委员会并未开展审判态势分析工作。但我们也发现，这并不意味着各级法院不重视此项工作或者没有开展此项工作，而是因为法院将此项工作职能交给了其他部门（如审判管理办公室、党组会议等）承办，而不是审判委员会承办。从调研情况看，近年来，各地中级、基层人民法院基本每月都要开展审判态势分析工作，但在组织形式上呈现多样化，有些法院成立了专门的审判管理委员会开展态势分析②，有些法院将审判态势分析议题列入了院党组会的范围，有些法院列入了院长办公会的范围。可见，司法实践中，审判委员会研判审判态势职能被转移的情况较为普遍，进一步弱化了审判委员会的宏观指导职能作用。因此，有必要进一步厘清审判委员会及法院其他组织机构的职权范围，规范和提升审判委员会对审判工作的宏观指导和监督（见图 4-5）。

---

① 以 12 次作为分界线的原因在于，许多法院的审判态势分析为 1 个月 1 次。
② 审判管理委员会是 A 省法院的特色做法，是审判管理的组织领导机构，由相关法院的院长担任主任，其他院领导和专职委员任成员，主要职能是督促推动网上同步办案、审判态势分析、案件质量评查等工作。审判管理委员会从组织上确保了审判管理的执行力，对于 A 省法院强力推进审判管理工作起到了重要作用。审管办是审判管理委员会的日常办事机构，但审判管理委员会与审管办均独立运作，直接对院领导负责。

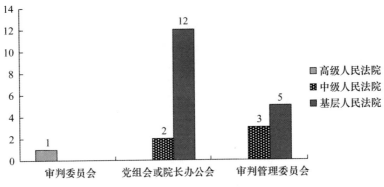

图 4-5　2010—2014 年 A 省部分法院开展审判态势分析情况

（四）案件质量评查

2015 年,A 省三级法院审判委员会进行案件质量评查的数量占宏观议题的 42.67%,仅从比例来看居所有宏观议题的首位,其中高级、中级、基层人民法院的比例分别为 5.56%、15.28% 和 47.81%。从三级法院各自的情况来看,基层人民法院显著拉高了三级法院的总体比例,而中级、高级人民法院在案例、规范性文件等方面有所作为的空间较大,因此进行案件质量评查的比例低于基层人民法院。

和审判态势分析的情况相似,2015 年 188 个基层人民法院中有 108 个并未开展案件质量评查①,余下 80 个法院中的 67 个的评查量并未超过 10 件案件,换言之,仅 13 个法院审判委员会的评查量在 11 件案件以上。案件质量评查在宏观议题中占据首位,很大部分是由个别极端值造成的:D 市 J 法院、S 市 P 法院、Z 市 L 法院的评查量分别为 52 件、76 件和 120 件,仅该三个法院的评查量即超过所有基层法院评查量的三成。

为何超过半数的法院审判委员会并不进行案件质量评查?为何即便进行评查,案件数量也较少?② 我们发现,与上文关于审判态势分析数

---

① 同样,22 个中级人民法院审判委员会中的 12 个并未开展案件质量评查。
② 审判委员会进行了案件质量评查的 10 个中级人民法院,其评查量均未超过 10 件。

量较少的原因相似,实践中,有许多法院将案件质量评查工作交由审判管理委员会、审管办等机构具体负责;同时,在其他评查机构无法作出评查结论等情况下,再由审判委员会对案件质量评查的结果进行最终决定。如表4-8所示,8个样本法院中,仅X法院审判委员会开展了经常性案件质量评查工作,并且数量较少,其余7个法院的审判委员会仅负责重大案件的评查。从工作效果来看,这种工作模式既充分发挥了案件质量评查专门机构和人员的作用,提升了评查工作效率,同时也能够发挥审判委员会在重大案件质量问题上的权威性,对于深入推进司法责任制具有十分重要的作用。

表4-8 A省部分法院开展案件质量评查情况

机构 法院	审判委员会	审判管理委员会等	审判管理办公室
A 高级人民法院	重大案件	重点评查、常规评查	—
C 中级人民法院	重大案件	重点评查	常规评查
W 人民法院	重大案件	重点评查	常规评查
M 中级人民法院	重大案件	—	重点评查、常规评查
D 人民法院	重大案件	—	重点评查、常规评查
T 中级人民法院	重大案件	重点评查	常规评查
Y 人民法院	重大案件	—	重点评查、常规评查
X 人民法院	评查工作	—	—

三、审判委员会宏观指导职能实施存在的问题

(一)宏观指导职能实施情况总体不理想

从立法规定看,"总结审判经验"被放在法院审判委员会工作职能的第一位,加强审判委员会宏观指导职能也是最高人民法院明确提出的改革方向。从调研了解的各地法院制定的审判委员会规则来看,往往也是

把"总结审判经验"放在突出位置。因此,从具体审判活动中提炼出带有普遍性的原则、做法等,对不特定案件审判进行宏观指导,应当是审判委员会的主要目的和任务。① 不过从数量来看,如前所述,虽然有增强之势,审判委员会宏观指导职能的实践样态并不理想,功能发挥欠佳。从近五年审判委员会讨论议题的分类统计分析看,讨论案件占议题总数的93.29%;讨论规范性文件占2.24%;讨论案例占2.46%;其他议题占2.01%。可见,在数量上,当前审判委员会在职能发挥上主要集中于具体案件的讨论,审判委员会的宏观指导职能只能居于次要位置,与审判委员会制度的立法原意存在较大的差距(见图4-6)。不仅如此,从我们调研了解的情况来看,在质量上,由于下文要讨论的主要资源和精力被配置于个案讨论和行政事务,审判委员会讨论宏观议题的效果也并不尽如人意。

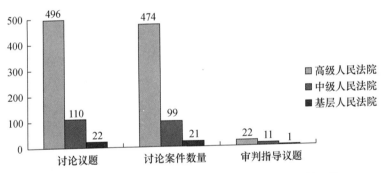

图 4-6　2010—2014 年 A 省部分法院议题分类统计情况②

课题组发现,影响审判委员会宏观指导职能实施总体不理想的因素很多,但其中有两个值得特别强调。

第一,法院内部资源的分配问题,具体表现在三个方面:一是法院总

---

① 参见四川省高级人民法院课题组、王海萍:《司法改革中地方法院审判委员会宏观指导职能的重置——基于C省审委会制度运行的实证分析》,载《理论与改革》2015年第6期。

② 这里的A省部分法院包括A省所属的1个高级人民法院、5个中级人民法院、17个基层人民法院,共23个法院。

体人力资源(法官及辅助人员数量、素质)分配问题。总结审判经验往往以审判调研、文案写作等具体事务为基础,往往是力量较强、素质较高的法院,更容易产出宏观指导的成果。① 二是审判委员会讨论个案和宏观指导之间的资源分配问题。我们注意到二者在时间、精力消耗上存在一定程度的反比关系,即前者分配多则后者往往分配较少。如前所述,当前审判委员会讨论的个案数量较多并占用了审判委员会会议的绝大部分时间,这使得可以分配给宏观指导事项的资源不可能很高。三是各级法院审判委员会委员的精力分配问题。审判委员会委员大多同时具有领导职务,往往负有法院管理以及协调党政及其他部门的职责,这些职责甚至是各个委员更为看重也是更能出政绩的职责,在这种情况下,委员们的部门事务或法院管理事务对审判委员会审判宏观指导事务的挤占可以说是肯定存在的。

第二,存在审判委员会被行政化力量替代的情形。比如,除了前文提到的审判态势分析、案件质量评查工作经常被审管办等司法行政机构实际操作外,许多规范性文件、审判经验的总结等也都通过行政化方式予以制定和发布。比如在 A 省高级人民法院,2013 年以前制定的与审判工作有关的制度、审判业务规范性文件等通常系由业务部门起草讨论,征求中级、基层人民法院意见后,由主管副院长直接审核签发。类似的还有各级法院出台的如"会议纪要"等内部指导统一裁判尺度的文件等,也几乎都未通过审判委员会讨论决定,而是经过调研起草、召开座谈会、研讨会等方式讨论定稿后按一般行政化公文程序进行层级签发。可见审判委员会的宏观指导功能存在一定程度的被行政力量虚置乃至架空的现象。之所以出现这类现象,既可能与法院的行政管理工作与审判工作的长期混同有关,也与该院《关于制定审判业务规范性文件的规定》明确规定涉及全省重大问题的规范性文件主管副院长"可以"而非"应当"

---

① 参见四川省高级人民法院课题组、王海萍:《司法改革中地方法院审判委员会宏观指导职能的重置——基于 C 省审委会制度运行的实证分析》,载《理论与改革》2015 年第 6 期。

提交审判委员会讨论有关。

（二）与法律适用相关的议题偏少

按照《关于全面深化人民法院改革的意见——人民法院第四个五年改革纲要（2014—2018）》，未来审判委员会应当强化总结审判经验、讨论决定审判工作重大事项的宏观指导职能，讨论个案则应当主要讨论个案的法律适用问题。笔者认为，审判委员会的宏观指导和个案讨论职能是紧密相关的，审判委员会应当强化总结审判经验、讨论决定审判工作重大事项至少在相当程度上应当建立在个案讨论的基础上。换言之，法律适用议题应当是审判委员会总结审判经验、讨论决定审判工作重大事项的最重要内容之一。

然而从审判委员会职能运作的实践来看，情形并非如此。比如A省高级人民法院审判委员会讨论的宏观指导事项中，参考性案例占比达到46.3%，审判工作制度规范占比达29.6%，法律适用指导占比仅13.9%。再如在C中级人民法院审判委员会讨论的宏观指导事项中，示范性案例也达到了36.5%，审判工作制度规范占比达27.7%，法律适用指导仅占比7.4%。可见在A省法院系统审判委员会讨论的宏观指导事项中，参考性案例（示范性案例）和审判工作制度规范占了较大比重，是地方法院审判委员会履行宏观指导职能最主要的方式，而法律适用指导则使用较少，占比较低。

不仅如此，在中级、基层人民法院，审判委员会更倾向于就法律适用问题向上级法院请示汇报，而不愿意独立作出决定，"从而使得中基层法院审判委员会讨论的用于指导本院或者辖区下级法院关于规范法律适用、裁判尺度的文件极少"[①]。

---

① 四川省高级人民法院课题组、王海萍：《司法改革中地方法院审判委员会宏观指导职能的重置——基于C省审委会制度运行的实证分析》，载《理论与改革》2015年第6期。

表 4-9　A 省高级人民法院审判委员会宏观指导事项类型分布（2010—2014）

	件数	百分比
法律适用指导	15	13.9%
审判工作制度规范	32	29.6%
参考性案例（案例指导）	50	46.3%
审判态势分析	6	5.6%
与审判有关的重大工作部署	5	4.6%
合计	108	100.0%

表 4-10　C 中级人民法院宏观指导事项类型分布（2010—2014）

	件数	百分比
法律适用指导	11	7.43%
审判工作制度规范	41	27.70%
示范性案例	54	36.49%
审判态势分析	4	2.70%
案件质量评查	3	2.03%
审判有关的重大工作部署	12	8.11%
与审判有关的人事议题	23	15.54%
合计	148	100.0%

课题组注意到,法律适用的议题偏少可能与最高人民法院对全国法院的指导政策有关。最高人民法院在 2010 年出台的《关于规范上下级人民法院审判业务关系的若干意见》第 8 条规定:"最高人民法院通过审理案件、制定司法解释或者规范性文件、发布指导性案例、召开审判业务会议、组织法官培训等形式,对地方各级人民法院和专门人民法院的审判业务工作进行指导。"第 9 条规定:"高级人民法院通过审理案件、制定审判业务文件、发布参考性案例、召开审判业务会议、组织法官培训等形式,对辖区内各级人民法院和专门人民法院的审判业务工作进行指导。高级人民法院制定审判业务文件,应当经审判委员会讨论通过。最高人民法院发现高级人民法院制定的审判业务文件与现行法律、司法解释相抵触的,应当责令其纠正。"第 10 条规定:"中级人民法院通过审理案件、总结审判经验、组织法官培训等形式,对基层人民法院的审判业务工作进行指导。"这样的规定,实际使得中级人民法院和基层人民法院无权通

过制定审判业务文件形式开展宏观指导工作。因为审判经验总结之后,往往伴随着对审判活动提出带有普遍性、方向性的工作要求和指引,并以特定的载体予以固定,而这些载体恰恰最终往往体现为中级、基层人民法院无权制定的司法解释或相关审判业务文件。

(三) 讨论结果对外公开力度不足

宏观指导讨论结果的公开力度可以从两个方面进行评价,即公开的比例和公开议题类型的覆盖面。从掌握的几个法院审判委员会议题对外公开情况来看,两个方面的情况都不甚理想。

首先,对外公开的比例较低。在 A 省高级人民法院审判委员会讨论的宏观议题中,5 年间宏观议题的通过率达到 74.1%,而对外公开的比例仅占 55.6%。在 C 中级人民法院,审判委员会讨论的宏观议题通过率 5 年间平均达到 90.54%,而公开比例仅为 33.11%。

其次,公开议题的覆盖面较小,并以参考性案例为主。在 A 省法院公开的宏观议题中,参考性案例占据一半以上,达到 56.7%;审判工作制度性文件占比为 30%,法律适用指导占比为 13.33%;其他类型的宏观议题均未公开。在 C 中级人民法院,公开的宏观议题中参考性案例比例甚至高达 93.7%,余下均为审判工作制度性文件,其他类型均未公开。据我们了解,主要是因为法院习惯性认为大部分宏观议题属于法院内部事务,没有必要公开。

显然,在法院审判委员会讨论的宏观议题中,纯粹是法院内部行政性事项的比例并不高,绝大部分都涉及公共利益乃至当事人利益,在此情形下不予公开缺乏法理基础。因为参照《政府信息公开条例》第 9 的规定[1],如果审判委员会讨论的宏观指导结果符合该条例中的规定,即涉及当事人切身利益的、需要公众知晓或参与的、反映本部门工作职责的,则法院应当对这类信息主动公开。

---

[1] 《政府信息公开条例》第 9 条规定:"行政机关对符合下列基本要求之一的政府信息应当主动公开:(一) 涉及公民、法人或者其他组织切身利益的;(二) 需要社会公众广泛知晓或者参与的;(三) 反映本行政机关机构设置、职能、办事程序等情况的;(四) 其他依照法律、法规和国家有关规定应当主动公开的。"

第五章　审判委员会运行过程实证分析

在对审判委员会静态的组织结构与职能进行分析后,有必要进一步关注其动态的运行过程。本章将首先对审判委员会的启动、准备、议事等各个环节进行考察,再对审判委员会运行的总体面貌进行描绘,并指出其中存在的问题。

一、审判委员会运行过程考察

为深入了解审判委员会在实践中的运行情况,课题组于2016年4月1日至30日在1个高级人民法院、5个中级人民法院、11个基层人民法院进行了为期1个月的跟踪调查。[①] 17个法院中的11个在调研的当月召开了审判委员会,其中9个法院合计讨论了62件案件、6个法院合计讨论了19个宏观议题,后文将主要依据这11个法院的数据并结合访谈

---

① 这17个法院2015年案件受理的数量分别为:A省高级人民法院11 356件;省会城市C中级人民法院34 642件,其辖区内的Q法院18 672件、P法院2 250件;经济中等发达地区的L中级人民法院5 091件,其辖区内的Z法院8 949件、J法院542件;经济不发达地区的B中级人民法院2 208件,其辖区内的T法院5 183件、N法院3 377件、E法院2 042件;少数民族自治地区的G中级人民法院745件,其辖区内的L法院701件、B法院54件;铁路运输T中级人民法院627件,其辖区内的Y法院934件、X法院54件。在中级人民法院的选择上,兼顾了经济发达、中等发达、欠发达地区,案件数量较多、中等、较少地区,汉族地区以及少数民族地区;同时,在每个中级人民法院辖区内都选择了两个以上的基层人民法院,分别作为该地区案件数量较多和较少法院的代表。因此,该17个法院基本能够涵盖A省各类法院的情况,具有较高的代表性。

料进行分析。① 此外,课题组还对以上 17 个法院进行了"检察长列席审判委员会"的专项调研,调研的具体内容为 2012—2016 年 5 年间所有检察长列席的案件,调研的主要方式为根据审判委员会的笔录提取相关信息。因各种原因课题组共收到 8 个法院(3 个中级人民法院、5 个基层人民法院)合计 205 个案件的数据,后文涉及检察长列席的相关内容即以该 205 件案件为基础。

(一) 审判委员会的启动

根据《人民法院组织法》、三大诉讼法、司法解释以及最高人民法院《关于改革和完善人民法院审判委员会制度的实施意见》的规定,案件或宏观议题提交审判委员会讨论,需要经过合议庭(承办人)申请、庭长审批、主管副院长或院长决定的程序。②"院长、主管副院长或者庭长认为

---

① 这 11 个法院分别为 A 高级人民法院、C 中级人民法院、C 市 Q 法院、C 市 P 法院、B 中级人民法院、B 市 N 法院、G 中级人民法院、T 中级人民法院、L 中级人民法院、L 市 J 区法院、L 市 Z 法院。

② 《人民法院组织法》第 13 条第 1 款规定:"各级人民法院院长对本院已经发生法律效力的判决和裁定,如果发现在认定事实上或者在适用法律上确有错误,必须提审判委员会处理。"《刑事诉讼法》第 180 条规定:"……对于疑难、复杂、重大的案件,合议庭认为难以作出决定的,由合议庭提请院长决定提交审判委员会讨论决定……"《中华人民共和国民事诉讼法》第 198 条第 1 款规定:"各级人民法院院长对本院已经发生法律效力的判决、裁定、调解书,发现确有错误,认为需要再审,应当提交审判委员会讨论决定。"《中华人民共和国行政诉讼法》第 92 条第 1 款规定:"各级人民法院院长对本院已经发生法律效力的判决、裁定,发现有本法第九十一条规定情形之一,或者发现调解违反自愿原则或者调解书内容违法,认为需要再审,应当提交审判委员会讨论决定。"最高人民法院《关于适用〈中华人民共和国刑事诉讼法〉的解释》第 178 条规定:"……拟判处死刑的案件、人民检察院抗诉的案件,合议庭应当提请院长决定提交审判委员会讨论决定。对合议庭成员意见有重大分歧的案件、新类型案件、社会影响重大的案件以及其他疑难、复杂、重大的案件,合议庭认为难以作出决定的,可以提请院长决定提交审判委员会讨论决定……"最高人民法院《关于适用〈中华人民共和国民事诉讼法〉的解释》第 443 条规定:"人民法院院长发现本院已经发生法律效力的支付令确有错误,认为需要撤销的,应当提本院审判委员会讨论决定后,裁定撤销支付令,驳回债权人的申请。"最高人民法院《关于改革和完善人民法院审判委员会制度的实施意见》第 7 条规定:"……案件或者议题是否提审判委员会讨论,由院长或者主管副院长决定。"第 12 条规定:"需要提交审判委员会讨论的案件,由合议庭层报庭长、主管副院长提请院长决定。院长、主管副院长或者庭长认为不需要提交审判委员会的,可以要求合议庭复议。"

不需要提交审判委员会的,可以要求合议庭复议。"①

对于法定"应当"提交审判委员会的案件而言②,院庭长只需审查案件是否属于法律、司法解释规定的必须提交审判委员会的情形之一,而这属于较简单的法律问题,合议庭有足够的判断能力,院庭长的审批很多时候只是在"走程序"。因此,我们将考察重点放在"可以"提交审判委员会的案件上。

一般而言,合议庭(独任法官)对于"拿不准"也就是"可以"提交审判委员会的案件,会逐级向院庭长汇报。如果院庭长认为"拿得准",就会明确给出意见。如果院庭长的意见能够被合议庭(独任法官)接受,那么案件就不需要提交审判委员会。院庭长大都属于本领域的精英,专业知识过硬,处理问题更有经验,很多情况下他们的意见对合议庭(独任法官)的确能够起到"拨开云雾"的作用。但是如果合议庭(独任法官)不能接受院庭长的意见,那么就会申请将案件提交审判委员会。同时如果院庭长对于案件的处理也"拿不准",同样会申请提交审判委员会讨论。另一些情况下,合议庭(独任法官)对案件"拿得准",也并未申请提交审判委员会,但院庭长对案件的处理意见与合议庭(独任法官)不一致且合议庭(独任法官)不接受院庭长的意见;或者院庭长对案件的处理意见与合议庭(独任法官)并无争议,但院庭长认为案件存在某种"风险",这些情况下,案件依然可能被提交审判委员会。此外,就分管副院长与庭长而言,在案件是否提交审判委员会这个问题上,在不同法院、不同个人之间可能有一些差异。比如有的法院、有的分管副院长可能更倾向于不提交,有的法院、有的分管副院长更倾向于提交。但整体来看,分管副院长与庭长所发挥的作用差异并不显著。

(二) 审判委员会会议的准备

承办人启动审判委员会的申请经部门领导、院长逐级审批同意后,就会进入审判委员会的准备程序,即由承办人撰写审理报告并提交审判

---

① 最高人民法院《关于改革和完善人民法院审判委员会制度的实施意见》第12条。
② 62个样本案件中有30件(民事5件、刑事25件)均属于"应当"提交审判委员会的案件。

委员会秘书进行排期,并提前将相关材料发送给委员阅览。

1. 撰写并提交报告

审判委员会作为一种会议型审判机构,委员们无法亲历审判,审理报告是其了解案情的重要窗口。审理报告的内容非常全面,几乎涵盖了案件的所有重要信息,包括当事人基本情况、案件由来和诉讼经过、案件事实和证据、处理意见及理由、社会影响,等等(见图5-1)。除案件外,对于需要提交审判委员会讨论的宏观性议题,汇报人也需准备非常详尽的报告。以 A 高级人民法院的规范性文件为例,报告通常包括主报告和附件,其中主报告是向委员汇报文件出台的背景、依据、过程等,尤其需要提炼出提请审判委员会讨论的重点问题。附件通常是拟发布的规范性文件,每一个条文后都需要罗列该条文的规范性依据,有的还包括争议问题、处理的方式及理由等(如图5-2)。

关于××××非法买卖制毒物品罪一案的审理报告

(201×)×××字第×号

一、原审控辩双方和其他诉讼参与人的基本情况
……
二、案件的由来和审理经过
……
三、案件的侦破、揭发情况
……
四、原判要点和再审中控辩双方的意见
(一)一审审理情况
……
(二)二审审理情况
……
(三)再审控辩双方的意见
……
五、再审认定的事实和证据
……
六、需要说明的问题
……
七、处理意见及理由
……

图 5-1 案件审理报告示例

> **关于《关于××××若干问题的指导意见》的起草说明**
>
> 一、起草的背景及目的
> ……
> 二、起草的依据
> ……
> 三、起草的经过
> ……
> 四、《意见》的主要内容
> ……
> 五、存在的争议问题
> ……
> 附件：A省高级人民法院关于××××若干问题的指导意见
>
> **A省高级人民法院关于××××若干问题的指导意见**
> （送审稿）
>
> 第一条　××××××
> 规范依据：……
> 起草说明：……
> 第二条　××××××
> 规范依据：……
> 起草说明：……
> ……

图 5-2　规范性文件提交审判委员会的报告示例

2. 送阅相关材料并排期

承办人完成报告后，需将相关材料提前发送委员阅览。跟踪调研的62个样本案件中有21件并未提前发送给委员，且这21件均为刑事案件，来自3个不同的法院，另有5个法院的11件刑事案件以及所有的民事、行政案件都提前发送给了委员阅览。部分刑事案件未提前发送是因为其需要保密，而办公网络暂时达不到保密要求。对提前发送的41件案件而言①，平均提前3.58天，其中提前1天和3天的最为常见，N法院大都提前四五天发送，Q法院则全部提前7天发送（见表5-1）。

---

① 41件均提前发送了审理报告，其中还有25件提前发送了卷宗。

表 5-1　将案件材料提前发送给审判委员会委员的情况

提前发送的天数	案件数量	占所有样本案件的比例
0	21	33.9%
1	16	25.8%
2	3	4.8%
3	12	19.4%
4	4	6.5%
5	1	1.6%
7	5	8.1%

对于提前发送的审理报告、案卷，委员是否会提前阅览？根据课题组对三级法院部分法官的访谈，除少部分委员外，绝大多数不会提前阅览："可以发言、起得到作用的、爱钻研爱学习的人，会提前看，其他那些不得看""就案件而言很少，几乎没有""据我了解基本不看""分人，有些人要看，有些人不看，看的人大概 1/3 左右"，只有某中级人民法院审判委员会委员认为"基本都要看"。为什么委员们大都不会提前阅览案件材料呢？第一，因为审判委员会委员大都是法院领导，公务繁忙，而大多数材料发送给委员时距离开会已不到 3 天，委员们很难抽出时间提前阅览。第二，每个案件的汇报时间都很长，委员们作为法院业务精英，完全可以在汇报的当时看懂案情、理清思路，提前阅览的必要性不高。①

在将相关材料送阅审判委员会委员时，该议题同时在审判委员会办公室排队等待上会。就 A 省高级人民法院的情况来看，排期的方式主要是按照时间顺序，有特殊情况需"插队"的应征得主持人同意。

（三）审判委员会的开会议事

案件所有的准备程序完成后，即进入议事程序。审判委员会本质上是一个有决策权的会议，它包括汇报、讨论、表决三个环节。通常情况

---

① 当然，委员们没有提前了解案情，也的确是导致会议效率不高的原因之一。

下,委员们在讨论的过程中就会同步发表自己的倾向性意见,所有委员发言并表态完毕后决议自然形成,因此后两个环节无法截然区分。在有检察长列席的情况下却有所不同,检察长仅参加汇报与讨论环节,表决环节是独立进行的。为符合大多数情况下的实践样态,后文将对讨论与表决环节合并考察,并统称其为"发表意见"环节

1. 汇报

汇报是审判委员会委员了解议题的主要方式,甚至是唯一方式。绝大多数案件都由承办人进行主汇报(62个样本案件中的60个,如图5-3),因为承办人对案件各方面的情况最了解,同时也是审理报告的执笔人,由其进行汇报最合适。审判委员会委员通常一边听取汇报,一边阅读审理报告。承办人的汇报较为全面,几乎涵盖审理报告的所有方面,包括案件的诉讼经过、事实、证据、争议焦点、处理意见、社会影响,等等,其中以事实问题和法律问题为主(见图5-4)。在承办人汇报完毕后,62个样本案件中的28个还进行了补充汇报,占比45.16%。其中23个案件的补充汇报人是庭领导(见图5-5),补充汇报的侧重点与主汇报不同,以法律适用问题为主,事实问题和社会影响为辅(见图5-5)。

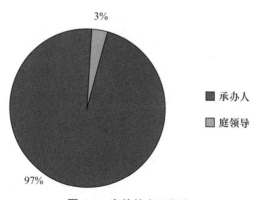

图5-3 案件的主汇报人

宏观性议题则不同,19个样本中的9个由部门负责人(正职)汇报,4个由部门负责人(副职)汇报,二者合计占比68.42%;仅有5个由承办人

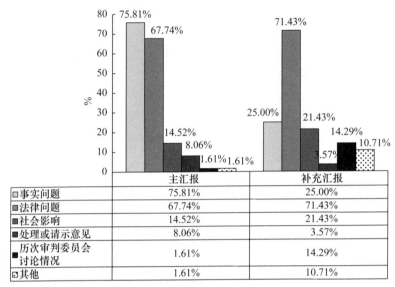

图 5-4 案件的重点汇报内容

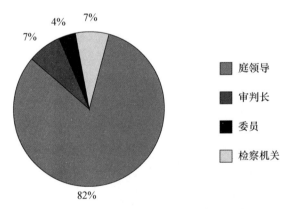

图 5-5 案件的补充汇报人

汇报,占比 26.32%;此外还有 1 个由副院长汇报①(见图 5-6)。其中由承办人、部门副职进行汇报的,均由部门正职进行了补充汇报;由部门正职和副院长汇报的,则未进行补充汇报。主汇报以基本内容为主,兼顾

---

① 副院长汇报的内容为业务学习。

重点事项;补充汇报则全部为重点事项(见图5-7)。

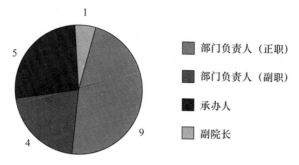

图5-6 宏观议题的主汇报人

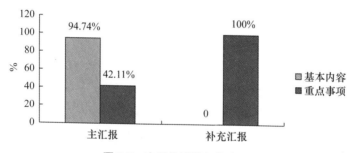

图5-7 宏观议题的汇报内容

2. 发表意见

汇报结束后,即进入发表意见环节。在此过程中,委员们可能会对汇报人提问,对案件不清楚的地方查漏补缺。① 在实践操作中,在没有检察人员列席的情况下,提问和发表意见同时进行,有的提问后紧接着开始发表自己的倾向性意见,有的提问后思考一段时间再发表,有的可能不提问直接发表意见。62个样本案件中的52个有提问,平均提问人数为3.46人,平均每个案件的问题数量为4.52个(其中事实问题2.67个,法律适用问题1.25个);19个宏观议题中的10个有提问,平均提问人数3.1人,平均问题数量4个。由于承办人的汇报本身已经比较周全,书面

---

① 提问是汇报的补充,理论上应当纳入上文的"汇报"环节。但在实践操作中,提问和发表意见常常同时进行,为便于操作,课题组将其纳入发表意见环节。

报告的内容更是极为详尽,因此总体而言提问数量并不算多。①

在发表意见环节,一个值得关注的问题是发言的顺序,由于这关乎审判委员会会议是否"行政化",学界对此一直比较关心。② 课题组调研发现,各地法院在委员的发言顺序上,做法不一,但也存在一些共同点。在2010年最高人民法院《关于改革和完善人民法院审判委员会制度的实施意见》实施前,的确普遍存在学者们指出的院长先"定调"的情形,行政化色彩比较明显;但在2010年之后,这类现象得到了根本改观,大多数是由审判委员会列席委员或人员(虽然不是人大常委会任命的审判委员会委员,但在法院里司法经验丰富、业务熟练,这部分人员多数承担一定的行政职务,如庭长)先发言,后由其他普通委员发言,再由审判委员会专职委员、院领导发言,基本上是按照行政职务由无到有、由小到大的顺序进行发言,有着比较明显的"反行政化"色彩。③

为进一步防止审判委员会讨论案件的"行政化",部分法院在审判委员会工作规则中确立了委员按照资历(如法官等级、从事审判工作年限、学历学位背景等)由低到高的顺序发言的原则,以鼓励委员们积极发言,同时防止行政职务较高的委员影响其他委员的意见。从对法官的调查看,51.01%的调查对象支持这一规定,认为这有利于审判委员会作出正确决定,在审判委员会制度改革中应予以坚持(见表5-2)。为了固定这一很好的做法,2016年6月3日A省委全面深化改革领导小组第十三次会议审议通过的A省高级人民法院《关于落实司法责任制的实施方案》规定:"审判委员会委员讨论案件时应当独立充分发表意见,负责审理、审查案件的委员及承办人所在部门的委员应当先发表意见,其他委员原

---

① 但即便如此,仍有许多法官认为,委员的提问大都是因为没有认真听汇报或者没有提前阅览审理报告造成的,许多问题在审理报告中都有记载。

② 参见王韶华:《审判委员会运行模式与程序规则改革探讨》,载《人民法院报》2015年8月5日,第05版;肖建国、肖建光:《审判委员会制度考——兼论取消审判委员会制度的现实基础》,载《北京科技大学学报(社会科学版)》2002年第3期;等等。

③ 最高人民法院《关于改革和完善人民法院审判委员会制度的实施意见》第16条第1款规定:"审判委员会讨论案件实行民主集中制。审判委员会委员发表意见的顺序,一般应当按照职级高的委员后发言的原则进行,主持人最后发表意见。"

则上按照法官等级由低到高的顺序发表意见,主持人最后发表意见并归纳委员意见,按照多数意见拟出决议,付诸表决。"同时,A省高级人民法院出台的《关于全面深化全省法院审判委员会制度改革的意见(试行)》规定:"审理案件的委员及案件所在部门委员先发表意见,其他委员原则上按照法官等级由低到高的顺序发表意见,主持人最后发表意见。"

表5-2 不同工作年限法官对审判委员会发言顺序的态度分析

工作年限 \ 选项	本庭委员先发言,其他委员按资历由低到高		本庭委员先发言,其他委员按资历由高到低		本庭委员先发言,其他委员自由发言		委员均可自由发言		其他	
	人数	比例	人数	比例	人数	比例	人数	比例	人数	比例
5年以下	142	48.97%	21	7.24%	88	30.34%	38	13.10%	1	0.34%
5～10年	85	49.13%	15	8.67%	41	23.70%	31	17.92%	1	0.58%
10年以上	229	53.13%	10	2.32%	100	23.20%	89	20.65%	3	0.7%
小计	456	51.01%	46	5.15%	229	25.62%	158	17.67%	5	0.56%

在发表意见的过程中,另一个值得关注的问题是,是否可能存在"附和"他人的情况?调研发现,这种现象颇为常见,主要原因在于有的审判委员会委员的知识结构、经验等与所讨论的案件不匹配。所谓"隔行如隔山",在自己并不擅长的领域,附和现象不可避免。在人数较少、并未区分专委会的法院,这种现象可能较为严重,"审判委员会委员懂自己这个方向的,不超过三分之一。我们院里只有两三个人各方面都比较懂……有个别委员有时候是在打胡乱说",因此,为了避免自己"打胡乱说"而"丢面子","附和"是一个更理性的选择。①

附和谁的意见?访谈发现,"意见领袖"的作用非常重要。委员们对相互间的专业背景、工作背景都非常了解,并长期在一起召开审判委员会,慢慢就会形成各个专业领域的"意见领袖",他是公认水平较高的人。"公认较专业的那位委员的发言非常重要,起到引领作用。有的委员一开始跟他意见不同的,听他发言后,又把自己的意见纠正过来,这种情况

---

① 而在区分了专委会的法院,专委会里也可能有部分委员并不擅长该专业。

不少。"选择附和"意见领袖"的意见,正确率最高;即便错误,也说明不是水平不够,而是问题本身太复杂。

值得注意的是,课题组在 A 省最早进行司法责任制改革的某法院进行调研时,该院法官透露了一个新的、不同的现象,"司法责任制出台之后,'随大流'不是委员最好的选择,一是随谁?毕竟领导后发言。二是少数意见才最稳妥,永远不会担责任。因此这个现象①没有了,更加应当关注的是少数意见的发表情况……原来是跟风,现在是尽量处于少数意见……"这个现象虽然目前仅在个别法院有所显现,但值得重视与关注。根据最高人民法院《关于完善人民法院司法责任制的若干意见》第 31 条的规定:"……案件经审判委员会讨论的,构成违法审判责任追究情形时,根据审判委员会委员是否故意曲解法律发表意见的情况,合理确定委员责任。审判委员会改变合议庭意见导致裁判错误的,由持多数意见的委员共同承担责任,合议庭不承担责任。审判委员会维持合议庭意见导致裁判错误的,由合议庭和持多数意见的委员共同承担责任……"该制度原本是为了"让裁判者负责",促使审判委员会委员认真对待案件,但却在一定程度上导致个别委员在个别情况下以"不承担责任"作为自己的首要目标,这不仅会影响案件的处理结果,也会影响审判委员会讨论案件的进程,因为"审判委员会意见不一致的情况增多,意见不一致再议的时候,更改意见变得更加谨慎和困难"。

以上分析了委员发表意见时存在的问题,但总体而言,审判委员会的意见能否有效帮助法官解决问题?答案是肯定的。第一,如前文所述,审判委员会委员几乎都是法院的精英和审判业务专家,很多都具有相当长年限的审判经验,业务纯熟。由这样一群精英来共同商议,其解决方案即便不是最理想,也是当下最好、最权威的。第二,即便部分委员专业或业务不对口,其在审判委员会中依然有着不可替代的作用。正如某基层法院法官一方面在抱怨"审判委员会委员里面很多都是倚老卖老,仗着自己有很多年审判经验",但另一方面他也承认"法律专业知识就算不是很懂,但他们经验更丰富,对社会效果的把握更准确。基层法

---

① 指"随大流"的现象。

院更看重社会效果"①。

---

① 以下附审判委员会讨论案件的样本,供读者参考(参见左卫民:《审判委员会运行状况的实证研究》,载《法学研究》2016年第3期)。

基本案情:
李某与何某于2012年签订了《股权转让协议》及《股权转让资金分期付款协议》,对何某将其持有的德阳某公司64%的股权转让给李某的相关事宜进行了约定;李某支付股权转让价款7 100万元的履行期限共分为四期,分别是:2013年1月、2月各付1 500万元,2013年12月付2 000万元,2014年1月付2 100万元。合同签订后,李某除逾期两个月支付第二笔股权转让款外,并无其他违约行为。何某于2013年4月以李某逾期支付第二笔股权转让款,且经催告后在合理期限内仍未履行付款义务,构成根本违约为由,发出了《关于解除协议的通知》,要求解除案涉合同。李某认为其不存在根本违约行为,合同应当继续履行,遂向人民法院提起诉讼,要求确认何某发出的解除合同通知无效,并责令其继续履行合同。在一审诉讼中,何某认为其已解除合同,如数退回了李某支付的四笔股权转让款;但案涉股权已变更过户至李某名下。

合议庭审理情况:
该案经两次开庭后,合议庭于2014年8月18日进行了评议。合议庭经评议后对案件的法律适用问题产生了分歧,形成两种意见:多数人意见认为,李某不构成违约,应当改判继续履行《股权转让资金分期付款协议》;少数人意见认为,李某构成违约,应当解除《股权转让资金分期付款协议》。故,合议庭提请庭长审查后,于2014年8月20日提交分管副院长审批是否提交审判委员会讨论。分管副院长审批过程中,要求合议庭就相关问题进行复议,合议庭于2014年8月22日复议后仍无法就相关法律适用问题达成一致意见,分管副院长遂于2014年8月25日决定提交民事行政专业委员会讨论决定,该案于当天在办案系统中自动发送审判委员会办公室审查。

审判委员会会议安排:
审判委员会办公室对案件材料进行形式审查后,认为符合提交民事行政专业委员会的形式要件,遂予以排期。会议主持人于2014年8月26日决定第二天召集会议讨论该案。审判委员会办公室随即通过办案系统将案件电子卷宗材料发送全体审判委员会委员提前审阅,并通知相关委员、所在庭庭长、案件承办人、会议辅助人员参会。民事行政专业委员会于2014年8月27日召开会议,此次会议有13名审判委员会委员参会,超过了全体委员的半数(23人)。会议在听取案件承办人汇报和该案所在庭庭长的补充汇报后,参会委员逐一发表了个人意见,经会议主持人归纳形成两点处理意见:第一,李某延期付款是过错,之后都是按期付款,迟延付款的过错尚不能达到解除合同的程度;第二,李某应对迟延支付承担责任,向何某支付相应赔偿。该处理意见与合议庭多数人意见一致。对该意见表决后,审判委员会委员一致同意该意见,形成了审判委员会决定(全体委员过半数或者专业委员会委员2/3多数,若仅达到参会委员多数未达到全体委员过半数或者专业委员会委员2/3多数,则形成专业委员会意见供合议庭参考)。合议庭根据审判委员会决定于2014年8月29日作出二审判决。

审判委员会讨论情况(有删减):
时间:2014年8月27日上午9:00
地点:审判委员会会议室
议题:李某诉何某股权转让纠纷一案
主持人:甲副院长(民事行政专业委员会会议主持人,曾任该院民庭庭长及某中级人民法院院长)
参加人:
乙副院长(曾任某中级人民法院副院长、某高校兼职法学教授、民商法学专家)
政治部主任(曾任两个中级人民法院院长、A省高级人民法院执行局长)
执行局长(曾任某中级人民法院院长)
审判委员会专职委员1(曾任该院业务庭庭长15年,担任专职委员5年)(转下页)

(接上页)审判委员会专职委员2(曾任该院业务庭庭长10年,担任专职委员4年)

审判委员会专职委员3(曾任某中级人民法院副院长、业务庭庭长12年,担任专职委员3年)

民一庭庭长(审判业务专家,任现职10年)

民二庭庭长(案件提交庭,任现职4年)

民三庭庭长(资深法官,任现职2年)

审监一庭庭长(该庭主办民事案件,任现职5年)

立案二庭庭长(该庭主办民事案件,任现职8年)

研究室主任(资深法官,长期从事疑难案件研究,任现职1年)

记录人:专职工作人员

汇报人:李某(国内某知名法学院校毕业,民商法学硕士,任助理审判员3年)

讨论:

李某:(简要汇报案情)

合议庭多数人意见,改判继续履行《股权转让资金分期付款协议》;少数人意见,维持原判,即解除《股权转让资金分期付款协议》。

民二庭庭长:(议题提交庭庭长补充汇报)

我倾向于合议庭多数人意见,改判继续履行。

本案提交讨论的目的有两个:第一,本案实质上是公司控股权的争夺;第二,本案具有法律适用的典型性,通过分期付款确定的股权转让,在当事人一方未付款金额达20%时,能否适用《合同法》第167条的规定,合议庭对此存在两种观点。《合同法》第94条和第167条都是合同法定解除的规定,分别为总则和分则,合议庭一种观点认为,应优先适用第167条的规定,但同时要受到第94条和第96条的规定制约。另一种观点认为,当事人约定合同时,只适用了第94条和第96条,并没有涉及第167条,实际上是一审法院直接适用第167条的规定。

本案并非典型的分期付款交易方式,第一,分期付款的一个根本特征是"先货后款",而本案并未提前转移股权,转移只是李某的单方行为;第二,分期付款多适用于商家和消费者之间,本案主体并不符合;第三,买卖合同更多关注的是交易物、实体物,本案标的也有区别。

我倾向于合议庭多数人意见,第一,虽然可以参照适用买卖合同规定和第167条的规定,但是本案并非典型的分期付款;第二,从立法目的来讲,最高人民法院关于分期付款的协议是在平衡商家与买受人利益,更多倾向于对买受人权利的保护;第三,非典型分期付款买卖的案件,如果直接适用第167条的规定,可能导致双方当事人权益的不平衡;第四,此类股权转让合同的单方面解除应当慎重,控制权已经较长时间发生变化,涉及公司经营、职工保护和外部关系等多方面的法律关系,这一观点我们与最高人民法院也进行过沟通,虽然没有明确的审查范围,但主旨观点是一致的。

政治部主任:两个协议之间的关系如何,资金付款协议是否为股权转让协议成立的前提?

李某:不是,两个协议应当为同时成立,分别独立。

乙副院长:如果认定相互独立,对李某更有利。第二份协议实际上是对第一份协议的细化。

研究室主任:《合同法》第94条的合理期限有具体解释,幅度如何?

民二庭庭长:没有明确幅度,只规定了经催告之后。

执行局长:第一,如果两个协议能够相互分开处理更好,前一个合同是转让协议已经完成,后一个合同是付款协议解决第一个合同付款的问题,李某主要承担迟延付款的责任;第二,工商变更登记,出让人不到场,是否符合法律规定,应当深入审查。

研究室主任:我同意合议庭多数人意见。第一,不在于先货后款或先款后货问题,即使未过户也不能解除,《合同法》规定的分期付款是针对的货物买卖,更多地是针对商品房等长期分期的情况,每次付款的金额都远远小于总金额,与本案的分期付款不同,不(转下页)

二、审判委员会运行过程的基本特征

在对审判委员会运行过程进行细致考察之后,有必要考察和总结审判委员会运行的基本特征。课题组统计了 A 省法院 2015 年审判委员会的基本数据。该年度,全省基层人民法院共召开 3 021 次审判委员会,平均每个法院 16.07 次;共讨论议题 10 665 项,平均每个法院 56.73 项。中级人民法院共召开了 505 次会议,平均每个法院 22.95 次;讨论议题 2 367 项,平均每个法院 107.59 项。高级人民法院共召开了 98 次会议,讨论议题 394 项(参见表 5-3)。进一步分析发现,在整体数据背后,有一些差异性的规律和特征可循,其中尤以层级差异和地区差异最为明显。

(接上页)能机械理解。第二,总则与分则的关系问题。对分则有关规定必须按照总则规定的精神理解,能否达到根本违约是判断合同无效的标准。

立案二庭庭长:我同意合议庭多数人意见。从整个过程的履行上看,二者可以分开,但是具体到本案,难以分开,诉的焦点即为第二个协议。同时,我也同意执行局长提出的延迟履行责任意见。

民三庭庭长:同意合议庭多数人意见,理由不再重复。

民一庭庭长:同意合议庭多数人意见。

审监一庭庭长:同意合议庭多数人意见。第一,从双方约定来看,并没有约定解除的条件,并且约定"不得反悔"实际上排除了解除的权利;第二,迟延付款并不能达到合同根本违约的程度;第三,既存的交易状态应当得到保护。

审判委员会专职委员 3:同意合议庭多数人意见,理由与审监一庭庭长一致。

审判委员会专职委员 2:合同没有对解除事项作出规定,《合同法》规定的解除情形与本案还不一样,不能随意解除合同。本案中,第一笔款是按时付款,第二笔款虽然延迟了,但应视为接受,既然股权已经转移,单纯解除合同涉及面太大,我认为应当维护法律关系的稳定性。同意合议庭多数人意见。

审判委员会专职委员 1:同意合议庭多数人意见,合同继续履行。同时,如果当事人提出,买受人要承担延期付款的利息及损失。

执行局长:同意合议庭多数人意见。

政治部主任:同意合议庭多数人意见。

乙副院长:同意合议庭多数人意见。

主持人:我个人同意合议庭多数人意见。

委员一致同意合议庭多数人意见,第一,李某延期交付是过错,之后都是按期付款,迟延付款的过错尚不能达到解除合同的程度;第二,李某应对迟延支付承担责任,向何某支付相应赔偿。

众:同意。

决定:同意合议庭多数人意见。

表 5-3　2015 年度 A 省法院审判委员会运行的基本情况

会议情况	法院	基层人民法院	中级人民法院	高级人民法院
会议频率 （单位:次）	总数	3 021	505	98
	平均值	16.07	22.95	
议题数量 （单位:项）	总数	10 665	2 367	394
	平均值	56.73	107.59	

（一） 审判委员会运行存在显著层级差异

A 省法院审判委员会的运行具有显著的层级差异。就召开频率而言,高级、中级、基层人民法院分别平均召开 98 次、22.95 次、16.07 次（见图 5-8）。高级人民法院明显高于中级、基层人民法院,分别是基层人民法院的 6.1 倍、中级人民法院的 4.27 倍；中级人民法院也略高于基层人民法院,是其 1.43 倍。若按一年 50 个星期计算,基层人民法院大概每 3 周召开一次审判委员会,中级人民法院大概每两周召开一次审判委员会,高级人民法院大概每周召开两次审判委员会。从召开频率的分布情况也能得出同样结论,如图 5-9 所示,召开频率在 10 次以内的基层人民法院占比 41.5%,中级人民法院则只占 13.6%；召开超过 40 次的基层人民法院仅占 6.4%,中级人民法院则占 13.6%,而高级人民法院的召开频率则高达 98 次。因此,无论是频率的平均值还是分布情况,都表明三级法院的差异相当显著。

就议题数量而言,高级、中级、基层人民法院分别平均讨论 394 项、107.59 项、56.73 项议题（见图 5-8）。高级人民法院分别是基层人民法院、中级人民法院的 6.95 倍、3.66 倍,中级人民法院是基层人民法院的 1.90 倍。从议题的分布来看（见图 5-10）,63.8% 的基层人民法院全年所讨论的议题数不超过 50 个,而中级人民法院的相应比例为 18.2%；8% 的基层人民法院所讨论的议题数在 150 个以上,中级人民法院的比例为 13.65%,高级人民法院所讨论的议题数为 394 个。由此可见,三级法院所讨论的议题数量同样有显著差异。

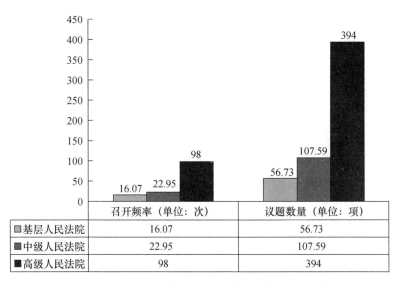

图 5-8 2015 年度 A 省三级法院召开审判委员会的情况

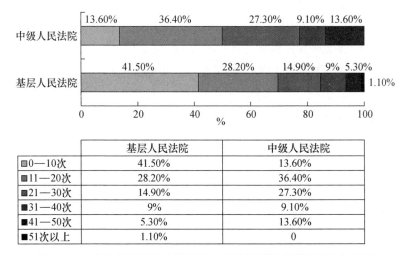

图 5-9 A 省中基层人民法院平均每个法院召开审判委员会的频率

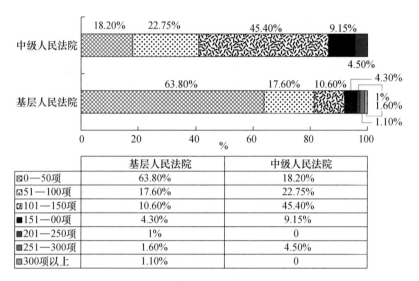

图 5-10　A 省中基层人民法院平均每个法院审判
委员会所讨论的议题数量

此外,课题组还统计了 1 个高级人民法院、3 个中级人民法院以及 3 个基层人民法院 2010—2014 年审判委员会的相关数据。① 如表 5-4 和图 5-11 所示,基层人民法院年均召开会议 11 次,平均讨论议题 22 件,平均每次会议 2 个议题;中级人民法院年均召开会议 30 次,平均讨论议题 110 件,平均每次会议 3.67 个议题;高级人民法院年均召开会议 106 次,讨论议题 496 件,平均每次会议 4.68 个议题。5 年的数据同样表明,三级法院之间存在显著差异。

---

① 由于数据时间跨度较长,课题组难以搜集到全省法院的整体性数据,仅选取了 7 个法院为样本。高级人民法院为 A 省高级人民法院,2015 年共受理案件 11 356 件。中级人民法院和基层人民法院包括:经济发达地区的 C 中级人民法院及其所辖 W 法院,2015 年受理案件数量分别为 34 642 件、23 144 件;经济中等发达地区的 M 中级人民法院及其所辖的 D 法院,其 2015 年受理案件数量分别为 3 787 件、6 877 件;欠发达地区的 Y 中级人民法院及其所辖 B 法院,2015 年受理案件数量分别为 2 484 件、1 118 件。尽管课题组未获取到这 7 个法院 2010—2014 年的案件数量,但 2015 年的数据依然具有较高的参考性。总体来看,7 个法院在法院层级、经济水平、案件数量上都具有较高的代表性。

表 5-4　7 个样本法院 2010—2014 年审判委员会的会议数量及议题数量

会议及议题 时间	高级人民法院		中级人民法院 （院平均值）		基层人民法院 （院平均值）	
	会议数量（次）	议题数量（项）	会议数量（次）	议题数量（项）	会议数量（次）	议题数量（项）
2010 年	113	549	33	122	12	22
2011 年	103	567	33	143	11	22
2012 年	103	406	32	101	10	19
2013 年	102	466	26	88	10	21
2014 年	108	491	25	95	10	26
平均	106	496	30	110	11	22

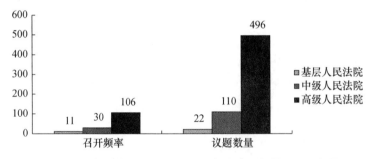

图 5-11　7 个样本法院 2010—2014 年均会议数量及议题数量

总之，无论是在审判委员会召开的频率上，还是所讨论的议题数量上，三级法院都有显著差异，随着法院层级的上升，审判委员会的工作强度不断增强，高级人民法院的负荷尤其重。

何以如此？我们注意到，一方面，这与不同层级法院的案件情况有关。从"应当"提交审判委员会讨论的案件来看，法律、司法解释、司法文件规定的类型主要包括：拟判处死刑的案件，本院已经发生法律效力的判决、裁定确有错误需要再审的案件，人民检察院抗诉的案件，本院已经发生法律效力的支付令确有错误需要撤销的，拟在法定刑以下判处刑罚或者免于刑事处罚的案件，拟就法律适用问题向上级人民法院请示的案件，拟宣告被告人无罪的案件，认为案情重大、复杂需要报请移送上级人民法院审理的案件,认为应当判处无期徒刑或死刑需要报请移送中级人民法院审理的刑事案件。① 其中拟判处死刑的案件是最重要的构成部分,而此类案件由中级、高级人民法院进行审理,因此"应当"提交审判委员会讨论的案件在中级、高级人民法院理应更多。从"可以"提交审判委员会讨论的案件来看,其类型主要包括:合议庭意见有重大分歧难以作出决定的案件,新类型案件,社会影响重大的案件,法律规定不明确、存在法律适用疑难问题的案件,其他疑难、复杂、重大的案件。② 这些案件往往较传统的、简单的案件更可能启动二审程序,并从各个辖区汇集中级、高级人民法院,因此中级、高级人民法院"可以"提交审判委员会讨论的案件比例更高。至于原本就由中级、高级人民法院一审的案件,本身就属于较为重大的案件,被提交审判委员会讨论的可能性也更大。

另一方面,这与三级法院的职能定位有关。中级、高级人民法院因需对辖区法院进行监督,具有更多的审判指导职能,因此其需要召开更多的审判委员会来讨论案例、制度文件等宏观议题。从表4-4来看,C中级人民法院及其所辖W法院、M中级人民法院及其所辖D法院、T中级人民法院及其所辖Y法院和X法院讨论宏观议题的数量分别为146、62、16、0、31、5、11项,在同一辖区内中级人民法院宏观议题数量均高于基层人民法院,充分印证了课题组的观点。

(二) 审判委员会运行存在明显地区差异

除不同层级的法院存在差异外,审判委员会的运行还呈现出显著的地区差异。

同为基层人民法院,2015年有17个基层人民法院全年未召开审判

---

① 参见《中华人民共和国刑事诉讼法》第243条,《中华人民共和国民事诉讼法》第198条,《中华人民共和国行政诉讼法》第92条,最高人民法院《关于适用〈中华人民共和国刑事诉讼法〉的解释》第178条,最高人民法院《关于适用〈中华人民共和国民事诉讼法〉的解释》第443条,《人民法院组织法》第13条,最高人民法院《关于改革和完善人民法院审判委员会制度的实施意见》第9条、第10条。

② 参见最高人民法院《关于适用〈中华人民共和国刑事诉讼法〉的解释》第178条、最高人民法院《关于改革和完善人民法院审判委员会制度的实施意见》第10条。

委员会①;有 12 个基层人民法院全年召开了 40 次以上的审判委员会,最多达 63 次。有 17 个基层人民法院全年未讨论一个议题②;某基层人民法院全年共讨论了 565 个议题③,成为全省之最,远超排名第二的省高级人民法院(394 个议题)。

同为中级人民法院,2015 年全省 22 个中级人民法院中有 2 个召开审判委员会未超过 10 次;有 5 个中级人民法院的召开频率超过了 30 次,最高 43 次。有 4 个中级人民法院讨论的议题数量在 50 个以内,最少 16 个;同样有 4 个中级人民法院的讨论量超过了 150 个,最高 262 个。

由此可见,无论是基层人民法院还是中级人民法院,无论召开频率还是议题数量,地区之间的差异都极为显著,小则数倍、大则数百倍。同时,相较召开频率而言,议题数量的差异更大,而议题数量更能衡量审判委员会的工作强度。

表 5-5　2015 年 A 省中基层人民法院审判委员会运行的最小值与最大值

会议情况 法院	召开频率		议题数量	
	最小值	最大值	最小值	最大值
基层人民法院	0	63	0	565
中级人民法院	7	43	16	262

以上差异性并非 2015 年的特例,样本法院 2010—2014 年的数据也显示了同样的规律。如表 5-6 所示,同为中级人民法院,发达地区的 C 中级人民法院所召开的会议次数分别是发展中地区的 M 中级人民法院、欠发达地区的 Y 中级人民法院的 1.68 倍和 2.89 倍,讨论的议题数分别是二者的 3.39 倍、3.18 倍。同为基层人民法院,W 法院召开会议的频率是 D 法院的 2.5 倍、B 法院的 8.75 倍。地区差异可见一斑。

---

① 17 个基层人民法院无一例外全部来自少数民族地区。
② 17 个基层人民法院即上文提到的未召开审判委员会的 17 个法院。
③ 565 个议题全为案件,没有宏观性议题。

表 5-6 样本法院审判委员会年均会议数量和议题数量(2010—2014 年)

地区及法院 会议及议题	发达地区		发展中地区		欠发达地区	
	C 中级人民法院	W 法院	M 中级人民法院	D 法院	Y 中级人民法院	B 法院
会议次数 (单位:次)	52	35	31	14	18	4
讨论议题 (单位:项)	261	103	77	30	82	2

这种差异不仅存在于不同的地市州之间。同样以 2015 年的数据为例,某少数民族自治州 A 州有两个基层人民法院全年都未召开审判委员会、一个基层人民法院仅召开了一次,但另一个基层人民法院召开了 28 次、讨论了 58 个议题;再如,D 市某两个基层人民法院召开了 8 次审判委员会、讨论了 50 个左右的议题,该市另一基层人民法院却召开了 40 次审判委员会、讨论了 146 个议题;M 市所辖基层人民法院中召开次数最少的为 2 次、讨论 2 个议题,最多的为 35 次、讨论 112 个议题;N 市最少 3 次、3 个议题,最多 46 次、119 个议题。由此可见,即便在同一地市州内,地区差异依然存在。

为何地区差异如此显著?一方面,这主要与案件基数有关。A 省地域辽阔,省内情况较为多元。例如,17 个全年未召开审判委员会的基层人民法院,无一例外全部来自偏远的少数民族地区,全年平均受理案件仅几百件;而召开了 63 次审判委员会的基层人民法院全年共受理 2 206 件案件,讨论 565 件案件的基层人民法院全年共受理 6 687 件案件,案件基数均是前者的数倍。中级人民法院中,讨论 16 个议题的铁路运输中级人民法院全年仅受理 627 件案件;而讨论议题数分别为 182 件、183 件、262 件的三个中级人民法院,同年受理案件数量分别为 3 397 件、5 946 件、34 642 件,远非铁路运输法院可比。再如,表 5-6 中 C 中级人民法院、M 中级人民法院、Y 中级人民法院 2015 年的案件受理量分别为 34 642 件、3 787 件、2 484 件,W 法院、D 法院、B 法院 2015 年的案件受理量分别为 23 144 件、6 877 件、1 118 件,也基本符合案件数量越大、会议次数越多、议题数量越多的规律。① 另一方面,案件基数也并非唯一影响因素。以 2015 年讨论议题数量最多(565 个)的 S 市 C 区法院为例,其同年案件受理量为 6 687 件;省会城市 W 法院同年案件受理量为 23 144 件,但其讨论议题数量却仅为 67 个。后者的案件基数是前者的 3 倍有余,议题数量却仅有 1/10 左右。又如,A 州召开了 28 次审判委员会、讨论了 58 个议题的基层人民法院,其当年案件受理数量为 520 件;另一案件基数相当(414 件)的基层人民法院,当年却根本没有召开审判委员会。这充分表明,案件基数并非影响审判委员会工作量的唯一因素。访谈发现,审判委员会的工作量还与法院的风格,或者说院长的要求有关。S 市 C 区法院负责审判委员会秘书工作的法官表示,2015 年所讨论的案件数量之所以较多,部分原因在于其位于主城区,重大复杂案件本就较多,同时辖区内的经济开发区涌现了一些新类型案件,领导希望通过"上审判委员会"来统一裁判尺度,尤其可借此对缺乏审判经验的年轻人进行示范、指导。经过 2015 年的集中讨论后,2016 年该院讨论的案件数量显著下降。再如,有的基层人民法院要求刑事缓刑案件均需提交审判委员会,有的中级人民法院要求一审民商事案件必须上审判委员会,有的法院要求存在争议的民商事案件均需提交审判委员会,有的则没有此类规定。总之,不同法院之间差异较大。

三、审判委员会运行过程中存在的问题

调查发现,审判委员会运作效率较低、过滤机制效果有限、审理案件缺乏亲历性以及检察长列席制度均存在问题。

---

① 课题组未获取到 C 中级人民法院、M 中级人民法院、Y 中级人民法院、W 法院、D 法院、B 法院 2010—2014 年受理案件的数量,但 2015 年的数据依然具有较强的参考性。

(一) 审判委员会的运行效率较低

审判委员会运行过程中最大的问题是效率较低,实证研究发现,这一问题贯穿了审判委员会的会前、会中、会后。

1. 会议前的低效率

调研中,许多中级、基层人民法院法官都表示,大多数情况下他们并不愿意上审判委员会,上审判委员会往往是"领导的意思"。最重要的原因在于审判委员会将明显增加法官的工作量,并拉长案件的审判周期。

首先,审判委员会在会前的低效率体现在起草审理报告上。如前所述,所有提交审判委员会的案件都必须撰写详尽的审理报告。实践中,许多法院对不提交审判委员会的案件是否起草审理报告没有硬性规定,多数法官选择直接起草裁判文书而不制作审理报告,审理报告篇幅往往比文书更长、需反映的事项更多,如侦破情况、需说明的问题、对于案件处理的不同意见等。另有个别法院要求每一个案件都要撰写审理报告,但上与不上审判委员会,审理报告在详尽程度、逻辑思路、语言表达上,给法官带来的工作量是明显不同的。在不需要上审判委员会的情况下,审理报告的主要功能是存档,写作相对简单;而在要上审判委员会的情况下,审理报告是委员们了解案件的重要方式,需全面、详细、思路清楚,这会显著增加法官的工作量。

这种工作量有多大呢?从审理报告的字数可见一斑。就62个样本案件而言,审理报告平均为12 156.52字,以机关公文通用的仿宋三号字体为例,这意味着22页word文档。如图5-12所示,75%的审理报告都在5 000字以上,50%在1万字以上,1.5万字以上的占28.33%,2万字以上的占13.33%,最长的达到77 840字。

就宏观议题而言,虽然课题组并未对其报告的字数进行统计,但观察发现其篇幅可能并不亚于案件。例如,制度文件会对整个辖区一系列案件的审判或全院某个机制的运作产生重要影响,因此其出台往往较为慎重,需要对每个条文逐一进行说明,以《关于审理民间借贷纠纷案件若干问题的指导意见》和《关于规范量刑程序若干问题的意见(试行)》为例,两个文件都仅有三四十个条文,起草说明却都有两万余字。

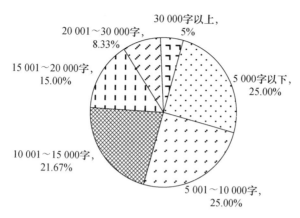

图 5-12　样本案件审理报告的字数

其次,审判委员会在会前的低效率,还体现在会议的组织协调上。会议的组织协调表面上看是一项不起眼的事务性工作,但在实践中却颇为"烦人"。会议召开前,秘书需首先与主持人联系,确定其是否有时间参会,再将会议时间通知各位委员。而委员和主持人大都担任行政职务,工作繁忙,其日程总是迟迟无法确定、或者确定后临时有变。主持人没有时间、日程变化,或参会委员达不到最低人数标准,会议均无法召开。若迟迟得不到委员们的回信或者临时决定召开会议,秘书不得不挨个儿致电委员们;在此过程中,即将上会的承办人还会不断打电话询问秘书到底是否召开、何时召开。而在 A 省高级人民法院,每周一、三原则上分别召开刑事、民事专委会。这就意味着,每周四、五需协调下周一的刑事专委会,每周一、二需协调周三的民事专委会,这项看似不起眼的工作几乎覆盖了所有的工作日、占据了秘书大量的精力。正是因此,审判委员会秘书工作是颇为"烦人"的,因为秘书一人需面对大量领导和大量承办人,面对大量不确定的因素,并在其中不断协调,投入的时间与人力成本是不容小觑的。

最后,议题的排队等待时间较长,也是审判委员会效率较低的体现。在 A 省高级人民法院,刑事专委会的排期时间通常在半个月左右,民事专委会则通常在两个月以内。而全委会的召开频率远远低于专委会①，因此提交全委会讨论的议题排队时间更长。而如果某议题先由专委会讨论再由全委会讨论，则其排队时间还会增加。

2. 会议中的低效率

审判委员会的低效率不仅体现在准备过程中需投入大量的精力、耗费大量的时间，还体现在会议过程中。在跟踪调查的 1 个月中，调研法院共讨论了 62 个案件、19 个宏观议题。案件的平均议事时间为 49.08 分钟，最短 5 分钟，最长 160 分钟。以一次会议 3 个小时为例，平均约讨论三四个案件。从具体分布来看（见图 5-13），40.32% 的案件会议时间不超过 30 分钟，24.2% 的案件在 60 分钟以上，35.48% 的案件居于二者之间，在 30 分钟以上 60 分钟以内。值得注意的是，会议时间超过 90 分钟的案件约占 1/10（11.29%），对这部分案件而言，一次半天的会议可能只能讨论两个。而宏观议题则不同，平均会议时间为 26.53 分钟，最短 5 分钟，最长 55 分钟，大多数（78.95%）都不超过 30 分钟，其效率明显更高。

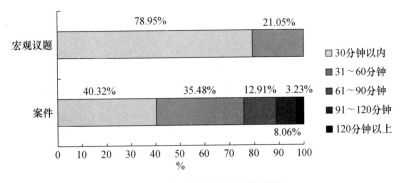

图 5-13　审判委员会的议事效率

具体而言，会议的时间主要耗费在哪个环节呢？就汇报环节而言，案件平均耗费 20.6 分钟，30 分钟以内的占 87.1%，30 分钟至 60 分钟的占比 11.3%；宏观议题平均耗费 11.16 分钟，10 分钟以内的占 73.7%，

---

① 在 A 省高级人民法院，专委会原则上每个星期召开一次，全委会则大概一个季度召开一次。

21分钟以上的占5.3%。总体来看,案件的汇报效率远远低于宏观议题。主要原因在于,案件承办人往往采用朗读审理报告的方式进行汇报,耗费大量时间全面介绍案情、证据,对事实证据缺乏提炼、对法律关系缺乏梳理、对相关法条和类案缺乏整理,汇报的针对性不强。而如果采取概括式汇报,甚至制作PPT、图表,汇报效率会大大提高。例如,汇报效率较高的C中级人民法院(平均14.44分钟)则普遍采用总结性汇报方式,且该院同时使用两种审理报告,一种"标准化"的审理报告用于存档,一种更有针对性的报告用于提交审判委员会。正如该院J副院长所说:"我上星期破了个例,各类案件3个小时16件……我在我分管的部门做了统一,首先要有汇报要点,简明扼要;然后要有证据的分析;后面还要附类案比对和法条;年轻人还提倡用PPT。汇报时主要是汇报要点。只要报告写得言简意赅,证据分析写得好,类案也找得比较充分,讨论起来效率是比较高的。"汇报的效率除与领导的硬性要求有关,还受制于汇报人的能力。或者说,汇报方式只是表现形式,其背后的根本原因在于汇报人的能力。这也是大量法官之所以采取朗读审理报告的方式进行汇报的原因,因为要在简短的时间内将案情、问题阐述清楚,需要非常高的归纳能力、逻辑能力、表达能力、业务能力[①],而这种能力对于许多法官来说是一个不小的考验。正如M庭长所说,"我自己的案件,绝对在10分钟内汇报结束,并且基本不看报告,直接口述需要研究的问题",而M庭长本人是法学科班研究生,35岁左右就当上了中级人民法院庭长,其能力在当地有口皆碑,其水平也是许多法官难以达到的。或许,这正是案件的汇报效率低于宏观议题的原因之一,因为接近七成的宏观议题的汇报人

[①] 李雨峰在S区法院挂职担任副院长、参与审判委员会期间也有类似发现。"讨论案件时,审判委员会委员会就其中的一些细节提出疑问,以确定属于什么样的法律关系纠纷。如此,法官在办理这起案件的过程中是否尽力、是否思路清晰,一目了然。这也是S区法院政治部主任参与审判委员会的理由之一。她告诉我说,政治部的任务是发现、提拔人才,平时没有时间参与旁听案件,和法官的来往比较少,而审判委员会讨论案件是很好的机会。通过法官介绍案件,可以发现他/她是否尽职、是否思路清晰、是否逻辑一致,甚至可以发现他/她是否清廉。"参见李雨峰:《司法过程的政治约束——我国基层人民法院审判委员会运行研究》,载《法学家》2015年第1期。

都为部门正副职负责人,作为中层干部其各方面的能力往往强于普通法官,汇报效率理应更高。

就发表意见环节而言,案件平均耗费28.34分钟,30分钟以内的案件占69.4%,30分钟至60分钟的占20.9%;宏观议题平均耗费15.37分钟,10分钟以内的占52.63%,21分钟以上的占21.05%。从实践观察来看,案件的发表意见效率同样有进一步提升的空间,其主要原因与承办人汇报质量不高和委员提前准备不充分有关。由于承办人大都采用机械地朗读审理报告的方式进行汇报,而审理报告的写作格式也较为机械,因此在承办人汇报完毕后,委员们往往需要耗费大量时间梳理法律关系,进行证据分析,甚至查找相关法律法规、案例。如果承办人能够将上述工作做到位,不仅会提升其汇报效率,也会大大提升委员发表意见的效率。同时,由于大量委员许多时候都不会提前阅览案件材料,对案情缺乏了解、对问题缺乏思考,也在一定程度上降低了讨论效率。当然,需要注意的是,对发表意见环节也不宜过于追求效率,因为该环节的讨论质量决定着案件的处理结果,因此应当鼓励委员们在不重复的情况下充分表达自己的意见。同时,所有参会委员需一一发表意见,以10个委员、耗费20分钟为例,平均每个委员也仅有2分钟时间,对一些疑难复杂问题而言,2分钟未必能将观点及理由表达清楚。

还需注意的是,从法院层级来看,基层人民法院讨论案件的效率明显高于中级、高级人民法院,时间耗费仅是后者的2/3左右,中级、高级人民法院之间没有差异。但细致分析后发现,这种差异并非均衡体现在汇报与发表意见上。三级法院的平均汇报时间几乎完全没有差异,但发表意见的时间却差异显著,中级人民法院、高级人民法院是基层人民法院的两倍有余(见图5-14)①,这是否意味着中级、高级人民法院的审判委员会讨论更充分、分析更透彻、质量更高?抑或是因为中级、高级人民法院的案件本身更重大复杂?课题组暂时不能得出结论。对于宏观议题,三

---

① 基层人民法院、中级人民法院、高级人民法院的样本量分别为15个、20个、27个。

级法院之间却没有太大差异(见图 5-15)。①

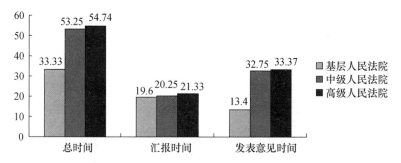

图 5-14 各级法院讨论案件的效率(单位:分钟)

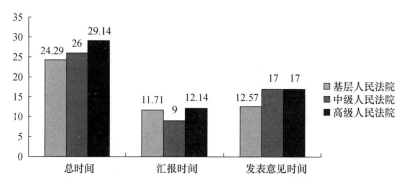

图 5-15 各级法院讨论宏观议题的效率(单位:分钟)

课题组还发现,从议题类型来看,刑事、民事案件在汇报时间上并无差异,但在发表意见上差异却较大,民事案件是刑事案件的两倍有余(见图 5-16)。② 最重要的原因在于,提交审判委员会讨论的民事案件往往较为重大、疑难,其法律关系往往较为复杂,刑事案件的线条则更为明晰,因此讨论民事案件时,委员们需要更多的时间来梳理法律关系、分析证据和查找法律法规。就宏观议题而言③,不同类型之间的总耗时差异不

---

① 基层人民法院、中级人民法院、高级人民法院的样本量分别为 7 个、5 个、7 个。
② 刑事案件、民事案件、行政案件分别为 31 个、29 个、2 个。行政案件样本量过小,因此参考意义不大。
③ 宏观议题样本共 19 个,其中业务学习 4 个、规范性文件 8 个、审判执行态势分析 1 个、案例 4 个、其他 2 个。审判态势分析与其他样本量过少,此处不予统计。

大。但业务学习主要将时间用于听取汇报,规范性文件、案例则主要将时间用于讨论与发表意见(见图 5-17)。

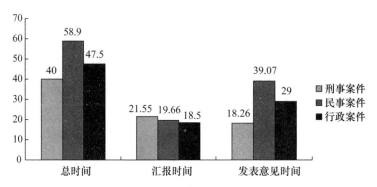

图 5-16 讨论不同类型案件的效率(单位:分钟)

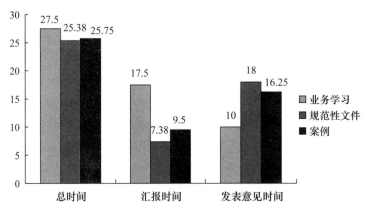

图 5-17 讨论不同类型宏观议题的效率

此外,不同争议大小的案件在汇报时间上略有差异,但在发表意见的效率上却并无差异(见图 5-18)①,这一现象并不符合课题组的预期,这是否因为样本量过少,存在误差?还是因为一致意见的案件大都属于"应当"上审判委员会的死刑案件,审判委员会委员的讨论依然较为充

---

① 三种争议意见和四种争议意见的案件分别只有 1 个,样本量过少,因此不纳入统计。

分?从图 5-19 来看,后者并非合理的解释。① 要解释此问题,需充分了解"争议意见"在司法实践中的真实意义。事实上,课题组统计得到的审理报告中所记载的争议意见数量并不代表案件的真实情况,参考价值可能较弱。一方面,对审判委员会而言,合议庭一致意见的案件依然可能是有分歧的案件(这种分歧可能来自合议庭与院庭长之间),因此其讨论时间未必较为简短。另一方面,审理报告中显示合议庭有两种意见的案件,也未必意味着合议庭真正存在分歧。或许正是以上两方面的原因(对此第三章已有详述),导致不同争议案件的时间耗费差异并不显著。

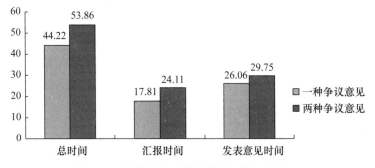

图 5-18　不同争议案件的效率(单位:分钟)

与争议数量不同,"应当"与"可以"上审判委员会的案件其效率差异则非常显著。"应当"上审判委员会的案件总时间耗费仅为 37.23 分钟,但"可以"上审判委员会的案件总时间耗费则高达 68 分钟,差不多是前者的两倍。值得注意的是,二者的汇报效率几乎一致,但发表意见的效率差异却非常显著,"应当"上会案件的发表意见时间为 22.23 分钟,"可以"上会案件的发表意见时间为 50.45 分钟,是前者的两倍多。一方面,这印证了前文的判断,即承办人大都采用朗读审理报告的方式进行汇报,而没有根据案件本身的复杂程度进行有针对性的陈述。另一方面,这也表明"应当"上会的案件"走程序"的色彩更重,由此我们可以思考,是否应当修改法律、限缩审判委员会讨论案件的范围,减少法定"应当"

---

① 后文将会对图 5-19 进行分析。

上会的案件数量。

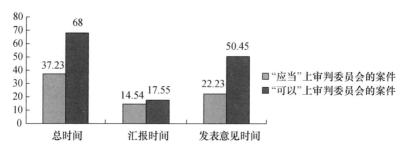

图 5-19 "应当"与"可以"上审判委员会案件的效率(单位:分钟)

3. 会议后的低效率

审判委员会召开的同时,将由专人进行会议记录,会议记录需由每位参会委员签字确认后,才能提供给承办人作为裁判依据。在 A 省高级人民法院,由于审判委员会的信息化系统正在筹建中,因此所有的会议笔录均由审判委员会秘书打印纸质件,并逐一送每位委员阅览后签字。对于部分较为简单的案件,审判委员会秘书可以当场完成会议记录、当场打印、当场送阅,部分委员会当场予以签字确认,但部分委员较为谨慎,需要较长的时间仔细阅读,可能会拒绝当场签字。而对于大量疑难复杂案件,审判委员会秘书在会议当时往往只能记录一份初稿,需在会后对语言、逻辑等进行完善。在这两种情况下,签字成为一个严峻问题,并进一步拖延了办案期限。

理论上,秘书可以将会议记录留待下次审判委员会时请委员签字,但问题在于某些委员未必能够参加下一次审判委员会。同时,委员们公务繁忙,大量时间可能在出差、开庭,对秘书而言,将笔录送给委员并非易事,再拿回签字后的笔录也并非易事。笔录没有经过所有委员签字确认,承办人便不能作出裁判。而笔录只有一份,同一时间只能送阅一位委员,在任何一位委员手中都可能延误较长时间,一份笔录凑够所有委员的签字,可能耗费数日到数星期甚至数月的时间,既拖延了办案期限,又增加了秘书的工作量。在年底结案压力较大时,甚至出现了审判委员会秘书知悉某委员的行踪后,守在电梯口等待,电梯门一开立马送上笔录的情景。而如果出现某位委员工作调动至外地,为了让其签字,还可能免不了一番车马劳顿。

部分其他法院的情况可能略好于A省高级人民法院。以C中级人民法院为例,该院已实现了审判委员会记录的网络送签,但由于记录人员速录水平较低、身兼数职等原因,往往需1周以后才能送签,再加上委员们签字的周期,案件在会议后同样会延误一段时间。此外,根据最高人民法院的要求,死刑案件必须报送纸质件和亲笔签名,因此信息化系统并不能解决这类案件的签字效率问题。总之,从A省高级人民法院的情况来看,尽管审判委员会在会议后只有签字这一个程序,但其高投入与低效率,超乎课题组的想象;部分法院的效率虽然略高,但依然有进一步提升的空间。

综上所述,通过上文的分析,我们可以得出以下结论:第一,总体来看,审判委员会的运行程序呈现出显著的低效率,且几乎贯穿整个运行程序的各个阶段。第二,在会前与会后,其低效率主要表现在两个方面:一方面是高耗费,会前起草报告、协调会议时间以及会后签字确认,均需要承办人、审判委员会秘书投入大量的精力,产生较高的内耗;另一方面是拖延办案期间,会前排队等待上会、会后凑齐委员的签字,均会对办案期间产生较大影响。第三,在会议中,其低效率主要表现在案件承办人的汇报重点不突出、针对性不强、不够简明扼要,并导致委员不得不现场梳理法律关系、分析证据、查找法条与案例等。会议效率不高,导致每次会议能够讨论的案件数量变少,从而进一步增加了每个案件排期等待的时间,拖延了办案期间。第四,从影响因素来看,会前的低效率主要是审判委员会的会议属性导致的,是任何会议型组织都必然要面对的问题;会议过程中的低效率,与汇报方式、汇报人的能力、主持人的风格、委员的会前准备有关;会后的低效率则主要是保密系统建设不完备导致的。

(二)审判委员会启动过滤机制效果不佳

通过前文对审判委员会启动程序的分析可见,院庭长在案件是否提交审判委员会,甚至案件的处理结果上,能够起到至关重要的作用,这种作用在实践中的表现非常复杂。

第一,院庭长的确能起到"过滤"作用。这主要针对那些对合议庭(独任法官)而言较为复杂、而对院庭长而言较为简单的案件,院庭长的确阻断了他们被提交到审判委员会。从承办法官的角度来说,他们向院庭长汇报案件,是寻求帮助,他们需要的只是一个更妥当的结果,或者一个可以依靠的角色,至于给出结果与提供依靠的是院庭长还是审判委员会,对他们而言并不重要,甚至很多时候,他们更愿意是院庭长而非审判委员会来提供帮助。① 在这里,院庭长扮演的是一个"咨询专家"的角色。

第二,院庭长还会起到"助推"作用。如前所述,合议庭(独任法官)并不认为案件应当提交审判委员会,但庭长的意见与合议庭(独任法官)不一致,或者庭长认为案件存在风险的,可能主动要求将案件提交审判委员会。调研发现,这种情况在实践中并不少见。这表明,一方面,院庭长能够意识到自己享有的是审判管理权,合议庭(独任法官)才是审判权的行使主体,因此不会强迫合议庭接受自己的意见;另一方面,院庭长的审判管理权在一定程度上侵蚀了合议庭(独任法官)的审判权,因为合议庭(独任法官)对案件有明确且一致的处理意见,仅仅因为院庭长意见不一致,就不能作出裁判。

第三,院庭长还会起到"无为"作用。所谓"无为"的作用,即没有发挥任何作用,这主要针对存在某种压力与风险的案件。王伦刚、刘思达将案件压力分为政治压力与社会压力两种类型,前者指各级党委、政府及其职能部门、上级法院对判决提出各种要求的案件;后者指当事人及其亲属、新闻媒体等社会主体对判决提出要求的案件,包括当事人及其亲属上访闹事、案件的判决结果影响涉及人数众多甚至有可能引起群体性事件、案件引起社会舆论和新闻媒体广泛关注等。A省的情况与王伦刚、刘思达的观察基本类似。对于此类案件,一些合议庭(独任法官)不愿、不敢、不能承担其压力,院庭长当然也不愿、不敢、不能承担其压力,

---

① 访谈中不止一个法官谈到了这个观点,"从法官的角度讲,如果案件在院庭长研究阶段就能够定下来,就是最好的"。

其压力只能由审判委员会承担,甚至需要由院领导出面与各方交涉以便妥善解决问题。①

总之,院庭长在案件提交审判委员会的过程中可能起到过滤作用,但也可能起到无为甚至助推的作用,具体哪类作用更大,在很大程度上取决于院庭长的个人素质、风格、具体的情况、法院的要求,具有很大的不确定性。总体而言,院庭长的过滤效果差强人意,62 个样本案件中高达 32 件属于"可以"提交审判委员会讨论的案件,就是很好的例证。

(三) 审判委员会审理案件缺乏亲历性

审判委员会对案件的决议,合议庭应当执行,因此审判委员会讨论案件的本质是"审理"案件;但审判委员会审理案件的方式却又欠缺最起码的程序公正,尤其表现在缺乏亲历性。第一,审判委员会委员既不参与庭审,也不旁听庭审。第二,审判委员会委员有权阅览所有的案卷材料,但大部分审判委员会委员仅在承办人汇报时同步浏览审理报告,而不会直接、认真、全面地阅览案件的证据。第三,审判委员会委员并不会见当事人,不会听取当事人及其代理人、辩护人的意见。

总之,审判委员会委员仅仅通过听汇报、看报告的方式了解案件情况并作出决议。对审判委员会而言,无论汇报多么详尽、表达多么到位,亲历法庭的感受远非亲自参与庭审可比。"亲历性"这一缺陷主要会影响到"事实"问题,因此就像 M 庭长所说:"(审判委员会)更多地集中在法律适用方面的建议作用更强,而事实认定的作用更弱,依赖于承办人的庭审和阅卷。这也是导致审判委员会研究过的案子,依然出现冤假错案的原因。"此外,汇报不可避免存在技巧,因此,不排除汇报人使用技巧进行引导的可能性。不同的语言、语序甚至语气,都可能使人对案件形

---

① 根据王伦刚、刘思达对 A 县法院 2003—2012 年 475 份审判委员会讨论案件会议记录的统计,其中涉及政治、社会压力的案件记录合计 182 份,占全部案件讨论记录的 38.32%。参见王伦刚、刘思达:《基层法院审判委员会压力案件决策的实证研究》,载《法学研究》2017 年第 1 期。

成完全不同的认识。F法官的说法或许颇显绝对但也不失道理,"审判委员会就是承办人和分管领导带着倾向性的描述,带领大家顺着自己的思路来决定"。

事实上,我们可以发现,审判委员会作为最高层级的审判组织,所面临的优势与短板,和其他所有科层制组织并无不同。作为法院内部金字塔的顶层,审判委员会通过听汇报、看报告的方式了解信息并作出决策,一是这种方式是高效率的(相较于亲自开庭而言);二是这种方式也是远离业务终端的,所接收的信息难免有所扭曲;三是远离繁琐的具体事务可能反而促使决策者思路更清晰。尽管如此,其缺乏亲历性的问题依然值得我们高度重视。对于大多数案件,这一问题或许并不会影响案件的正确裁判;但在个别情况下,可能导致相当严重的后果,并付出巨大代价。

(四) 检察长列席制度存在程序问题

1. 检察长列席审判委员会的基本情况

检察长列席审判委员会制度早在1954年就有规定。1954年召开的第一届全国人民代表大会第一次会议上通过的《人民法院组织法》第10条第3款规定:"各级人民法院审判委员会会议由院长主持,本级人民检察院检察长有权列席。"同一次会议上通过的《中华人民共和国人民检察院组织法》(以下简称《人民检察院组织法》)第17条也相应规定:"最高人民检察院检察长列席最高人民法院审判委员会会议,如果对审判委员会的决议不同意,有权提请全国人民代表大会常务委员会审查处理。地方各级人民检察院检察长有权列席本级人民法院审判委员会会议。"①在当时的特殊历史环境下,列席审判委员会是检察长的一项"权利",检察机关掌握主动权。时至1979年,《人民法院组织法》将"有权列席"改为"可以列席",并一直延续至今,而《人民检察院组织法》则取消了相关

---

① 顾永忠:《检察长列席审委会会议制度应当取消——写在〈人民法院组织法〉修改之际》,载《甘肃政法学院学报》2017年第4期。

规定,这在很大程度上弱化了此项制度,使其基本处于虚置状态。① 2010年最高人民法院、最高人民检察院联合出台了《关于人民检察院检察长列席人民法院审判委员会会议的实施意见》,规定了列席的类型、程序、权利等内容。那么,在该意见出台后,检察长列席审判委员会制度在实践中运行情况如何？课题组对此进行了专项调研。

课题组收集到了 A 省 8 个法院 2012—2016 年 5 年间的数据②,有检察长列席的案件合计 205 个。其中 173 个案件均来自某法院,其他法院少则一两件、多则十余件,A 省高级人民法院近些年则几乎没有检察长列席的情况。由此说明,检察长列席情况在不同地区之间差异较大,这既与案件基数有关,同时也与该地区法院、检察院的关系模式有关。

《关于人民检察院检察长列席人民法院审判委员会会议的实施意见》第 4 条第 2 款规定:"对于人民法院审判委员会讨论的议题,人民检察院认为有必要的,可以向人民法院提出列席审判委员会会议;人民法院认为有必要的,可以邀请人民检察院检察长列席审判委员会会议。"即法院、检察院均可主动启动检察长列席审判委员会的程序。在 197 个有效数据中,185 个系法院主动邀请检察长列席(占 93.91%),另有 12 个案件不清楚具体的启动方式。

在列席的案件类型上,根据制度的规定,检察长可以列席可能判处被告人无罪的公诉案件、可能判处被告人死刑的案件、人民检察院提出抗诉的案件、与检察工作有关的其他议题四种类型。③ 统计显示,检察长列席"与检察工作有关的其他议题"的数量为 0;205 个样本案件主要为可能判处被告人死刑的案件,合计 159 件,占比 77.56%;可能判处被告人无罪的公诉案件、人民检察院提出抗诉的案件总体数量差异不大,均占不到一成。

---

① 参见顾永忠:《检察长列席审委会会议制度应当取消——写在〈人民法院组织法〉修改之际》,载《甘肃政法学院学报》2017 年第 4 期。

② 如前所述,本章的调研对象为 17 个法院,但因为各种原因课题组只得到了 8 个法院的数据。

③ 参见最高人民法院、最高人民检察院《关于人民检察院检察长列席人民法院审判委员会会议的实施意见》。

表 5-7 检察人员列席的案件类型

案件类型	案件数量①	案件比例
可能判处被告人无罪的公诉案件	19	9.27%
可能判处被告人死刑的案件	159	77.56%
人民检察院提出抗诉的案件	17	8.29%
与检察工作有关的其他议题	0	0
不属于以上四种类型	18	8.78%

值得注意的是,表 5-7 中有 18 个案件不属于以上四种类型中的任何一种,这些案件分布在一个中级人民法院、两个基层人民法院。课题组提取了其中 12 个案件的案情简介,发现其中 4 个案件是可能需要对被告人判处缓刑的案件,且来自同一个偏远少数民族地区的基层人民法院;另有 4 个案件在罪名的确定上有争议;2 个案件涉及对被告人定罪免除;1 个案件涉及对被告人判处无期徒刑;1 个案件在是否构成共同犯罪上有争议。总体来看,检察人员在法定类型以外列席审判委员会的,均是在定罪量刑上争议较大的案件。一方面,这种做法不符合制度的规定,是否妥当值得商榷;另一方面,即使检察人员不列席审判委员会,此类案件中,承办人员与检察人员之间也很可能存在非正式的沟通。因此,无论是非正式的沟通还是正式列席审判委员会,均是我国司法实践中法院、检察院两家办案模式、办案习惯的体现。

表 5-8 检察长在法定类型以外列席审判委员会的情况

争议焦点	案件数量
是否适用缓刑	4
罪名的确定	4
免予刑事处罚	2
无期徒刑	1
是否构成共同犯罪	1

---

① 需要说明的是,部分案件可能同时属于多种类型,因此,此处的案件数量合计超过 205 个。

2. 检察长列席审判委员会的程序问题

首先,从机会上来看,检察长(甚至公诉人)列席审判委员会,而辩方却没有同等的机会。

根据《关于人民检察院检察长列席人民法院审判委员会会议的实施意见》第1条的规定:"人民检察院检察长可以列席同级人民法院审判委员会会议。检察长不能列席时,可以委托副检察长列席同级人民法院审判委员会会议。"但在司法实践中,辩方的当事人、律师均不被许可列席审判委员会。而审判委员会对案件的最终处理结果具有最终决定权,因此该制度并未赋予控辩双方同等的机会,违背了控辩平等原则。

根据制度的规定,列席人员是检察长或副检察长,毫无疑问他们是控方的代言人。更值得注意的是,实践中绝大多数情况下,列席人员不仅包括检察长,还包括案件的承办人。如图5-20所示,副检察长与普通检察人员一起列席的占比88.83%,甚至有3.05%的案件为普通检察人员单独列席,合计占比91.88%。而"普通检察人员"通常即为案件的承办人。[1] 尽管承办人与检察长均是控方的代言人,没有本质不同,但二者

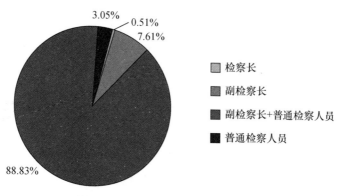

图5-20 列席审判委员会的检察人员

---

[1] 197个有效数据中,仅有1个为检察长单独列席、15个为副检察长单独列席,另有6个案件为普通检察人员单独列席审判委员会。其中6个普通检察人员单独列席的案件均来自同一个中级人民法院,且全部为检察院抗诉的案件。

依然存在些许差异:承办人与案件的审理结果有更为直接、显见的利害关系;同时,承办人是在法庭上直接与辩方对抗的人。因此,承办人直接列席审判委员会,毫无疑问比检察长列席更为不妥。

其次,从列席的环节来看,部分检察人员列席了表决环节。

理论上,检察人员在汇报与讨论结束后,就应当退席。统计显示,205 个样本案件中有 29 个案件的检察人员(占比 14.15%)列席了审判委员会讨论该案的全部过程,包括表决环节。很明显,这种做法是很不妥当的。尽管《关于人民检察院检察长列席人民法院审判委员会会议的实施意见》并未就此作出规定,但审判委员会就个案的表决与合议庭的合议性质相同,合议庭的合议应当秘密进行,审判委员会的表决也应当秘密进行。检察人员在场,会对委员形成不同程度的心理压力,可能导致部分委员不按照自己的真实想法进行表决。

值得一提的是,即便只列席汇报与讨论环节,也并非完全没有问题。因为承办人在汇报时需要明确提出合议庭或独任法官的意见,委员在讨论时的发言也会不同程度地暴露自己的倾向性观点。列席人员过多获知相关信息,难免会引发问题。某法院发生过一起在罪与非罪问题上有争议的案件,合议庭的倾向性意见认为无罪,某列席检察人士认为承办人的汇报有失偏颇,当场指责承办人误导审判委员会。后审判委员会作出了有罪判决,但该案二审被上级法院发回重审,一审法院改判无罪。从检察院的角度而言,其是在履行法律监督职责,事实上检察长列席制度出台的初衷也正是在此①,但毫无疑问,检察人员更多的是以控方立场列席——更何况列席的并非与案件无关的检察人员,而是该案的承办人——而很难以完全中立的法律监督者的立场列席。当然,造成这一尴尬局面的根源在于检察院既是国家法律监督机关又是公诉机关这一

---

① 最高人民法院、最高人民检察院《关于人民检察院检察长列席人民法院审判委员会会议的实施意见》第 2 条规定:"人民检察院检察长列席人民法院审判委员会会议的任务是,对于审判委员会讨论的案件和其他有关议题发表意见,依法履行法律监督职责。"

身份。

最后，从列席后的权利来看，检察人员可以对审判委员会委员发表自己的意见，而辩方却无法发表。

《关于人民检察院检察长列席人民法院审判委员会会议的实施意见》第 7 条第 1 款规定："检察长或者受检察长委托的副检察长列席审判委员会讨论案件的会议，可以在人民法院承办人汇报完毕后、审判委员会委员表决前发表意见。"尽管制度的规定为"可以"发表意见，但事实上，几乎所有列席的案件，检察人员都会发表意见，否则其可能就不会列席了。而发表意见的过程，就是直接对审判委员会委员的结论施加影响的过程，但辩方却没有享有同等的待遇。

同时，根据以上条文，检察人员应当在讨论环节发言。[①] 统计显示，203 个有效样本中，列席人员在该环节发言的比例占 90.64%，尽管符合制度规定的情况占据绝大多数，但值得注意的是，有 2.96% 的案件检察长在讨论和表决环节均发表了意见，另有 5.91% 的案件检察长在审判委员会的所有环节均有发言（见图 5-21）。换言之，合计有 8.87% 的案件检察人员直接在审判委员会委员的表决过程中实施了影响。

根据《关于人民检察院检察长列席人民法院审判委员会会议的实施意见》第 7 条第 3 款的规定："检察长或者受检察长委托的副检察长在审判委员会会议上发表的意见，应当记录在卷。"因此课题组统计了审判委员会笔录中检察人员发言的情况。如图 5-22 所示，检察人员平均发言 205 个字，其中约一半的仅发言几十个字，大部分（68.78%）的发言在 200 字以内。考虑到记录时往往会适当进行整理、提炼，检察人员的实际发言可能比记录所显示的字数更多。虽然总体上发言内容并不算长，但足以表达清楚其对案件定罪量刑的核心意见。

---

① 如前所述，审判委员会分为汇报、讨论、表决三个环节。在检察长不列席时，后两个环节通常同步进行，委员们一边讨论一边发表最终意见；在检察长列席时，后两个环节应当分别进行。

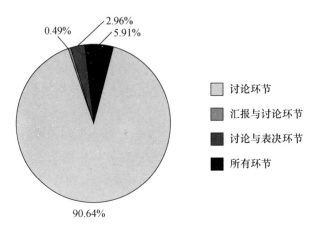

图 5-21 列席检察人员发表意见的环节

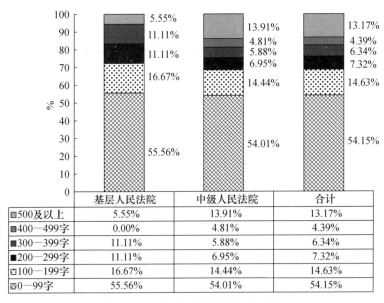

图 5-22 列席检察人员发言的字数

第六章　审判委员会制度的改革完善

改革审判委员会制度是党的十八大以来司法改革的重要内容,关于审判委员会制度的所有考察和分析,不仅应当是一种理论分析和学术兴致,更应当服务于审判委员会制度的改革。有鉴于此,本章将以前述实证研究为基础,提出未来的审判委员会制度改革的总体思路和具体方案。

值得注意的是,十二届全国人大常委会第二十九次会议于2017年8月28日至9月1日举行,《中华人民共和国人民法院组织法(修订草案)》初次提请审议。在提出本书的观点之前,我们有必要对其予以关注。现行《人民法院组织法》共三章40条,修订草案共六章66条。对比条文可以发现,修订草案关于审判委员会的规定更为丰富,从现行的3条增加为11条(见表6-1)。总体而言,修订草案固定了司法改革的相关成果,值得肯定;但另一方面,草案并未体现长远意义上的审判委员会改革趋势,没有太明显的改革思路,功能和过去差别不大。① 具体而言,审判委员会尚需如何完善、草案尚有哪些不足,为避免重复论述,后文将适时涉及。

---

① 参见《法院组织法首次大修 审委会走向引关注》,载财新网(http://china.caixin.com/2017-08-31/101138188.html)。

表 6-1　现行《中华人民共和国人民法院组织法》(2006 年)与《中华人民共和国人民法院组织法(修订草案)》(2017 年)中涉及审判委员会的条文

现行《中华人民共和国人民法院组织法》	
第十条　各级人民法院设立审判委员会,实行民主集中制。审判委员会的任务是总结审判经验,讨论重大的或者疑难的案件和其他有关审判工作的问题。 　　地方各级人民法院审判委员会委员,由院长提请本级人民代表大会常务委员会任免;最高人民法院审判委员会委员,由最高人民法院院长提请全国人民代表大会常务委员会任免。 　　各级人民法院审判委员会会议由院长主持,本级人民检察院检察长可以列席。 　　第十三条第一款　各级人民法院院长对本院已经发生法律效力的判决和裁定,如果发现在认定事实上或者在适用法律上确有错误,必须提交审判委员会处理。 　　第三十六条　各级人民法院按照需要可以设助理审判员,由本级人民法院任免。 　　助理审判员协助审判员进行工作。助理审判员,由本院院长提出,经审判委员会通过,可以临时代行审判员职务。	

《中华人民共和国人民法院组织法(修订草案)》	
条文内容	修订关键词
第三十六条　各级人民法院设审判委员会。审判委员会的任务是总结审判工作经验,讨论决定重大或者疑难案件的法律适用,以及其他重大问题。	"讨论决定重大或者疑难案件的法律适用"
第三十七条　最高人民法院对审判工作中具体应用法律问题进行解释、发布指导性案例,应当由审判委员会讨论通过。	最高人民法院审判委员会的宏观指导职能
第三十八条　审判委员会由院长、副院长和其他资深法官组成,成员为单数。 　　审判委员会可以设专职委员。	审判委员会的组成(尤其提到了资深法官和专职委员)
第三十九条　审判委员会召开会议,应当有全体委员过半数出席。审判委员会会议由院长或者院长委托的副院长主持。审判委员会实行民主集中制。 　　审判委员会举行会议时,同级人民检察院检察长或者检察长委托的副检察长可以列席。	审判委员会召开会议时的出席人数、主持人 保留了民主集中制、检察长列席制度

(续表)

条文内容	修订关键词
第四十条　合议庭认为案件需要提交审判委员会讨论决定的,由审判长提出申请,院长批准。审判委员会讨论案件,合议庭对其汇报的事实负责,审判委员会委员对本人发表的意见和最终表决负责。 　　审判委员会讨论案件的决定,合议庭应当执行。审判委员会讨论案件的决定及其理由应当在裁判文书中公开,但法律规定不宜公开的除外。	审判委员会讨论案件的启动程序、司法责任、决定的效力、司法公开
第四十一条　高级以上人民法院根据审判工作需要,可以在审判委员会内设刑事审判、民事行政审判等专业委员会,讨论决定重大疑难案件。	专业委员会
第四十二条　人民法院由院长一人、副院长、审判委员会委员和其他法官若干人组成。 　　院长应当具有法学专业知识和法律职业经历。副院长、审判委员会委员应当从法官中产生。	委员应当具有法官资格
第四十四条　最高人民法院院长由全国人民代表大会选举和罢免,副院长、审判委员会委员和其他法官,由院长提请全国人民代表大会常务委员会任免。 第四十五条　地方各级人民法院院长由本级人民代表大会选举和罢免,副院长、审判委员会委员和其他法官,由院长提请本级人民代表大会常务委员会任免。 　　在省、自治区内按地区设立和直辖市内设立的中级人民法院院长、副院长、审判委员会委员和其他法官由高级人民法院院长提请省、自治区、直辖市人民代表大会常务委员会任免。 第四十六条　新疆维吾尔自治区生产建设兵团各级人民法院院长、副院长、审判委员会委员和其他法官,依照全国人民代表大会常务委员会的有关规定任免。 第四十七条　专门人民法院院长、副院长、审判委员会委员和其他法官,依照全国人民代表大会常务委员会的有关规定任免。	最高人民法院、地方各级人民法院、新疆维吾尔自治区生产建设兵团法院、专门法院委员的任免

一、审判委员会制度改革的总体思路

第二章至第五章详细勾勒了审判委员会的两大职能及其运行,并指出了不足。这些讨论都指向以下问题,审判委员会是否应当继续保留?

如果是,审判委员会是否需要以及如何进行改革? 本部分将从总体上回答这几个问题。

(一) 审判委员会应当继续保留

课题组认为,无论是从短中期还是从长期来看,我国都应当保留审判委员会。这一判断基于两个层面的理由:短中期的判断是基于我国法院、法官的特殊需求;长期的判断则基于普遍性的制度层面的考虑。

1. 短期来看,我国的司法现实需要审判委员会

(1) 当前以及相当时期内我国法官的专业和经验尚有较大欠缺,需要审判委员会提供支持。新中国成立之后的几十年里,我国并未对法官的学历和资格考试进行要求。1995 年《中华人民共和国法官法》(以下简称《法官法》)出台后,要求法官需具有大专学历,同时由最高人民法院统一组织进行初任法官资格考试;2001 年修订后的《法官法》将学历要求提高到本科,并要求参加国家统一的司法考试取得专业资格;2017 年 9 月 1 日将司法考试制度修改为"统一法律职业资格考试制度"①。从司法实践来看,根据课题主持人在另一个课题中对 A 省三个地区的调查,中级人民法院助理审判员中,本科、大专、高中及中专学历分别占比 80.7%、18.6%、0.7%,基层人民法院的三项数据分别为 30.0%、65.0%、5.0%,且值得注意的是,超过一半的本科学历来自党校或夜大,且经济

---

① 1995 年《法官法》第 9 条第 1 款第(六)项规定:"高等院校法律专业毕业或者高等院校非法律专业毕业具有法律专业知识,工作满二年的;或者获得法律专业学士学位,工作满一年的;获得法律专业硕士学位、法律专业博士学位的,可以不受上述工作年限的限制。"第 46 条第 3 款规定:"最高人民法院法官考评委员会依照本法第十二条的规定,组织初任审判员、助理审判员的全国统一考试。"2001 年《法官法》第 9 条第 1 款第(六)项规定:"高等院校法律专业本科毕业或者高等院校非法律专业本科毕业具有法律专业知识,从事法律工作满二年,其中担任高级人民法院、最高人民法院法官,应当从事法律工作满三年;获得法律专业硕士学位、博士学位或者非法律专业硕士学位、博士学位具有法律专业知识,从事法律工作满一年,其中担任高级人民法院、最高人民法院法官,应当从事法律工作满二年。"第 51 条规定:"国家对初任法官、检察官和取得律师资格实行统一的司法考试制度。国务院司法行政部门会同最高人民法院、最高人民检察院共同制定司法考试实施办法,由国务院司法行政部门负责实施。"2017 年 9 月 1 日全国人民代表大会常务委员会《关于修改〈中华人民共和国法官法〉等八部法律的决定》将《法官法》第 51 条修改为:"国家对初任法官实行统一法律职业资格考试制度,由国务院司法行政部门商最高人民法院等有关部门组织实施。"

发达与不发达地区的学历差异较大。① 法官的学历与专业资格,意味着其所经历的法学训练——尤其是较长期、密集、正规的法学训练——的程度,能在很大程度上代表其专业能力。因此,总体来看,越是基层、经济不发达地区的法院,法官的专业能力越是有限。

此外,司法工作不仅注重逻辑,还注重经验,既包括专业经验,也包括社会经验和生活经验。通常来讲,社会和生活经验与年龄大致成正比,所以才有"法官是老的好,律师是少的俏"的西谚。② 西方法官的服饰行头中甚至有一顶马鬃制的白色假发,目的也是要营造一种老化的效果,使当事人相信法官是经验丰富、明智而不惑的。③ 在中国的戏曲小说中,德高望重的法官(县官)也多为中年以上,而很少是所谓青年才俊。这主要是因为书本教育所得知识并不足以解决法律实践中的问题,认定、分析案件事实,察觉当事人某些端倪,体察民情民意等,均需多年甚至十数年的诉讼实践才能培育出来。

然而,我国《法官法》对初任法官的工作年限要求较低④,导致我国初任法官年龄普遍偏小,大量应届毕业生在从事 1 至 3 年的书记员工作后,即可从事审判工作。比如在 A 省高级人民法院,2016 年年底共入额 214 名法官,其中从事审判工作 10 年以上的 156 名(占比 72.9%),35 岁以下

---

① 参见左卫民等:《中基层法院法官任用机制研究》,北京大学出版社 2014 年版,第 36—37 页。
② 与此相关的一个新近的有趣事例发生在捷克。据《光明日报》2005 年 3 月 22 日报道,捷克法律规定,任命法官必须经总统批准。之前一周捷克司法部提交的 55 名法官候选人中,32 人没有通过总统任命,原因只有一个:年龄不到 30 岁。克劳斯总统的理由很简单,30 岁以下的候选人缺乏足够的社会阅历和经验。
③ 参见刘忠:《关于法官的选任年龄》,载《比较法研究》2003 年第 3 期。
④ 1995 年《法官法》第 9 条第 1 款第(六)项规定:"高等院校法律专业毕业或者高等院校非法律专业毕业具有法律专业知识,工作满二年的;或者获得法律专业学士学位,工作满一年的;获得法律专业硕士学位、法律专业博士学位的,可以不受上述工作年限的限制。" 2001 年《法官法》第 9 条第 1 款第(六)项规定:"高等院校法律专业本科毕业或者高等院校非法律专业本科毕业具有法律专业知识,从事法律工作满二年,其中担任高级人民法院、最高人民法院法官,应当从事法律工作满三年;获得法律专业硕士学位、博士学位或者非法律专业硕士学位、博士学位具有法律专业知识,从事法律工作满一年,其中担任高级人民法院、最高人民法院法官,应当从事法律工作满二年。" 2017 年 9 月 1 日全国人民代表大会常务委员会《关于修改〈中华人民共和国法官法〉等八部法律的决定》未涉及此条。

28名(占比13.08%),36岁至45岁的61名(占比28.5%),这就意味着有四成的高级人民法院法官属于青壮年,综合考虑高级人民法院案件的疑难程度、纠纷解决的棘手程度、牵涉面的广度,其年龄结构稍显年轻。而在A省经济发达的G区,年轻化的现象则更为突出。2017年1月该区共有51名法官入额,平均年龄38岁,任职资历在11年以上的仅18名(占比35.29%)。①

因此,总体来看,当前以及未来较长时期内,法官的专业素养及经验积累可能仍然会有所欠缺,很多时候可能还需要其他主体为法官提供决策咨询、"把关"或总结审判经验。然而据此我们并不能就此得出审判委员会暂时不应废除的结论,理论上,提供咨询或把关作用的主体不限于审判委员会,可能还包括院长、庭长甚至法官会议等一些新兴组织。那么为何在一定时期内审判委员会依然是一个必要的选择?原因主要在于下面将要分析的第二个方面。

(2)相当长时期内法院需要审判委员会来排除干扰、保护法官以及解决纠纷。相对于法院的院庭长和法官会议,审判委员会作为一个由十数人构成的最高审判组织,有着决策的集体性、民主性、匿名性和权威性等特点,这些特点都使得其有助于法院排除外来干扰、保护法官以及有效地解决复杂纠纷。

第一,在当前的司法环境下,司法公信力不高,司法独立性不强,法官办案很容易受到来自社会各界的干扰。一方面,在法官并不愿意被干扰的情况下,他需要一个强有力的后盾来脱身;另一方面,在法官自愿、主动接受干扰的情况下,也需要一个更高级别的机构来消解腐败、保障司法公正。在此背景下,审判委员会作为一种排除干扰、保障司法公正的重要程序机制,仍有存在的必要。

第二,苏力当年所指出的问题在近20年后的今天依然没有改变:中

---

① 作为A省经济最发达的地区之一,G区法院法官的学历较高,入额法官中研究生的比例为60%。是许多经济不发达地区所远不能比的。

国的法院是以解决纠纷为中心,而不仅仅是、不主要是落实和形成规则。① 在这样的背景下,"案结事了""社会效果"是法院重要的追求目标。而理论上,任何一个案件都生长于具体的社会情境,因此任何一个案件都不纯粹是一个法律问题,同时还是社会问题,两个问题并不总能通过法律途径解决。有时候按规则办事不仅解决不了纠纷,还可能会激化矛盾,甚至造成更糟糕的后果。因此,需要站在更高的层面上、从全局的角度、在多单位的统筹配合下,才能真正做到"案结事了"。而这样的能量,是法官个人不具备的,只能寻求法院内部最高审判组织。

第三,随着当前经济社会的复杂化,一些案件可能牵涉重大利益或重要主体,甚至可能影响到社会稳定,此类案件背后的风险是法官个人无法也不应承受的,只能由法院最高审判组织集体承担。正如接受访谈的 G 法官所说:"(审判委员会)必须保留。对于保护法官、法院确实还是有好处……保证能干事的、能办案的人的付出能够得到公正的对待。"

以上三个方面,意味着法院需要一个盾牌来排除干扰、保护法官以及解决纠纷,且这个盾牌必须正当性充分、权威和强势,其决议合议庭必须执行。在现行法院组织结构框架下,除审判委员会外没有其他更好的选择。

(3)在当前语境下,不存在废除基层人民法院审判委员会的重大理由。在从整体上肯定了审判委员会存在的现实价值后,还需讨论一个问题——基层人民法院的审判委员会是否应当废除?之所以提出这个问题,乃是因为基层人民法院审判委员会有其特殊性:一方面,基层人民法院基本不具备宏观指导职能,而这理应是未来审判委员会的重要职能;另一方面,基层人民法院的案件通常并不疑难复杂,无期徒刑、死刑等案件在基层人民法院也并不存在。因此,不少学者认为基层人民法院的审判委员会可以废除。不过在课题组看来,各级法院的职能、案件情况虽然确有较大差异,但基层人民法院的审判委员会仍然不宜取消。

---

① 参见苏力:《基层法院审判委员会制度的考察及思考》,载《北大法律评论》(第 1 卷第 2 辑),法律出版社 1999 年版。

第一,即便同为基层人民法院,地区之间的差异也是极大的,偏远山区的基层人民法院与都会区、高新技术产业开发区的基层人民法院所受理的案件截然不同;并不能简单地认为基层人民法院的案件就一定简单。更重要的是,在追求案件的社会效果上,高级、中级和基层人民法院并无实质区别,实际上相当部分关乎社会稳定的案件都是基层人民法院承办的。

第二,实践中的"难办案件"不仅仅指法律上的疑难复杂,更包括"处理"上的棘手①;即便是法律上的疑难复杂,不同法院的界定标准也未必相同,此法院法官们眼中的简单、常规案件,可能是彼法院法官们眼中的复杂、新类型案件。

第三,正如前文所说,法院需要一个强势后盾来对抗压力、承担风险、保护法官乃至法院,在基层人民法院,由于人情关系更为复杂、权力内卷化程度更为严重,这种需求未必比上级法院弱,甚至在很多时候还会更强。②

因此,总体而言,课题组认为在司法环境不发生大的改变之前,基层人民法院的审判委员会不宜取消。与基层人民法院审判委员会取消问题相较,更有现实价值的是回答审判委员会制度如何才能更好地兼顾各级法院的差异性这一问题。对此,课题组认为可通过一系列制度机制的设置来实现。例如,可大力发展法官专业委员会等咨询机构,分流基层人民法院大部分"可以"提交审判委员会的案件;少部分"硬骨头"则由审判委员会解决;至于宏观指导职能,能够发挥则适当发挥,没有必要则不发挥。换言之,基层人民法院的审判委员会在组织上依然应当保留,但在职能设置上可以有所差别,在实践中可以不经常启动和使用。

---

① 参见苏力:《法条主义、民意与难办案件》,载《中外法学》2009年第1期。
② 一位从高级人民法院调任中级人民法院的审判委员会委员表示,两级法院审判委员会一个很显著的区别是,高级人民法院更超脱,中级人民法院则顾虑更多,有时明知这样判决会被高级人民法院发改,也不得不作出判决。另外长期从事审判委员会秘书工作的W法官也表示,曾经遇到一个案件,中级人民法院的审判委员会笔录中明确记录着"就这样判,让高院去改判"的类似言论。中级人民法院尚且如此,更何况基层人民法院。

2. 长期来看，审判委员会仍然有存在的必要

前文的分析表明，无论中级、高级人民法院还是基层人民法院，法官的能力不能完全胜任裁判工作，法院也需要一个强势的后盾，这样的司法环境在未来较长时期内并不会发生质的改变。这意味着相当长时期内不可能废除审判委员会，而只能对其进行改良。但是从趋势来看，可以预见，随着司法改革的不断推进，我国法官素质的提高和审判经验的积累，以及司法中央化改革取得切实成效，长远来看法官和法院在案件审判上对审判委员会的依赖必然大大降低，过去审判委员会讨论决定大量案件的做法必将失去市场。但是尽管如此，也并不意味着审判委员会讨论决定案件的相关功能必然消失。

依据何在？课题组认为，要理解这一点，有必要解决审判委员会是否真的如学界所谓"中国特色""中国特有"的问题。① 课题组发现，在司法独立的欧美国家法院内部，实际上同样存在法官或合议庭之外类似审判委员会功能的审判组织，这类组织与中国审判委员会的主要区别在于决策的方式。比如在美国联邦巡回法院，为在制度上适当制约法官的权力，巡回法院设立了一种相对特殊的程序——全席复审（En Banc Determination）②，即在联邦巡回上诉法院合议庭作出判决之后，案件还没有正式结束，巡回区所有的法官组成全席法庭可以接管案件，从而实现对三人合议庭案件的集体复决。③ 美国的这种做法可以概括为"接管模式"，即由法院内部另一审判组织接管原合议庭审判的案件重新审判。再如在德国联邦最高法院内部设有大审判庭或联合大审判庭，如果合议庭之间就法律问题存在争议，可以请求大审判庭解决，如果大审判庭之间就法律问题存在争议，可以请求联合大审判庭解决，大审判庭或联合大审判庭所作决定对提请者有约束力。④ 德国的这种做法可以称之为"分段

---

① 参见肖仕卫、李欣:《中国特色的审判委员会?》，载《西南民族大学学报（人文社科版）》2017 年第 8 期。
② Federal Rules of Appellate Procedure, Rule 35. En Banc Determination.
③ 参见肖仕卫、李欣:《中国特色的审判委员会?》，载《西南民族大学学报（人文社科版）》2017 年第 8 期。
④ 参见邵建东:《德国司法制度》，厦门大学出版社 2010 年版，第 42—43 页。

模式",即由合议庭审理事实问题,而由另一审判组织解决合议庭所审理案件之法律适用问题。

由上观之,虽然没有中国法院、法官的那些特殊需求,国外类似于审判委员会的机构也是存在的。当然,国外的类似制度之存在仅有佐证之用,在我国法院内部的独任法官和合议庭之外长期保留审判委员会组织,主要是因为未来中国法院自身有此制度性、长期性需要。一方面,未来中国法院法律上的疑难案件不仅不会消失,而且会随着法律自身的精致化而更加专业和复杂;另一方面,事实疑难的案件仍会一如既往地存在,加之许多时候法律和事实本身就很难截然分开,都会加剧合议庭正确处理疑难案件的难度。前述两个方面都会使得未来法院内部合议庭之外的难题解决机构仍然有长期存在的必要和制度空间,只是与传统的审判委员会相较,其运作方式或有实质性的不同。

有鉴于此,课题组认为,只要合理地消解审判委员会存在的不足,长期保留这一制度并无不妥,也可以体现制度的延续性。实际上,从2017年9月开始全国征求意见的《人民法院组织法(修订草案)》中关于审判委员会的规定来看,立法机关对于保留审判委员会的态度是非常明确的,我们亦相信这一立法态度绝非短期的权宜之举。当然,从草案对审判委员会的规定相较2006年《人民法院组织法》大幅扩充来看,立法机关改革审判委员会的立场也是非常明显的,因此改革应当继续并加快推进。

(二) 审判委员会改革的基本理念和总体安排

1. 审判委员会改革应当秉承的基本理念

如前文所述,审判委员会之所以受到批评,正是因为其违背了若干现代司法理念,因此其改良也应以更符合现代司法理念为基准。

第一,让审判更加独立。审判委员会影响到了法官独立行使审判权,这是几乎所有批评者的共识。它造成审者不判、判者不审,违背了司法的基本规律。因此,一方面,应当进一步缩减审判委员会讨论案件的数量,让其重心转移到宏观指导职能上来,从而减少审判委员会对个案独立审判的负面影响;另一方面,应当加大审判委员会运行机制"诉讼化"改造的力度,实现审判委员会"讨论决定"案件向"审判"案件的改变。当然,应尽量减少审判委员会运作过程中领导的不当干预,这也是对审判独立理念的贯彻。

第二,让程序更加正义。通常来讲,程序正义意味着利益相关者的充分参与、裁判者的中立、程序的对等性、程序的合理性、程序的及时性以及程序的终结性等要求。[①] 如前文所述,我国审判委员会的运作总体上与这些程序正义的基本要求相距甚远,存在着参与性不足、控辩不对等、裁判者不完全中立、讨论决定过程效率低下等诸多问题,故需进一步优化、改造。例如后文将提到,可考虑通过旁听甚至直接参与审理的方式让审判委员会委员更多地了解案件,或者由两造对等列席审判委员会等。

第三,让司法更具效益。司法不仅要独立公正,还要注重效益。随着立案登记制的全面施行,我国法官案件负担日趋加重已成不争的事实,"案多人少"矛盾日益突出。在此背景下,一方面,从案件数量来看,当下审判委员会讨论太多案件的必要性并不高,相当程度上是对司法资源的浪费,未来应当尽量避免;另一方面,审判委员会的运行过程和运作机制也存在诸多迟滞、低效和无谓消耗的情形,故应当进一步提高效率,降低内耗;此外,加强审判经验的总结和审判业务的宏观指导,也应当成为提高司法效益的重要方面。

2. 审判委员会改革的总体安排

按照一种制度改良主义的渐进思路,审判委员会的改革既不宜一步到位,也不宜过于保守。因此在改革的总体安排上,无论是审判委员会的组织结构、两类职责的调整还是具体的运行方式改革,都应遵循先易后难和具有现实可操作性的原则,同时也应当略微超前,最终达至较为理想的状态。

第一,关于审判委员会的组织结构的完善。课题组认为,应从选任、

[①] 参见陈瑞华:《刑事诉讼的前沿问题》,中国人民大学出版社2005年版,第240—246页。

履职保障方面完善审判委员会的组织结构,同时分别从"疏"和"堵"的角度发展审判委员会的分流和过滤机制,并加强审判委员会的配套建设。由于牵涉面并不甚广,且一些法院已经开始探索,实践表明具有较好的现实基础,因此该项改革相对较容易实现,近期应当尽快施行。从立法进展来看,这一点《人民法院组织法(修订草案)》第38条已经有所涉及,但是仅有"审判委员会由院长、副院长和其他资深法官组成,成员为单数。审判委员会可以设专职委员"这样的规定,对于委员的选任、履职保障等内容仍告阙如,未来可通过司法解释和具体的工作机制进一步予以实现。

第二,关于审判委员会职能内容的重新配置。课题组认为,应当压缩审判委员会讨论案件的范围,完善宏观指导职能。结合调研的情况来看,调整审判委员会职能内容已经有较为成熟的条件和基础,因为审判委员会讨论决定案件的范围已经较小,此时调整审判委员会的职能相当程度上只是对实践的一种确认,可以通过立法或司法解释迅即确定下来。这一点《人民法院组织法(修订草案)》也有所涉及,但是《人民法院组织法(修订草案)》将审判委员会讨论事项限于法律适用,与我们建基于调研获知的结论存在较大差异,值得进一步分析和讨论。

第三,关于改革审判委员会的运作程序。课题组认为,应当逐步增强审判委员会讨论决定案件的亲历性和诉讼属性,长期来看则应当取消审判委员会讨论案件的制度,建立审判委员会审理案件的制度。这一点也可以分为前后相继的两步:一是考虑建立两造列席审判委员会的制度,实行审判委员会委员旁听或参审合议庭审理的重大案件的制度。这类改变属于在不改变审判委员会非司法化讨论决定案件总体情况下的小幅度修补,因此或许存在一定疑虑但实际困难应当较为有限。二是建立审判委员会审理制,主要是对于落实规则统一适用、解决规则争议乃至形成规则意义重大的案件以及其他特别重大的案件而采取的一种制度,这种制度主要(但不限于)解决法律问题,但在审理方式上遵循一般诉讼的基本原则。这一点《人民法院组织法(修订草案)》仅在决定及其理由的公开上有所涉及,未来应当加强这一方面的理论研究和立法完善。

需要强调的是,上述总体安排虽然有着一定的人为设计之阶段论色彩,但是主要是一种由易到难的递进改革策略,遵循的是我们一贯主张的"构建关于……是什么(be)的知识,探寻……能够怎么(could be),思考 be 与 could be 后的支撑要素,然后谈论如何了解 be 与 could be 的情况,构建并依据适当的 should be,探寻未来如何 change 'be'"①的理路和逻辑,因此,实际改革过程中所谓近期和长期的安排都是相对的,并没有特定的具体时长之框限。

二、审判委员会组织结构的完善

在课题组看来,审判委员会改革首先应当对其组织结构进行改革,建立审判委员会的分流机制并构建审判委员会运作的保障机制。相当程度上可以说,只有在审判委员会的组织制度得以全面建立和运行的基础上,审判委员会的职能调整、运作程序改革才可能真正"改"出效益。

(一)完善审判委员会的组织结构

审判委员会制度是一个系统工程,需要审判委员会委员、合议庭、独任法官、审判委员会工作人员及案件诉讼参与人、社会公众等各个方面的参与和配合。如果说构建科学的审判委员会权力运行体系、设定合理的审判委员会职权范围组成了审判委员会制度的"骨架"和"血肉",那么,加强审判委员会的组织建设就是审判委员会制度运行的"脉络",为审判委员会制度健康科学发展提供源源不断的"营养"。《人民法院组织法(修订草案)》"审判委员会由院长、副院长和其他资深法官组成,成员为单数。审判委员会可以设专职委员"的规定,虽然为审判委员会组织结构的改造奠定了基础,但在许多方面尚需要进一步加强和细化。

1. 完善审判委员会委员选任制度

从实证调研情况看,当前审判委员会委员选任工作存在选任标准不

---

① 左卫民:《迈向实践:反思中国刑事诉讼知识体系》,载《中外法学》2011 年第 2 期。

确定、选任程序及机构不明确等情况,影响了审判委员会的专业性和权威性。因此,应当对委员的构成比例、选任标准、程序、机构及任期等作出明确规定,以委员的专业性提升审判委员会的权威性。

(1) 审判委员会委员的选任标准应突出专业性

从司法改革顶层设计相关精神看,在法官员额制改革后,具有审判资格的人员只能是入额的法官。因此,担任审判委员会委员的资深法官必须是进入法官员额并承担办案任务的法官,有较长时间的办案工作经历,具备相当的审判经验和调研、写作能力①,在某一专业领域具有一定的权威性,其中审判业务专家优先。② 从司法改革实践看,部分法院已经开始了相关探索,如珠海市香洲区人民法院2015年5月新增的13名审判委员会委员中,8人系无行政职务、业务能力较强的一线法官。③ 优化审判委员会组织结构应当在多元化和专业化方面做好"加法"。一方面,应当吸纳专业素质较高的一线办案法官进入审判委员会,改善审判委员会的人员构成。当然,随着审判责任制和法官员额制改革的完善,法院的院长、副院长、审判委员会专职委员、庭长等的行政色彩可能会逐步淡化,其时间和精力更多地转移到审判业务上来,这些在传统意义上不在"一线"办案但往往具备较高专业素质的法官,将直接组成合议庭办案。另一方面,应当加强审判委员会专业委员会以及配套的咨询辅助机构(如专业法官会议)的建设,进一步提升审判委员会的专业性程度,让真正精通相关案件的法官来裁判,实现专业性和权威性的结合和统一,确保充分发挥委员法律知识和法律经验的优越性。

---

① 调研和写作能力是审判委员会委员履行总结审判工作经验的条件之一。
② 当前,最高人民法院和各高级人民法院正在逐步开展审判业务部门评选,但并未对评选出的审判业务专家的专业领域作出区分或说明。从司法实践看,为确保审判委员会组成人员的科学性,审判业务专家评选应当更加突出专业性,对评选出的专家所擅长的领域予以明确。
③ 参见《13新增审判委员会委员8人系无行政职务业务强的一线法官》,来源于《南方都市报》(深圳),转自网易(http://news.163.com/15/0507/05/AP082E2F00014AED.html),访问日期:2015年5月29日。

(2) 审判委员会委员应当实行员额制

审判委员会作为一级审判组织,其组成人员的人数应当是确定的。但由于各级各地法院审理的案件数量及类型均不相同,工作内容的差异性较大,统一设置各级人民法院审判委员会委员的人数显然又是不科学的。因此,与法官员额制相类似,在司法改革过程中,应当建立审判委员会委员员额制,由相应机构审核确定各地各级法院审判委员会委员的组成人数。一是通过审判委员会委员员额制增强委员的职业尊荣感。法官员额制是在现有法官群体里优中选优,审判委员会委员是在员额法官群体里精中择精,让审判经验丰富、业务能力强劲、专业知识扎实的员额法官脱颖而出,进而增强审判委员会委员的职业尊荣感。二是通过审判委员会委员员额制防止委员数量过多而降低会议的效率。一旦委员数量过多,每次开会就需要更多的委员出席会议,这在一定程度上增加了会议召集的难度、扩大了会议人财物保障的需求,此外在每一位出席委员均需要发言的情况下,委员数量越多,每一个事项需要讨论和表决的时间相对越久,进而降低了会议的效率。三是通过审判委员会委员员额制保障会议的质量。委员数量一旦过多,有时为了解决法官级别待遇就会让个别审判经验不是那么丰富、业务能力不是那么强劲、专业知识不是那么扎实的员额法官成为审判委员会委员,这就难免出现其在发言时只是简单重复、归纳别人的观点进而人云亦云,从而降低了审判委员会会议的质量。

(3) 非行政职务委员应占较大比例

加强审判委员会自身的建设是保障审判委员会权威性的必要条件。从实证分析看,院庭长委员构成了审判委员会委员的主体。如前所述,由于院庭长与资深法官之间身份具有高度的重合性,院庭长担任审判委员会委员有其合理的一面,但是由于院庭长本身承担着较多的行政职责和审判管理职责,与审判委员会工作之间难免会发生冲突,审判委员会委员中院庭长委员占比过高则不利于审判委员会工作的有效推进。从当前各级法院审判委员会委员构成看,院领导占比49.86%,部门负责人占比33.38%,二者合计83.24%。

从实践观察来看,审判委员会权威性来源具有双重性,即部分来源于委员业务能力的专业权威,部分来源于委员身份职级的行政权威。毫无疑问,前者有利于保障审判委员会讨论决定的专业水准[1];就后者而言,其在当下中国语境下可谓有利有弊。对于利的方面,委员具有行政职务,一定程度上可以说有利于保障审判委员会讨论决定对法院内外的说服力,尤其是在当前社会行政化思维传统仍然比较浓厚的情况下,有利于保持法院的法律结论对党政机关部门、社会特别是信访人的说服力。[2] 问卷调查显示,法律职业体和社会公众赞同院长(业务庭长)担任审判委员会委员的比例远高于资深法官,也从侧面印证了这一观点。对于弊的方面,院庭长在审判委员会中占比较高,导致审判委员会行政化,行政化又带来了审判委员会运行不畅、效率低下、公正不足等诸多问题。随着全面依法治国和司法改革的深入推进,应当在积极引导树立审判委员会讨论决定的权威性主要来源于组成人员业务能力权威性社会意识基础上,按照专业均衡原则遴选部分没有行政职务的资深法官为审判委员会委员,大力提升非行政职务委员的比例,这样既能够有效提升委员出席的比例,又能够更好地发挥资深法官的审判业务专长,带动法院整体业务能力的提升。

加大非行政职务委员的比例包括两个方面:一是加大非行政职务资深法官的比例。从问卷调查情况看,70.51%的调查对象认为审判委员会中资深法官[3]占50%~80%较为合理(见表6-2),课题组认为其比例在50%左右为宜。资深法官相对于院庭长有三个方面的优势,能够更好地

---

[1] 参见四川省高级人民法院课题组、王海萍:《司法改革中地方法院审判委员会宏观指导职能的重置——基于C省审委会制度运行的实证分析》,载《理论与改革》2015年第6期。

[2] 参见四川省高级人民法院课题组、王海萍:《司法改革中地方法院审判委员会宏观指导职能的重置——基于C省审委会制度运行的实证分析》,载《理论与改革》2015年第6期。

[3] 调研发现,各地法院当前未担任行政职务的审判委员会委员大多曾经担任过院长等行政职务,由于年龄问题不再担任相关行政职务,属于"退二线"的领导干部。课题组认为,司法改革后,担任审判委员会委员的资深法官应当是指未担任任何行政职务、审判经验丰富的法官。

履行审判委员会委员职务：一是资深法官是各法院的办案主力，其在不断地学习最新的法律知识，更新知识结构，理论知识扎实，对法律知识掌握比较全面、理解比较透彻；二是资深法官有较为充足的办案时间，能够深入全面分析提交审判委员会讨论的案件，有利于提升审判委员会讨论决定案件的审判质量；三是资深法官审判经验丰富，对审判工作认识最全面、最深刻，在总结审判经验等方面有着自身的天然优势。可见，审判委员会委员中需要有相当比例没有担任领导职务而真正有充足的时间、精力专注于案件讨论，且审判经验丰富、法学理论水平较高的资深法官。

表6-2 审判委员会委员中资深法官比例的态度分析

选项 调查对象	100%		80%以上		50%以上		30%以上		可有可无	
	人数	比例	人数	比例	人数	比例	人数	比例	人数	比例
高级人民法院	8	9.52%	16	19.05%	35	41.67%	23	27.38%	2	2.38%
中级人民法院	33	9.88%	108	32.34%	105	31.44%	85	25.45%	3	0.90%
基层人民法院	40	7.83%	213	41.68%	178	34.83%	71	13.89%	9	1.76%
小计	81	8.72%	337	36.28%	318	34.23%	179	19.27%	14	1.51%

此外，专职委员的配备也有待加强。2006年中共中央印发的《关于进一步加强人民法院、人民检察院工作的决定》规定人民法院应配备专职委员，并对专职委员的任职资格和条件进行了明确。但是，实践中，各级人民法院的专职委员配备不甚理想。从实证分析看，中级人民法院平均每院有专职委员2人，而基层人民法院平均4个法院才有1个配备专职委员。但从调研情况看，专职委员能够在案件过滤和替代等机制运作过程中发挥重要的作用，是审判委员会制度改革的重要一环。如A省M市中级人民法院和H省D中级人民法院将专职委员明确为提交审判委员会案件的审查过滤和替代的核心主体，如：当专职委员发现拟提交会议讨论的案件事实不清时可以要求合议庭查清事实后再提交；当专职委

员发现拟提交会议讨论的案件不属于法定上会案件,且之前审判委员会讨论过类似案件时,可以要求合议庭与该类似案件对照无实质性差异时予以直接参照作出裁判;当专职委员发现拟提交会议讨论的案件法律适用问题存在争议时,可以要求合议庭先提交法官会议或者审判长联席会议讨论;等等。专职委员借助审判委员会过滤和替代机制有效降低了提交审判委员会讨论案件的数量,提高了提交讨论案件的质量。

(4) 审判委员会委员的选任机构应突出独立性

党的十八届四中全会决定明确提出,要"建立法官、检察官逐级遴选制度"。从中央《关于司法体制改革试点若干问题的框架意见》及各地司法改革的实施情况来看,法官遴选委员会已普遍建立起来。由于审判委员会委员都应当在法官中产生,从组织人事工作的角度看,法官遴选委员会作为对法官情况掌握最全面的机构,也是遴选审判委员会委员最为权威和便捷的机构。因此,应当明确赋予法官遴选委员会组织遴选审判委员会委员并按法定程序报人民代表大会或者其常务委员会任命的职权。将审判委员会委员选任机构设置在法院外部,一方面有利于防止法院继续走论资排辈的老路子,削弱通过任命审判委员会委员的方式解决法官职级待遇的旧思维;另一方面有利于确保审判委员会委员选拔的客观性、公正性和专业性,增强社会公众对审判委员会会议决策的信服,增加合议庭成员对审判委员会会议决策的执行力,提升审判委员会会议的权威性。

(5) 审判委员会委员的选任程序应当公开、公平和公正

审判委员会对审判工作重大事项决策的正确性依赖于每个审判委员会委员的正确判断,这就要求审判委员会委员不但要有精深的法学理论功底,还要有丰富的司法实务经验,审判委员会委员遴选程序是否科学直接决定着审判委员会的组成人员是否具有相应的权威性。如上文所述,审判委员会委员选任机制不合理是委员构成权威性、专业性不足的重要原因。员额制建立后,从职业化的角度就要求每当审判委员会委员出现缺额时,遴选机构就应当及时向所有符合条件的法官公布需要遴选的委员职位、竞职条件等,由符合条件的法官自愿报名。遴选机构经

笔试、面试等公开选拔程序确定新当选的审判委员会委员。在具体工作流程上,可以先通过统一的考试、考核,由法院差额提出审判委员会委员人选的建议名单,交由法官遴选委员会在业务、业绩等方面进行实质性的审核把关后,必要的时候可以对审判委员会委员建议人选进行逐一的面试、笔试,通过模拟审判委员会会议来评测审判委员会委员建议人选的业务能力和职业素养,法官遴选委员会审核把关后,对通过审核的审判委员会委员建议人选设置试用期,在试用期内可以列席审判委员会会议并发言但无表决权。试用期结束后,由法官遴选委员会综合评定建议人选在试用期的履职表现,顺利通过试用期再按法定程序报同级人民代表大会或者其常务委员会任命。

2. 健全委员履职保障制度

审判委员会委员的履职保障问题长期困扰着司法实践,但又长期被学术界忽视。当前审判委员会运转不畅的主要原因就是大部分审判委员会委员是兼职,而且并未因履行委员职务获得任何利益补偿,一定程度上是在为审判委员会"打白工",导致审判委员会委员职务缺乏吸引力,越来越向"荣誉职"方向发展,这也是审判委员会委员普遍拒绝承担办案责任的主要因素。因此,要实现审判委员会的高效运行就必须为审判委员会委员履职创造良好的条件。

(1) 明确审判委员会委员的职级待遇

如第二章所述,委员身份的高度行政化,很大程度上是委员的职级待遇不明确造成的,导致法院不得不通过任命行政职务的方式来留住人才。因此,解决委员身份的行政化,除了进一步提升资深法官的比例外,还应当解决委员的职级待遇问题。在任何制度设计中,"权、责、利"都应当是统一的,"利"不但是提升审判委员会委员职务吸引力的重要方面,同时也是保障"权、责"实现的重要基础。虽然最高人民法院在相关改革文件中提出了审判委员会委员享受法院副院长职级待遇的改革要求,但由于缺乏相应的组织人事配套制度,从实践看,该要求落实的效果欠佳。只有审判委员会委员的职级待遇得到落实,才能吸引符合条件的法官积极竞争委员职务,才能提升委员的专业化水平,才能要求委员履职到位并承担相应责任。同时,如上文所述,在我国行政化色彩较为浓厚的情况下,相应职级也是提升委员权威性、确保委员能够依法独立履职的重要手段。因此,必须严肃对待审判委员会委员的职级待遇问题,建议在《人民法院组织法》等法律或相关司法解释中明确委员履职期间享受不低于本院副院长级的职级待遇。

(2) 建立审判委员会委员任期制

当前,审判委员会委员一旦任命,除非遇有调离、退休、免职等情况,不论其是否从事审判工作,委员职务一般不作调整,实际上是变相的"终身制"。从实证调研看,任职期限在10年以上的委员占到六成以上,这也是政治部主任、纪检组长、机关党委书记等担任审判委员会委员的重要原因。无疑,这对审判委员会工作有序开展、委员专业性等均有一定影响。因此,应当打破审判委员会委员"终身制",以5年为限明确审判委员会委员的任期,及时对委员进行考核和重新遴选、任命,确保非行政领导委员保持相应比例。当然,由于审判委员会工作的专业性,只要符合审判委员会委员任职条件,委员连任不应受次数限制。

(3) 明确审判委员会委员的去免职条件

审判委员会委员作为法院的重要职务,为确保审判委员会委员独立履行职务,不受外界非法干预,委员的退出也应当有明确的标准,除因法定事由并经法定程序外,所有组织和人员均无权免除审判委员会委员的职务。审判委员会委员去职或免职的情形包括:如果委员由于工作变动或退休,不再担任本院员额法官,那么委员职务也就相应终止;对于有违法违纪行为或者需要追究办案质量责任的委员,法官惩戒委员会认为已经不适合继续担任审判委员会委员的,有权依照法定程序免除其委员职务。

同时,具备员额法官身份是担任审判委员会委员的前提,对于法官员额制改革过程中,因担任政治部主任、纪检组长、机关党委书记、办公室主任等职务未入额的原审判委员会委员,由于不是本院员额法官,不符合审判委员会委员任职条件,应当通过相应程序免去其担任的审判委员会委员职务,以提升审判委员会的专业性。

（二）完善审判委员会的分流与过滤机制

1. 完善专业法官会议等分流机制

审判委员会运行过程中最大的问题是缺乏效率。承办法官需耗费大量时间准备审理报告；审判委员会办公室需投入大量时间协调会议时间和参会人员；汇报与发表意见耗费时间较多。造成这一问题的根源在于审判委员会的"会议"属性，而这是审判委员会的本质属性，因此只要审判委员会依然讨论案件，就必然需要审理报告，也必然需要协调会议时间。即便委员提前阅览案件从而提高了汇报和表决的效率，也不过是将工作量从会上转移到了会下而已。换言之，只要审判委员会依然讨论案件，其效率很难有质的提高。因此，解决效率问题的根本方法，是削减审判委员会讨论案件的数量。要达到这一目标，一是要通过修改法律、司法解释的方式明确限制提交审判委员会的案件类型；二是要发展出有效的分流机制，而《人民法院组织法（修订草案）》对这两方面均未涉及，这里主要对后者提出一些建议。

实践中，审判委员会对合议庭发挥着专业性支持和权威性支持两方面的作用，前者的根源在于当前办案人员整体素质难以完全适应独立办案的要求。专业法官会议则可作为法官办案的"智囊团"，为其办理疑难复杂案件提供专业咨询，解决部分法官、合议庭对专业性支持的客观需求，分流部分原本合议庭有可能提交讨论的案件，减轻审判委员会讨论案件的压力，使其精力集中到审判宏观指导和审判管理上来。因此，作为司法责任制改革的内容之一，最高人民法院建议"人民法院可以分别建立由民事、刑事、行政等审判领域法官组成的专业法官会议，为合议庭正确理解和适用法律提供咨询意见"[①]。

随着2016年司法责任制改革的逐渐推开，A省各地法院陆续开始建立专业法官会议。总体而言，其运行情况参差不齐，有的正在筹建，有的新近建立、尚未运转，有的已建立大半年、运转尚不成熟，有的已建立1年

---

① 最高人民法院《关于完善人民法院司法责任制的若干意见》第8条。

以上、运转基本进入正轨。其中前两者是全省绝大多数法院的状态,后两者主要针对司法改革试点法院。课题组获取了A省高级人民法院以及司法改革试点法院B中级人民法院、C中级人民法院、L中级人民法院的专业法官会议工作规则,总体来看主要包括以下内容①:

第一,专业法官会议的性质是"咨询机构",其意见供合议庭参考。对于专业法官会议的意见,合议庭需重新进行评议,评议后接受专业法官会议意见的,"该意见即为合议庭意见。合议庭对案件处理结果负责"②。

第二,专业法官会议的职责以讨论法律问题为主,统一裁判尺度,为合议庭理解和适用法律问题提供专业咨询意见;对于部分案件,可以涉及事实认定问题。③

第三,专业法官会议成员由庭长、副庭长、资深法官组成,5人以上可召开会议,会议召集人通常为分管副院长、专职委员、业务部门负责人,出席会议的成员1/2以上多数意见为专业法官会议的咨询意见。④

第四,专业法官会议与审判委员会的关系。A高级人民法院和B中级人民法院未对二者的关系予以明确规定,其文件中涉及二者关系的仅两条:经专业法官会议讨论的案件提交审判委员会讨论时,应当一并提交专业法官会议的意见⑤;专业审判委员会负责指导相关专业法官会议

---

① 《B市中级人民法院专业法官会议工作规则(试行)》与《A省高级人民法院专业法官会议工作规则(试行)》几乎完全一致;《C市中级人民法院专业法官会议规则》与《L市中级人民法院专业法官会议议事规则(试行)》也大同小异。

② 《A省高级人民法院专业法官会议工作规则(试行)》第10条,《B市中级人民法院专业法官会议工作规则(试行)》第10条。

③ 《C市中级人民法院专业法官会议规则》第12条、《L市中级人民法院专业法官会议议事规则(试行)》第3条规定明确将讨论事实问题限定为涉及国家外交、安全和社会稳定的重大复杂案件。

④ 参见《C市中级人民法院专业法官会议规则》第16条,《L市中级人民法院专业法官会议议事规则(试行)》第13条。

⑤ 参见《A省高级人民法院专业法官会议工作规则(试行)》第10条,《B市中级人民法院专业法官会议工作规则(试行)》第10条。

的业务工作。① 而 C 中级人民法院和 L 中级人民法院则明确规定专业法官会议"作为审判委员会的前置性规律机制,对拟提交审判委员会的案件或者按照审判委员会要求对疑难复杂案件先行讨论,提出咨询意见"②,因此,其对专业法官会议决议的运用规定得更为详细:一是合议庭提请讨论研究的案件,专业法官会议形成咨询意见,并被合议庭再次评议后予以采纳的,不再提请审判委员会讨论;二是合议庭提请讨论研究的案件,专业法官会议形成咨询意见,合议庭再次评议后不采纳的,可以提请审判委员会讨论;三是院庭长提请讨论研究的案件,专业法官会议形成咨询意见,并被合议庭成员再次评议后采纳的,院庭长认为确有必要的,可以提请审判委员会讨论;四是院庭长提请讨论研究的案件,专业法官会议形成咨询意见,合议庭再次评议后不采纳的,可以提请审判委员会讨论;五是专业法官会议未形成多数意见,认为需要提交审判委员会讨论的,可以提请审判委员会讨论决定;六是审判委员会委托专业法官会议深入论证的案件,专业法官会议在论证清楚后,应按程序提请审判委员会讨论决定;七是专业法官会议监督、指导专项审判工作,研究审判中出现的共性问题,总结审判经验,统一裁判尺度,形成的会议纪要或指导性意见供合议庭参照执行。必要的,可以提请审判委员会作出决定。③

从 2017 年 8 月施行的《最高人民法院司法责任制实施意见(试行)》之规定来看,A 省法院系统试行的专业法官会议的做法基本得到了最高

---

① 参见《A 省高级人民法院专业法官会议工作规则(试行)》第 13 条,《B 市中级人民法院专业法官会议工作规则(试行)》第 10 条。
② 《C 市中级人民法院专业法官会议规则》第 2 条,《L 市中级人民法院专业法官会议议事规则(试行)》第 2 条。
③ 参见《C 市中级人民法院专业法官会议规则》第 19 条,《L 市中级人民法院专业法官会议议事规则(试行)》第 15 条。L 市对"院庭长"的表述为"负有监督职责的人员",此外两个条文一致。

人民法院的肯定。①

实际上，专业法官会议的设立并非全新之物。众所周知，在法院内部，"研究案件"的传统一直存在，可能是庭长和承办人一起研究，也可能是庭长与本庭资深法官们一起研究，还可能会邀请其他部门的业务骨干参加，具体形式因不同法院、不同案件、不同时期而异。在名义上，可能是"庭务会"或"审判长联席会"，也可能并没有特定名称。而绝大多数法院的专业法官会议，都脱胎于这些组织。在原本为庭长与承办人一起研究案件的法院，专业法官会议意味着参加人员更广泛（根据制度规定5人以上方能召开）；在原本参与人员就较多的法院，可能变化不大。

与本课题相关，我们对专业法官会议关注的重点在于，专业法官会议是否能够有效缓解审判委员会讨论案件的压力？是否以及多大程度上发挥了减压、分流作用？对此，这里将以运转略成熟的C中级人民法院为主并适当结合其他法院的情况进行分析。

C中级人民法院的实践表明，一方面，C中级人民法院的专业法官会议的确起到了一定的缓解审判委员会压力的作用。专业法官会议已成为该院讨论案件的常态机制，例如，刑事案件的二审改判、发回重审、改变罪名等都必须提交专业法官会议，因此会议频率非常高，几乎每周都会召开。专业法官会议主要通过三种方式对审判委员会发挥作用：第一，对于法官"心里没底"的案件，专业法官会议能够给法官提供"心理支撑"。第二，对于案件中存在的问题法官难以解决的，专业法官会议可起到"智囊团"作用。该院法官表示，"如果专业法官会议提出的意见能够很好解决案件问题，那么就不用提交审判委员会了。法官多数情况愿意

---

① 《最高人民法院司法责任制实施意见（试行）》第15、16条之规定："15. 专业法官会议由各审判业务庭室在本部门范围内召集，拟讨论案件涉及交叉领域的，可以在全院范围内邀请相关专业审判领域的资深法官参与讨论。专业法官会议形成的意见供合议庭参考。16. 专业法官会议讨论下列案件：（1）合议庭处理意见分歧较大的案件；（2）合议庭认为属于重大、疑难、复杂、新类型的案件；（3）合议庭拟作出答复或批复的请示案件；（4）合议庭拟作出裁判结果与本院同类生效案件裁判尺度不一致的案件；（5）院长及其他院领导、庭长按照审判监督管理权限决定提交讨论的案件；（6）拟提交审判委员会讨论的案件；（7）合议庭少数意见坚持认为需要提请讨论并经庭长同意的案件。"

采纳专业法官会的意见,除非是明显不合理的"。第三,专业法官会议即便不能解决问题,但是经过讨论后"意见更加明确,焦点问题更加突出,可以更好地向审判委员会汇报"。总的来看,该院法官认为"过滤作用还是有的"。

另一方面,对于"应当"提交审判委员会的案件以及存在社会风险或政治风险的案件,专业法官会议几乎无法有效分流。正如该院法官所说,"……合议庭承担不了本案的风险,本案的风险应当由审判委员会承担。风险主要是指案件涉及重大利益,或者涉及重大维稳情况,例如'一房二卖'情况下如何保护各方利益、本地大型国有企业与外地企业发生重大利害关系冲突,如何保护本地国有资产等问题,这些风险合议庭显然无法承担"。对于此类案件,仍然需要提交审判委员会。事实上,在《C市中级人民法院专业法官会议规则》中也为此留下了空间:"院庭长提请讨论研究的案件,专业法官会议形成咨询意见,并被合议庭成员再次评议后采纳的,院庭长认为确有必要的,可以提请审判委员会讨论。"正是因此,该院法官才会说"实际上(有些情况下)是否提交审判委员会与专业法官会议关系不大"。

总体来看,专业法官会议能够起到较好的分流作用。但毕竟A省的专业法官会议整体上仍处于起步阶段,还有大量制度上、运行上的问题需要完善。具体包括:

首先,专业法官会议讨论案件的范围应更明确、统一。目前各地法院的专业法官会议工作规则对案件范围的规定都较为原则,因此仅从制度规定来看差异并不大,但实践操作中各法院对案件范围的把握则可能差异较大。例如,B中级人民法院的刑事专业法官会议大概1个月召开1次,这就意味着其讨论的案件并不太多;而C中级人民法院刑事二审改判、发回重审、改变罪名、合议庭有分歧的案件,都必须提交专业法官会议讨论,因此该院几乎每个星期都要召开会议。同样是中级人民法院,两个法院讨论案件的数量、范围存在较大的差异。因此,专业法官会议究竟应当讨论哪些案件,需进一步思考与论证。

课题组认为,以下三类案件应当提请专业法官会议讨论:重大、疑难、复杂案件,合议庭成员意见分歧较大的案件,与本院或者上级法院的类案判决可能发生冲突的案件。关键在于如何界定重大、疑难、复杂案件。课题组认为,在高级、中级、基层三级法院,应包括社会影响较大、拟在法定刑以下判处刑罚、免于刑事处罚、拟宣告被告人无罪的案件四类;在高级和中级人民法院,应包括检察院抗诉的案件以及二审改判、发回重审的案件三类。之所以将其讨论范围确定为以上类型,一方面,考虑到随着司法改革的推进,裁判权将全面下放至合议庭,但当前部分法官的素质可能无法担当如此重大的权力,因此有必要对一些重要案件交由专业法官会议把关,这是对司法权的慎重;另一方面,专业法官会议的性质为咨询机构,其意见仅供合议庭参考,这是专业法官会议和审判委员会的本质区别。因此,将上述案件提交专业法官会议讨论,侵犯合议庭裁判权的法理障碍基本不存在。

其次,完善专业法官会议的运行规则,避免行政领导不当干预案件。从人员构成来看,各地的专业法官会议都涵盖了大量非领导职务的资深法官,其行政色彩并不浓厚。① 但问题在于其实践过程中可能存在一定的变异。例如,C中级人民法院制度规定在5人以上方能召开专业法官会议,但由于该院待讨论的案件量较大,召集5人以上开会就显得非常困难,实践中逐渐演变为3人也可召开且成为常态,甚至连3人也很难凑齐。由此带来的问题是,相较于"庭长+承办人"这一研究案件的传统模式,专业法官会议的参与人更广泛,庭长作为行政领导的影响力就会被冲淡;但当专业法官会议演变为3人小型会议,其本质上已和"庭长+承办人"的模式区别不大②,庭长依然可对案件产生较大的影响力,因此有必要考虑专业法官会议的去行政化问题。

---

① 以A高级人民法院为例,2016年4月下发了《A省高级人民法院办公室关于印发本院各专业法官会议组成人员的通知》。该院成立了4个专业法官会议,其中刑事专业法官会议42人、民事专业法官会议52人、行政(赔偿)专业法官会议15人、执行专业法官会议13人。这122位成员不包括院领导,最高职务为部门正职领导,合计15人,占比12.30%;部门副职领导占24.59%;非领导职务的法官占绝大多数(63.11%)。

② 庭长作为制度规定的"召集人"是必须参加的,因此所谓3人会议其实就是庭长、承办人和另一位法官。

需要说明的是,此处所讨论的去行政化,并不意味着要杜绝院庭长对案件发表意见,在我国司法实践中,院庭长往往是法院的业务精英,其对案件的处理意见往往具有重要的参考价值。真正地去行政化,是指要杜绝行政领导利用自己的行政权威对案件产生超越个人意见的影响力,让合议庭成员或其他资深法官接受其不认同的意见,或对参会法官的意见进行不当引导。换言之,院庭长的意见应当与其他资深法官的意见具有同等地位与效力。通过完善与落实规则,可有效达到这一目的。一是参会人数不能少于5人,以有效消解行政领导的影响力;二是除按规定应当提交专业法官会议讨论的案件类型外,行政领导不得主动要求将案件提交专业法官会议讨论;三是发言顺序应按照职务由低到高、资历由浅到深的顺序;四是有效落实司法责任制关于院庭长办案的要求,将院庭长的精力转移到办案中去,可有效缓解其对其他案件的不当干预。

最后,加强对专业法官会议的管理。课题组在调研过程中想要获取专业法官会议的详细数据(包括会议次数、参与人数、案件类型、决议结果等),许多法院都无法提供,这充分表明专业法官会议的相关管理工作需进一步加强。因此,应当明确专业法官会议的归口管理人员,构建全院专业法官会议运行的数据库并定期进行通报和分析,以促进专业法官会议的不断完善。对于案件数量较高、较难凑够开会人数的法院,可采取由专人担任专业法官会议秘书的方式进行统筹协调,也可采取每周固定半天专门召开专业法官会议的方式来降低沟通成本,保证充足的参会人数,目前C中级人民法院刑一庭、审执监庭正尝试采取该种方式并取得了良好成效。

2. 发展以专职委员为主体的过滤机制

专业法官会议属于审判咨询机构,其相关建议对合议庭(独任法官)不具有拘束力,因此,对于具体个案是否应当提交审判委员会讨论还需要一个有效的审查过滤机制。前者是"疏",后者是"堵",二者缺一不可。而如前文所述,总体而言,院庭长过滤案件的效果差强人意,因此有必要发展出其他更为有效的过滤机制。

课题组认为,一个有效的过滤机制,应当满足以下条件:第一,中立性。院庭长过滤效果不佳最重要的原因在于,其本身所处的位置不够超脱,需对分管部门承担领导责任,与合议庭成员、案件具有"一荣俱荣、一损俱损"的关系。因此一个有效的过滤主体,应当是中立的。第二,专业性。由于所提交的案件涉及各个领域,其是否疑难复杂、是否有必要提交审判委员会讨论,高度依赖于审查人员的专业判断,因此过滤主体必须具备足够的专业性。第三,权威性。过滤人员可能会对案件提交审判委员会提出否定性意见,因此其必须具备高度的权威。第四,专职性。由于目前一些法院提交审判委员会讨论的案件数量较多,因此过滤人员应具备一定的专职性。

从法院的人员构成来看,审判委员会的专职委员对上述四个条件都能大体满足,是当下最恰当的过滤主体。虽然许多法院的专职委员都会协助副院长管理一些部门,但协管与分管毕竟不同,因此其中立性较之分管副院长更强。当然,专职委员与承办人、院庭长为同事关系,多多少少总会受到人情因素的影响,但这种影响因素毕竟是制度外的。同时,大多数法院的专职委员均从庭长等部门负责人中产生,其专业功底往往非常扎实。且其在院长的授权下开展工作,权威性也毋庸置疑。至于专职性,专职委员这一职务本身就意味着其主要从事审判委员会工作,虽然实践中往往会协管一些部门并参与部分院长交办的工作,但较之其他实职部门领导和审判法官而言,专职性明显更强。因此,审判委员会专职委员是当下承担过滤职责的最佳主体。考虑到地方各级法院专职委员的配置普遍较少,也可考虑由院长指定的资深法官代行该职权,资深法官具备一定的中立性、专业性,在院长的授权下也具备权威性,只是专职性不足。

在工作流程上,所有拟提交审判委员会讨论的案件均应当报专职委员审查。对于不属于审判委员会讨论范围的,专委会议有权作出不予审查的决定,退回合议庭、独任法官自行处理;对于应当提交审判委员会讨论的案件,专委会议应当提交相关专业委员会优先讨论;对于可以提交审判委员会讨论的案件,专委会议可以对案件法律适用提出指导性意见供合议庭、独任法官参考,合议庭、独任法官仍有异议的,提交相关专业委员会讨论。专职委员还可以先行固定案件的讨论要点,达到缩短汇报及讨论时间、提升审判委员会讨论案件效率的作用。

(三) 完善审判委员会的配套保障制度

与其他会议制组织相类似,作为实行民主集中制的审判组织,审判委员会的会务组织、会议发言、决议执行等需要一系列的配套保障机制。这些机制是审判委员会运行不可或缺的组成部分。但从实证调研看,中基层法院审判委员会普遍缺乏相应的工作保障机制,部分法院的审判委员会事实上处于临时性组织地位,影响了审判委员会的有效运行。因此,需要全面完善审判委员会各项配套保障机制。

1. 配齐配强审判委员会专门工作机构和人员

审判委员会作为法院内部最高审判组织,它的工作方式主要是以开会的方式议事。然而,审判指导活动必须以充分的调查研究和分析写作等基础性工作为保障和支持。在当前司法改革特别是员额制改革的背景下,法院的主要力量都在向办案一线倾斜,但这绝非意味着取消法院和法官的审判调研职责。相反,为了避免审判与审判指导相互脱节,还必须鼓励和支持法院一线审判人员加强调查研究和审判经验总结。为此,可以采取的一种办法是,轮期把具有较强审判经验和综合素质的法官充实到审判委员会日常办事机构中(当然同时配备辅助人员),使其既保持较高的审判能力,又具备开展审判指导工作的综合素质。此外,作为审判调研基础保障的信息化审判管理系统及其配套的问题发现、司法统计与分析研判机制,也是开展审判宏观指导必不可少的基本条件,应当赋予审判委员会专门工作机构和人员相关权限,确保审判委员会能够及时、全面掌握审判工作薄弱环节,有针对性地开展审判指导。[①]

2. 由多元化主体组建审判委员会委员履职监督考评机构

审判委员会作为法院内部最高审判组织,委员履职状况牵涉法院内

[①] 参见四川省高级人民法院课题组、王海萍:《司法改革中地方法院审判委员会宏观指导职能的重置——基于C省审委会制度运行的实证分析》,载《理论与改革》2015年第6期。

部其他委员和承办法官的利益,在一定程度上影响着审判委员会职能的发挥。同时考虑到审判委员会各委员的职位较高,法院内部其他工作人员与其职位相差悬殊,单独个人或者某一个部门对审判委员会委员的履职状况进行监督难以进行或者导致监督的结果不客观公正。因此需要多元化的主体形成监督机构对审判委员会各委员的履职状况进行监督考核。在监督机构组成人员的确定上,尽量选择与审判委员会委员履职密切相关者(如出席、列席审判委员会的人员、合议庭组成人员)组成监督机构,只有这些主体密切配合形成监督机构才有利于保障监督结果的客观公正。第一,在监督过程中难免个别人会因为感情因素或者其他因素对审判委员会的某个委员作不客观的评价,如作出的评价高于委员实际表现或者低于委员实际表现,但将这一个或者少量的不客观评价放入众多其他主体对审判委员会委员作出的客观评价中,对委员最终的监督考核结果影响较小。第二,监督机构组成人员的多元性有利于弱化个别委员因为拉票、施压、利诱监督主体对监督结果的影响,使得监督结果更加客观公正。第三,只有将那些与审判委员会委员履职有利害关系的各类主体纳入监督机构,才能够更客观地从各个方面反映审判委员会委员的履职状况,这样也会让监督结果更加民主。只有让更多的与此相关的主体参与监督审判委员会委员,才能更客观地反映监督主体对被监督委员的满意程度。

3. 加强审判委员会工作机制信息化建设

以信息化手段提升工作效率已经是当前各领域的大趋势,审判委员会工作也不例外。从实证调研情况看,各地法院审判委员会会议室、办公设备等硬件条件保障普遍较为完善,但与审判委员会工作相关的信息化平台建设仍然较为滞后。审判委员会会议记录及相关数据统计分析工作仍然严重依赖人工操作,无法在审判委员会会议系统中自动生成。面对审判委员会专职工作人员普遍较少的状况,应当借助信息化技术,在大力推进网上同步办案,实现案件证据、庭审录音录像等卷宗材料同步上网的基础上,研发完善审判委员会会议系统软件,针对各层级会议议题设置会议排期、卷宗资料查阅、记录、督办、统计等不同功能,实现由系统自动提取提交审判委员会讨论案件的信息,报送相关委员提前审阅,提升委员的"亲历性";实现对会议次数、参会人员、讨论议题、讨论内容、讨论结论、决议执行情况等的实时录入、定期分析和跟踪督促,确保审判委员会各项决议落在实处;实现对审判委员会会议的全程录音录像,全面直观反映审判委员会审议情况,便于客观确定相关案件的办案质量责任,同时也可减少会务的人力耗费;借助信息技术可以减弱人为因素等外界压力对监督结果的干扰,保障监督结果的公正性和客观性。

三、审判委员会职责内容之调整

审判委员会讨论案件范围太宽、宏观指导作用有限是当前审判委员会制度的两大主要问题,也是学界批评的焦点。有鉴于此,在改造审判委员会组织结构的同时,应当及时调整审判委员会的职能内容,以限缩审判委员会讨论案件的范围为切入点,以强化审判委员会的宏观指导职能为增长点,从而真正促进审判委员会的功能转型。

(一)限缩审判委员会讨论案件的职能

限缩审判委员会讨论案件职能有两条路径可以选择,一种是从案件角度进行限制,即削减审判委员会讨论案件的范围;另外一种是从事项范围进行限制,即取消审判委员会讨论事实问题而只允许审判委员会讨论法律适用问题。从《人民法院组织法(修订草案)》的内容来看,其规定"各级人民法院设审判委员会。审判委员会的任务是总结审判工作经验,讨论决定重大或者疑难案件的法律适用,以及其他重大问题",明显倾向于采取第二种思路,即有意将审判委员会讨论案件的职能限制在讨论法律适用事项上。

课题组认为,《人民法院组织法(修订草案)》所确立的改革路径有其合理性,但是完全排除对事实问题的讨论并不合理。实证研究发现[①],审

---

① 参见左卫民:《审判委员会运行状况的实证研究》,载《法学研究》2016年第3期。

判委员会所讨论的案件,尤其是民事案件往往涉及案件的事实问题,部分案件的讨论既涉及事实问题也涉及法律适用问题;而且,这些案件的讨论往往并非形式化的讨论,讨论确实影响了案件的处理结果。姑且不论审判委员会的讨论结果是否正确,上述事实至少意味着,合议庭或独任法官在相当程度上确实需要审判委员会在证据判断与事实认定上给予支持或把关。这一事实所反映的可能是,法官在案件处理的把握上尤其是事实的认定上存在能力上的欠缺,难以胜任对所有类型案件的事实认定与证据判断。① 将审判委员会讨论案件时的事项只限于法律适用问题的改革动议,在目前阶段似乎很难在所有层级法院推广实施。一旦把审判委员会的案件讨论限定为法律适用问题,某些个案的办案质量恐怕难以保证,从而损害个案层面的司法公正。②

其实,正如有论者所指出的那样,案件的事实认定与法律适用很难从本体论或认识论上加以明确界分③,法律适用往往也要以事实与证据的认定为前提。因此,审判委员会只讨论法律适用问题在实践中并不具有可行性。质言之,即便审判委员会只关注案件的法律适用问题,也很难不涉及案件的事实认定与证据判断。因此,无论是从个案的办案质量保障,还是从事实问题与法律问题的交融性,目前乃至未来我们都很难"一刀切"地将审判委员会的案件讨论范围限定在法律适用问题上。或许更为审慎的改革策略是,逐步限制审判委员会对案件事实问题的讨论,如仅限于讨论特别重大、特别复杂案件的事实问题,从而渐次过渡到主要讨论案件的法律适用事项。④

正是基于上述认识,课题组认为限缩审判委员会讨论案件的职责,不应当仅从讨论事项的角度入手,也应当从案件范围的角度展开。具体如下:

---

① 参见左卫民:《审判委员会运行状况的实证研究》,载《法学研究》2016年第3期。
② 参见左卫民:《审判委员会运行状况的实证研究》,载《法学研究》2016年第3期。
③ 参见陈杭平:《论"事实问题"与"法律问题"的区分》,载《中外法学》2011年第2期。
④ 参见左卫民:《审判委员会运行状况的实证研究》,载《法学研究》2016年第3期。

1. 刑事案件方面

第一,确定应当提交审判委员会讨论的案件范围。主要是涉及国家外交、安全和社会稳定的重大复杂案件。之所以将此类案件纳入必须提交审判委员会讨论的案件范围,是基于现实的考虑。由于案件性质的特殊性及其对国家、社会的影响力,即使在司法改革完成后,合议庭、独任法官也难以独立承担此类案件办案压力和责任,需要依靠集体决策的力量确保案件得到妥善处理。另外还有本院生效裁判确有错误需要再审的案件、涉及法律适用疑难问题需向上级法院请示的案件。由于该三类案件不仅涉及个案问题,也属于审判工作中的重大事项,与总结审判经验、统一同类案件的法律适用、防止冤假错案、落实案件质量责任制等工作密切相关,需要审判委员会集体讨论作出权威结论。就需要再审的案件及评查案件而言,我国司法改革的一个重点就是落实司法责任制,而确定案件本身的质量问题则是落实相关办案人员司法责任制的前提。从专业性和权威性的角度看,审判委员会是评定本院生效案件质量的最佳选择。所以,对于本院生效裁判确有错误需要再审及可能被确定为错案的本院生效案件,应当提交审判委员会讨论。就请示案件而言,虽然我国社会主义法律体系已经形成,但在经济社会快速发展的背景下,新类型案件不断涌现,需要通过审判委员会集体研究或者报请上级人民法院研究等形式明确相关问题的法律适用,统一相关案件裁判尺度,防止"同案不同判"。所以,请示案件等涉及法律适用疑难问题的案件也应当提交审判委员会讨论。

第二,将提请讨论的死刑案件限定在死刑立即执行范围内。虽然从保障人权理念出发,对"拟判处死刑立即执行的案件"进行控制具有合理性,但从司法改革的方向看,审判委员会一般仅讨论案件的法律适用问题,对于不涉及影响社会稳定的一般死刑案件,如对案件事实证据无争议,仅涉及量刑是否适当问题,由于死刑复核程序的存在,死刑立即执行案件均需要逐级报请最高人民法院核准,被告人不上诉的死缓案件也需要报高级人民法院核准,从审判程序上可以确保死刑立即执行适用标准的统一。

当然,部分死刑案件因犯罪主体特殊或案件事实重大复杂等原因,如"复旦投毒案""聂树斌案"等,可能在社会上造成较大影响,合议庭、主审法官办理此类案件可能会遇到来自各方面的客观压力,难以依靠自身力量实现公正司法的目的。此类案件就需要审判委员会在更高层面上进行审查判断,作出权威结论。从实证调研看,如果死刑案件由"应当"改为"可以"提交审判委员会讨论,全省法院提交审判委员会讨论的案件数量将会大幅下降。

第三,将抗诉案件"应当"提交修改为"可以"提交。1993年《最高人民法院审判委员会工作规则》把"最高人民检察院依照审判监督程序提出抗诉的案件"纳入最高人民法院审判委员会讨论决定的范围,但未明确是"应当提交"还是"可以提交";最高人民法院《关于执行〈中华人民共和国刑事诉讼法〉若干问题的解释》则统一规定"检察院抗诉的、合议庭认为难以作出决定的案件可以提请讨论决定";《关于人民法院合议庭工作的若干规定》未涉及抗诉案件;《关于改革和完善人民法院审判委员会制度的实施意见》则加强了审判委员会审查的力度,把抗诉案件从"可以提交讨论决定"范畴提升为"应当提交讨论决定",但较前缩小了控制范围,仅规定"依照审判监督程序提出抗诉的刑事案件应当提请讨论决定",即对提交讨论的抗诉案件作了双重限定:一是限于依审判监督程序的抗诉,二是限于刑事案件,即再审抗诉刑事案件,而一审裁判作出后生效前上诉期内的抗诉不属"应当提交讨论决定"的范畴;2012年最高人民法院《关于适用〈中华人民共和国刑事诉讼法〉的解释》继续规定抗诉案件"应当提交讨论决定",但规定笼统,未区分抗诉类型,科学性不如《关于改革和完善人民法院审判委员会制度的实施意见》,也不符合审判委员会案件过滤趋势。由于《关于适用〈中华人民共和国刑事诉讼法〉的解释》明确要求最高人民法院以前发布的司法解释和规范性文件与其不一致的,以其为准,因此今后对抗诉刑事案件提请讨论的范围难免放宽。

事实上,上诉期内的抗诉与当事人上诉并无差异,只是主体不同而已,二审合议庭对案件处理无重大分歧的,完全可以自行裁判无须提交审判委员会讨论,检察院对二审裁判仍不服的,有权依照审判监督程序再次抗诉。因此,对于未生效裁判提出抗诉的案件属于普通二审案件,不需要提请审判委员会讨论。而事实上,依照审判监督程序提出抗诉的案件并非都是疑难、复杂、重大案件。据统计,A省法院近5年审结的同级检察院抗诉的案件中,再审维持原判的比例均超过九成。因此,依照审判监督程序提出抗诉的案件并非都需要提交审判委员会讨论,只是其中法律适用疑难复杂的可以提请讨论决定。

第四,将"拟在法定刑以下判处刑罚""免于刑事处罚的案件""拟宣告被告人无罪的案件"等情形从"应当提交讨论"修改为"可以提交讨论"。《关于改革和完善人民法院审判委员会制度的实施意见》第9条第(四)、(五)项规定,"拟在法定刑以下判处刑罚或者免于刑事处罚的案件""拟宣告被告人无罪的案件"应当提交高级人民法院和中级人民法院审判委员会讨论决定,该规定显示法院对三种可能结果的慎重,是视刑事案件拟处理结果作出的"应当提请讨论决定"的规定。但从司法改革的要求看,提交审判委员会讨论的案件应当是法律规定的重大案件和其他法律适用疑难的案件,上述三种均属于裁判结果,是否适当属于独任法官、合议庭裁判的范畴,不属于审判委员会讨论的范围。

具体而言,首先,对于"在法定刑以下判处刑罚",根据《中华人民共和国刑法》第63条的规定,"在法定刑以下判处刑罚"有两种情形:"犯罪分子具有刑法规定的减轻处罚情节,应当在法定刑以下判处刑罚"和"犯罪分子不具有刑法规定的减轻处罚情节,但案件情况特殊,可以在法定刑以下判处刑罚",即"应当减轻"和"可以减轻"两种情形,前者审判法院可直接量刑,后者"可以减轻"情形需层报最高人民法院核准。对于"应当减轻"的处理,应由合议庭、主审法官自行裁量,对于"可以减轻"的情形,由于需层报最高人民法院,当前法律规定和实践中很多法院都赞同该类案件"应当提交审判委员会讨论",但其"应当提交审判委员会讨论"的原因只是从技术层面上需要层报最高人民法院核准,而非基于法律适用疑难。但如同死刑案件一样,这种技术层面上的核准本身并不能构成案件提交审判委员会的理由。因此,此类案件不属于应当提交审判委员会讨论的范畴。其次,由于我国长期以来的"重刑主义"思想和对法官自由裁量权的限制,对于"免于刑事处罚的案件""拟宣告被告人无罪的案件"等明显有利于被告人的判决,在审判程序中作出了特别限制,审判委员会实际上履行着审判监督者的角色。在司法改革后,审判委员会的审判监督主要体现在宏观层面上的监督指导,而不是对个案的具体监督,除法律规定的案件外,具体案件的裁量都应当由合议庭、主审法官负责。因此,上述案件均不应属于提交审判委员会讨论的范围。最后,"应当在法定刑以下判处刑罚的案件""免于刑事处罚的案件""拟宣告被告人无罪的案件"都不涉及对被告人权利的加重剥夺,且该类判决有公诉机关、被害人和社会公众监督,如果裁判偏袒包庇,检察机关可抗诉,被害人可申诉和申请抗诉,社会公众也可以各种形式质疑。因此,如果规定这些情形也"应当提请讨论",会显得法院不自信和对法官的不信任,故上述"应当提交讨论决定"的案件均应纳入"可以提请讨论"的范畴。

2. 民事、行政案件方面

民事、行政案件中有相当的比例不属于应当提交审判委员会讨论的案件,针对此类案件应当依照审判独立原则,合议庭依法裁决即可,即便考虑信访、关注、督办等因素,也只能在法律规定和法官自由裁量权范围内考量,而非审判原则的让渡,案件即便经审判委员会讨论,裁决原则也是如此,不会让信访人获得法外利益,或者因督办而非法裁决,否则,公正司法将会因信访、督办的影响失去保障,依法治国将成为空话。因此,没有法律适用问题的信访案、督办案无须提交讨论。

对于"事实认定疑难"的案件,由于事实证据认定本就属于合议庭、主审法官的职责范围,不属于审判委员会讨论的范围,更不应当提交审判委员会讨论,可通过建立专业法官会议等相应机制,帮助合议庭、主审法官解决相关疑难问题。而"抗诉或检察建议再审案""二审拟发回重审或改判"也不代表案件本身疑难复杂,如果合议庭对法律适用无大的分歧,可以形成决定,则无需提交讨论。通过建立沟通机制,与检察机关和下级法院做好沟通,即可解决,不需要提交审判委员会讨论后再做工作,既影响审判委员会工作,又降低了工作效率。至于"法律适用疑难"的案件是否都可提请审判委员会讨论,应区别对待。一般而言,合议庭、主审法官在审理民事、行政案件中遇到的疑难问题均可通过专业法官会议等相应机制提供参考,但考虑到目前在中国社会转型背景下疑难复杂新类型案件高发、多发,对于经专业法官会议等讨论后仍不能解决的"无法可依"等法律适用疑难问题,可以提交审判委员会讨论,但审判委员会讨论内容仅限于法律适用问题,讨论结果供合议庭参考,案件最终裁决由合议庭参考审判委员会的讨论结果作出。

因此,对于民事、行政案件,在建立专业法官会议等相关工作机制,有效解决合议庭、主审法官在审理案件过程中遇到的疑难问题后,除非遇有重大疑难的法律适用问题,其余案件均不应当提交审判委员会讨论。从实证分析看,由于当前提交审判委员会讨论的民事、行政案件中,问题主要集中在事实认定而非法律适用方面,并且其中部分案件可以通过专业法官会议等前置程序解决。因此,可以预见的是,改革后提交审判委员会讨论的民事、行政案件将因事实问题得以解决而被大量过滤掉。

3. 其他案件方面

除了法律、司法解释等法定可以或者应当提交审判委员会讨论的案件外,审判委员会还要面对大量的"立案管辖案件""执行案件""涉诉信访及报请终结案件""请示案件""评查案件"等。其中,除"本院已经发生法律效力的判决、裁定确有错误需要再审的案件""拟决定终结移送的信访案件"是根据法律、司法解释及法院内部文件规定应当提交审判委员会讨论的案件外①,其他案件提交审判委员会讨论均缺乏法律依据。但从实证调研看,A 省法院 2014 年提交审判委员会讨论的其他案件占审判委员会讨论案件总数的 30.5%,其中"本院生效裁判确有错误需要再审"案件占讨论其他案件总数的 16.67%;"涉诉信访及报请终结"案件占 14.81%;"请示"案件占 4.63%;"立案管辖案件"占 37.04%;"执行案

---

① 根据最高人民法院《人民法院涉诉信访案件终结办法》的规定,报请信访程序终结的案件,"必要时提请审判委员会讨论决定"。

件"占19.44%;评查案件16件,占14.81%。除本院生效裁判确有错误需要再审、请示及评查案件外,其他案件主要因涉及社会关注、社会稳定、信访等因素而提交审判委员会讨论,极少涉及法律适用问题。

从司法改革的进程看,随着依法治国方略的实施,涉诉信访等问题将逐步纳入法律框架内解决,司法环境将得到极大改善,涉信访、立案管辖及执行等工作也可能从审判工作中独立出来从而不再具有审判属性,不属于提交审判委员会讨论的范围。因此,随着司法改革的推进,应当针对上述三类情形制定单独的工作制度,不应再提交审判委员会讨论。

同时,对于本院生效裁判确有错误需要再审、法律适用请示及评查案件,由于该三类案件不仅涉及个案问题,也属于审判工作中的重大事项,与总结审判经验、统一同类案件的法律适用、防止冤假错案、落实案件质量责任制等工作密切相关,需要审判委员会集体讨论作出权威结论。从司法实践看,本院生效裁判确有错误需要再审和请示案件均已经纳入应当提交审判委员会讨论的案件范围,而评查案件由于缺乏法律规定,各地法院的做法极不统一,有的法院由审判管理委员会等机构负责案件质量评查工作,但这些机构由于权威性不足,所作的评查结论未能作为对相关业务部门和办案人员进行惩戒的依据,导致评查工作出现形式化倾向。鉴于案件评查是一种事后行为,因此,可以考虑将评查案件纳入审判委员会的宏观指导职能之中,而不再针对此类案件单独进行讨论。

(二) 完善审判委员会的宏观指导职能

《关于全面深化人民法院改革的意见——人民法院第四个五年改革纲要(2014—2018)》明确提出要"强化审判委员会总结审判经验、讨论决定审判工作重大事项的宏观指导职能",《人民法院组织法(修订草案)》也将总结审判经验放在极为突出的位置。课题组认为,加强审判委员会的宏观指导职能,应当着眼于审判委员会宏观指导职能应有的定位,建立健全宏观指导职责"必须为"的各项制度机制,督促各级法院审判委员会积极履行相关审判指导、审判管理职责。

1. 从制度上强化审判委员会宏观指导职能

如前所述,审判委员会宏观指导职能发挥效果有限确实与审判委员会的主要精力都用于讨论个案有关,而一些法院通过内部机制改革适当压缩个案讨论数量又使宏观指导职能有所强化的试点则进一步坐实了这两者之间的紧密关联。但是必须指出的是,偏重于讨论案件并非审判委员会宏观指导职能发挥不充分的唯一原因,缺乏开展宏观指导的工作机制也是各级法院审判委员会宏观指导议题较少的重要原因。例如,从实证调研看,基层人民法院审判委员会虽然讨论案件数量较少,但宏观指导议题的比例却并没有因此增加。

由此看来,要加强审判委员会的宏观指导职能,必须从制度上建立相应的工作机制,并为此提供资源倾斜和配套力量支持。一方面,必须建立专门的审判委员会工作机构,吸纳整合法院内部审判综合部门、审判调研机构、审判管理机构从事的与审判委员会相关的工作职能,确保审判委员会工作机构职责明确、边界清晰,确保其能够对审判委员会运作提供充分制度支持;另一方面,应当在考核奖励制度层面鼓励一线办案人员在加强审判能力提升的同时为审判委员会提供议案,对于被审判委员会讨论并形成宏观指导文件的议案提供者,应当给予相应的物质和精神奖励。

2. 进一步明确各级法院审判委员会宏观指导职能的内容和形式

在最高人民法院推进的司法改革中,进一步明确我国四级法院的职能分工是其重要内容。如前所述,按照最高人民法院的指导性政策,不同层级法院的宏观指导职能在广度和深度上并不相同。这种政策实际上直接影响各级审判委员会宏观指导职能的发挥程度。有鉴于此,在强化审判委员会宏观指导职能之前,首先就应当明确不同层级人民法院审判委员会的宏观指导职责及其形式,并通过调整、修改最高人民法院司法文件将其予以明确。

宏观指导中最重要的是法律适用指导。对此,各级法院审判委员会的职能范围是比较明确的,即:最高人民法院审判委员会的主要职能是研究讨论司法解释、发布指导性案例;高级人民法院审判委员会的职责主要是研究讨论审判业务文件、发布参考性案例;中级、基层人民法院审判委员会不具有就法律适用问题出台规范性文件的权限。今后需要改进的地方在于,如何合理发挥中级、基层人民法院审判委员会在法律适用宏观指导上的参与性作用。对此,课题组认为,可以扬弃当前实践中的一些做法,尤其应当鼓励中级、基层人民法院审判委员会向上级人民法院推荐指导性、参考性案例,鼓励中级、基层人民法院审判委员会向上级人民法院提交司法解释或审判业务文件的提案或建议稿等。

除此之外,法院审判委员会还应当针对法院内部审判活动总结审判经验以进行宏观指导。对此,课题组认为,各级人民法院审判委员会还应当承担如下宏观指导职责:"制定出台约束本院或辖区法院的与审判有关的工作制度规范;讨论审判态势分析报告;讨论重大错案或瑕疵案件总结分析报告;讨论本院或辖区法院重大审判工作部署;听取审判业务部门工作汇报等。"①

3. 进一步严格审判委员会审判业务文件的讨论发布形式和程序

根据最高人民法院《关于规范上下级人民法院审判业务关系的若干意见》关于"高级人民法院制定审判业务文件,应当经审判委员会讨论通过"的要求,高级人民法院制定的所有审判业务文件均应当由审判委员会讨论通过,但实践中,由于法院内部相关机构职责边界不清,使得一些法院制定的带有宏观指导意义的文件并非由审判委员会讨论和发布,而是由其他法院内部机构发布,且发布形式不统一甚至混乱,这无疑降低了法院审判委员会宏观指导的权威性和公信力。

课题组认为,应当对审判委员会审判业务文件的讨论发布程序和形式作进一步的明确。具体而言:一方面,要严格要求司法解释和其他带有法律适用指导意义的司法文件必须由审判委员会讨论通过,如最高人民法院的司法解释、就法律适用问题作出的答复、批复以及发布的指导性案例,高级人民法院制定与审判业务相关的文件、参考性案例等,均必

---

① 四川省高级人民法院课题组、王海萍:《司法改革中地方法院审判委员会宏观指导职能的重置——基于 C 省审委会制度运行的实证分析》,载《理论与改革》2015 年第 6 期。

须由审判委员会讨论通过,其他机构发布的与法律适用问题相关的指导意见,法院不得援引。另一方面,要适当规范法院内部规范性文件的形式,确保审判委员会宏观指导文件具有形式上的可识别性。虽然决议形式不宜笼统规划,且应将重点放在内容而非形式上,但是在审判委员会讨论宏观事项形成决议的形式上,以下两点应当被特别强调:一是审判委员会讨论宏观事项形成的决议与讨论审理个案形成的决议在形式上理应有所不同;二是审判委员会讨论宏观事项形成的决议应当与法院内部其他行政性机构形成的决议在形式上有明显区别。

此外,从司法公开的角度来看,还应当加强各级法院审判委员会宏观指导事项的公开力度。理论上,除了涉及国家秘密、商业秘密和个人隐私的宏观指导事项,都应当通过各种途径向社会公开,尤其应当加强在互联网公开相关宏观指导文件,以确保社会的知情权,方便社会监督。

四、审判委员会运作程序之修正

如前所述,我国审判委员会遭受的另外一个主要质疑,就是审判委员会运作过程的"非诉讼化"。因此,未来审判委员会改革的重点之一,也应当聚焦于增强审判委员会讨论案件的亲历性,逐渐实现审判委员会运作的诉讼化。就此而言,课题组认为可以结合既有条件,分两个递进的步骤逐步进行改革。

(一) 改革审判委员会"讨论决定"案件的程序设置

《人民法院组织法(修订草案)》要求"审判委员会讨论案件的决定及其理由应当在裁判文书中公开,但法律规定不宜公开的除外",对于推动审判委员会决定过程的公开性有相当的意义,但这只是一种结果层面的公开,尚未触及决策过程的封闭性和非诉讼化问题。课题组认为,在不根本改变审判委员会当前行政色彩浓厚的"讨论决定"运作基本格局之前提下,至少还可以从以下两个方面尝试打破审判委员会运作过程的封闭性,推动审判委员会运作的"准诉讼化"。

1. 逐步建立两造同时列席审判委员会的制度

目前审判委员会运作的封闭性显然不符合现代诉讼的基本精神,虽然检察长可以列席,但是这种列席在有限打破审判委员会运作封闭的同时,却加大了控辩双方的不平等。为此检察长列席审判委员会的做法亟待改革。学界完善的思路有两种:一是取消检察长列席制度;二是将其改造为两造同时列席审判委员会的制度。课题组认为,从审判公开、两造"武器对等"的角度来看,第二种方案更为妥当。遗憾的是,《人民法院组织法(修订草案)》仍然肯定了检察长单方列席审判委员会的做法,课题组认为在正式立法时应当予以调整。

具体来讲,控辩双方列席可以逐步推进。就案件类型而言,初期可在现行制度规定的基础上,仅针对部分重大、有争议案件进行列席;后期则应当将范围放宽,原则上审判委员会讨论的案件都应当告知两造有权列席审判委员会。就列席主体而言,包括控方的承办人、辩方被告人及其辩护人。另外,课题组认为,在两造同时列席的情况下,检察长可以无需列席,仅承办人列席即可,这样更能保证检察、审判、辩护的身份平等性。就列席的环节而言,可列席汇报环节,在承办人汇报完毕后有权发表自己的意见,并接受委员的提问,然后退出审判委员会。列席人不应参与后续的讨论、表决环节,表决本身具有秘密性,且讨论的过程也会流露各位委员的倾向性看法,因此列席人不宜参加。

需要说明的是,当前的检察长列席审判委员会制度是以检察院是法律监督机关这一定位为基础的,而改良后的两造同时列席审判委员会制度,则摒弃了这一观点。检察人员列席审判委员会,是直接基于控方角色列席。而辩方也同时列席,可在一定程度上消解控方的力量,使审判委员会委员兼听则明。此外,两造同时列席审判委员会的制度,是在审判委员会依然保留了讨论案件职能的前提下才存在,后文将提到,审判委员会的终极理想模式是取消讨论案件制度,彼时列席制度也应一并取消。

2. 建立审判委员会委员旁听庭审制度

审判委员会运作的两段式进行模式造成了审判委员会委员对案件

缺乏亲历性,不利于审判委员会委员正确、合理地作出判决。为此,提升委员的亲历性是审判委员会讨论决定案件机制改革的重头戏。当然,在考虑提升委员亲历性的同时,不得不考虑司法资源的稀缺性,尤其是作为行政领导的审判委员会委员其时间精力的稀缺性。① 课题组认为,在现有条件下,旁听制度在一定程度上能够对二者进行有效平衡,从司法实践来看其效果也是良好的。以 C 中级人民法院受理的一起故意伤害案件为例,该案被告人在案发十多年后方才归案,原始的证据卷宗已被公安机关遗失,主要的证据材料均为补充取得。起初,合议庭、专业法官会议都认为应当作出证据不足的无罪判决,后该院决定让所有审判委员会委员旁听庭审,并对该案实行庭审实质化,警察等均出庭陈述和接受询问。庭审过程中被告人忽然当庭认罪,这个戏剧性的转变以及庭审的其他情况彻底转变了委员们的看法,并最终以一致意见作出有罪判决。②在该案中,通过亲历庭审,委员们形成了其有罪的内心确信,充分展现了听审制的制度优势。

在程序的具体操作方面,课题组认为,就听审的案件类型而言,考虑到审判委员会委员普遍公务繁忙,且目前许多法院审判委员会讨论案件的数量依然较多,因此现阶段不宜对听审的案件类型作出硬性规定。但从长期来看,在更多引入非领导职务的委员后,在审判委员会讨论案件的数量显著下降后,应逐步推广至大部分案件。听审启动的最终决定权在主持人,可由主持人决定听审;也可由合议庭申请、主持人审批同意听审;还可由委员建议、主持人审批同意听审。原则上该专委会或全委会的所有委员均应参与听审,对于无法现场观摩庭审的,也应观看庭审视频。

---

① 正如访谈中某法官所言:"以事实为依据、以法律为准绳并没有给内心确信留有太多的空间,亲历性不但没有太大作用,反而在司法资源紧缺的当下,是个奢侈的存在,法官开庭都很困难,难道还要委员开庭或者会见当事人么?"

② 截至课题写作时,该案尚在二审中。

（二） 实现审判委员会运作从"讨论决定"到"审判"的转变

理论上讲,审判委员会只有实现从"讨论决定"到"审判"的转变,才可以真正回应学界对其讨论决定案件正当性的质疑。这种转变课题组不认为短期内可以实现,但是未来则并非没有实现的可能。为此,下面针对讨论事项的不同提出两种转变的方案。

1. 审判委员会对法律适用问题的解决

对于合议庭认为单纯存在法律疑难或法律争议的案件,课题组认为可以在沿袭我国过去审判委员会讨论决定案件做法的基础上,借鉴德国的大审判庭模式以及我国第二审程序的某些成功经验予以改进。即在启动上,仍然保留由合议庭申请,院长决定提交审判委员会讨论的启动模式;在效力上,审判委员会的决定对独任法官或合议庭有约束力;但在审理方式上,审判委员会虽然可以不开庭审理,却必须充分听取控辩双方的法律意见,并在判决理由中予以体现。

2. 审判委员会对事实疑难或混合型疑难问题的解决

如前所述,课题组认为审判委员会难以完全排除讨论事实问题,从长期来看也是如此。为此,我们仍然要直面我国审判委员会讨论决定案件面临的最大非议,即在于审判委员会对事实疑难或混合型疑难问题解决的非诉讼化模式上。因此,长期来看,必须对审判委员会处理这类案件进行诉讼化改造。课题组认为,诉讼化改造的最佳方式,就是由审判委员会直接组成大审判庭审理特别重大疑难复杂的案件。审判委员会组成审判庭时,成员可以是全体审判委员会委员,也可以是审判委员会专业委员会委员。审判委员会组成的审判庭仅直接审理极个别特别重大疑难复杂的案件。该模式下的审判委员会,类似于美国联邦最高法院九位大法官的集体审理模式,也可以称之为"超级合议庭"[①]。因此在运作程序上,可以考虑适当借鉴美国的全席法庭(En Banc Determination)接管模式,在保留目前合议庭申请启动审判委员会讨论决定案件机制的同时,

---

① 参见陈瑞华:《法院改革中的九大争议问题》,载《中国法律评论》2016年第3期。

赋予当事人申请审判委员会审判的权利,且案件一旦决定由审判委员会审判,则案件由审判委员会接管并按照一般的诉讼程序进行审理,裁判文书由审判委员会署名,责任也由审判委员会承担,以增强审判委员会讨论决定案件的参与性、对抗性、公开性等诉讼属性。①

---

① 参见肖仕卫、李欣:《中国特色的审判委员会?》,载《西南民族大学学报(人文社科版)》2017年第8期。

附录　审判委员会运行状况的实证研究[①]

左卫民

内容提要：长期以来，基于不同的价值理念与研究方法，司法理论界与实务界围绕审判委员会制度的研究产生了较大的分歧。由于审判委员会运作公开性不够，因此既有的研究存在不少误读与偏见。实证研究发现：审判委员会委员兼具知识技术的专业性和政治上的官僚性，难以简单对其进行否定；审判委员会只是极少数案件而非所有重大案件的最终决策者，且其功能发挥在不同级别、不同地域的法院之间存在较大差异；审判委员会的议事程序相对制度化，在讨论内容上事实问题与法律问题并重，讨论结果在整体上趋向于认同办案法官的意见。当然，审判委员会的问题需要用改革予以回应。未来的改革方向是大幅限缩审判委员会对常规案件的讨论范围，审慎处理审判委员会对案件事实的讨论，分层级、分区域区别化界定审判委员会的功能，进一步构建制度化、民主化和公开化的议事讨论机制。

关键词：审判委员会　权力运作　实证研究

[①] 本文系课题研究的中期成果，发表于《法学研究》2016年第3期。现将其作为附录，供各位读者参考。

在当代中国法院体制特别是权力结构改革方面,对审判委员会及其改革无疑关注颇多,歧见纷纭。① 而官方对之也非常重视,历次最高人民法院的司法改革纲要都把审判委员会改革列为重要内容。对于审判委员会,虽然各界均言改革,但其未来的改革之路到底该如何走,尤其是存与废、如何转型,至今仍存在较多争议。为了从经验层面准确把握审判委员会实践事实的多样性与复杂性,进而凝聚改革共识,并提出可行的改革之道,笔者最近率领课题组对审判委员会展开了实证研究。② 出乎意料的是,实证研究发现:一方面,既往关于审判委员会的一些认识似乎在变动不居的实践事实面前已开始显得过时,而以这些认识为基础所提出的改革对策需要重新审慎评估;另一方面,在改革不断展开的当下,以往关于审判委员会改革难以实施的一些方案很难说不再具有可行性,审判委员会的实践本身就蕴含着制度变迁的可能。围绕于此,本文接下来

---

① 相关讨论参见左卫民:《法院内部权力结构论》,西南政法学院1988年硕士论文;左卫民、周长军、陆贤刚等:《法院内部权力结构论》,载《四川大学学报(哲学社会科学版)》1999年第2期;苏力:《基层法院审判委员会制度的考察及思考》,贺卫方:《关于审判委员会的几点评论》,陈瑞华:《正义的误区——评法院审判委员会制度》,以上三篇论文均载《北大法律评论》(第1卷第2辑),法律出版社1998年版;肖建国、肖建光:《审判委员会制度考——兼论取消审判委员会制度的现实基础》,载《北京科技大学学报(社会科学版)》2002年第3期;洪浩、操旭辉:《基层法院审判委员会功能的实证分析》,载《法学评论》2011年第5期;王文建:《司法现代化与审判委员会制度改革》,载《人民论坛》2013年第11期;张洪涛:《审判委员会法律组织学解读——兼与苏力教授商榷》,载《法学评论》2014年第5期;等等。

② 笔者作为主持人之一的课题组根据审判层级和地域分布等情况,收集了2014年A省三级法院审判委员会委员构成情况,重点收集了2010—2014年A省高级人民法院、5个中级人民法院和17个基层人民法院审判委员会的工作机制、组织结构、会议次数、讨论议题等相关数据,力求全面掌握审判委员会的实际运作样态。课题组共调研了中国西部A省省高级人民法院,A市中级人民法院及其下属的1个基层人民法院a1法院,B市中级人民法院及其下属的6个基层人民法院b1、b2、b3、b4、b5、b6法院,C市中级人民法院,D市人民法院及其下属的8个基层人民法院d1、d2、d3、d4、d5、d6、d7、d8法院,E铁路运输中级人民法院及其下属的2个基层人民法院e1、e2铁路运输法院。其中,A市地处A省平原地区,是一座历史文化名城,2013年常住人口为1430万人,属于传统上的大城市,经济发展水平较高,2014年该市GDP为10057亿元。B市地处A省平原、丘陵地区,2013年常住人口为298万人,2014年该市GDP为945亿元,经济条件属中等偏上。C市地处A省丘陵地区,2013年常住人口为322万人,2014年该市GDP为920亿元,经济社会发展水平中等。D市为A省山地、丘陵地区市,2013年常住人口为153万人,2014年该市GDP为462亿元,经济社会发展相对落后。E中级人民法院为驻地A市的铁路运输法院。

将利用实证调查所获取的材料,在实证分析的基础上,重新评估审判委员会的制度实践,探索其未来的变革之道,以就教于方家。

一、他们是谁:审判委员会委员构成考察

在既往关于审判委员会的研究中,其存废问题一直是关注的焦点问题之一。废除论者的重要理据在于:审判委员会是"官会",由法院各层级领导组成,是行政化甚至官僚化的领导型法官控制审判权力的"行政会议"①。因此,从组织构成上主张废除审判委员会。但这种主张是否具有充分的合理性?能否成为推翻审判委员会制度的根本理由呢?对此,运用课题组所收集的数据,我们可以发现另外一种具有合理性的解释。

表1 2014年A省全省三级法院审判委员会委员构成情况②

来源	院领导	专职委员	业务庭长	审判综合部门负责人	资深法官	合计
省高级人民法院	9	2	7	3	2	23
中级人民法院	147	34	124	16	25	346
基层人民法院	1 064	215	578	89	132	2 078
比例	50%	10%	29%	4%	7%	100%

---

① 参见陈瑞华:《正义的误区——评法院审判委员会制度》,载《北大法律评论》(第1卷第2辑),法律出版社1999年版,第384页。
② A省三级法院总共包括1个省高级人民法院、22个中级人民法院和186个基层人民法院,共计209个法院。表1和表2的考察对象为A省全省三级所有法院。

表 2　2014 年 A 省全省三级法院审判委员会委员审判经历与学历背景构成情况

审判经历与学历背景　　法院	从事审判工作年限			有无法学学历背景	
	4 年及以下	5～10 年	10 年以上	有法学学历	无法学学历
省高级人民法院	1	0	22	23	0
中级人民法院	4	21	321	339	7
基层人民法院	139	229	1 710	1 941	137
比例	6%	10%	84%	94%	6%

表1的数据显然表明,审判委员会的主要构成确实是官员,其中院领导、审判委员会专职委员、业务庭长和审判综合部门负责人所占的比例高达93%。就此而言,说它是"官会"也未尝不可。但值得注意的是,官员身份背后所隐藏的专业性或者说司法性。由表2可知,在这些审判委员会委员中,具有10年以上审判工作年限的委员所占的比例达到了84%,有法学学历背景的委员的比例更是占到了94%。对此,可能的解释是,伴随着司法建设与司法改革的推进,法官职业化程度已经成为法官任用的实质化评判标准,其对法院内各级领导的任用决策过程具有相当的影响力。[①] 因此,大多数法院领导包括法院正副院长基本上都是审判业务干部起家,往往从办案法官、庭长逐级晋升上来,具有较强的业务素质和专业水平。这也可以从笔者进行的另外一项实证研究中得到印证。[②] 也就是说,由于法官任用与晋升标准的变化,使得法院内部各层级的领导实际上都具备较强的专业性。从这一点来看,我们需要澄清的是:尽管审判委员会委员都是法院内部各层级的"官",但他们往往很可能是具有较高审判水平与丰富审判经验的"官",至少都是曾经有一线审判经历的"官",大多是"审而优则仕"。

[①] 参见左卫民:《省级统管地方法院法官任用改革审思——基于实证考察的分析》,载《法学研究》2015 年第 4 期。

[②] 笔者通过实证调研发现,2013 年 A 省 A、B、C 三市共 39 位基层人民法院院长中有 31 人(占 80%)系出自法院及检察院这两个司法系统,而且这 31 位院长均具有 10 年以上的司法工作时间。参见左卫民:《中国法院院长角色的实证研究》,载《中国法学》2014 年第 1 期。

在强调审判委员会专业化程度的议题上,专职审判委员会委员值得关注。伴随着审判委员会职业化程度的提高,审判委员会中已经出现了一种业务性很强的专职委员。2006年中共中央《关于进一步加强人民法院、人民检察院工作的决定》明确了审判委员会专职委员的配备规格和条件。从调查的情况来看,专职委员在审判委员会委员中所占的比例约10%。我们发现,实践中确立专职化的审判委员会委员的直接目的是为了解决法院内部优秀法官的政治和经济待遇问题,因此这些委员往往是由法院的中层干部在未能晋升到副院长级别实质岗位的情况下被任命的。但不管怎么样,这些主要由业务部门负责人如庭长晋升上来而没有成为院长或副院长的专职委员一般都是根据院长、分管副院长的授权履行审判管理职责以及协调处理相关审判业务工作①,其工作性质的专职化与关注领域的相对确定性保证了其在案件审理和议题讨论上的相对权威性。从调研情况来看,专职委员能够在案件过滤等过程中发挥一定的作用,是审判委员会制度运行中新的重要一环。总体而言,不同于院领导工作的复杂多样性和庭长工作的微观化、个案化,其更有可能专心参与审判委员会工作,不仅能在微观上研究、介入案件的处理,更能在宏观层面上保障审判指导功能的实现。但是,我们也必须注意到各级法院的专职委员配备不甚理想,实证研究发现,A省中级人民法院平均每院有专职委员2人,而平均4个基层人民法院才有1个配备专职委员。所以,如何充分发挥专职委员的作用是一个值得思考的方向。

必须指出,各审判业务庭长在审判委员会的构成中占据了重要位置。统计结果显示,业务庭长占审判委员会委员的29%,仅次于院领导所占的比例(见表1)。应该说,审判业务庭庭长是审判委员会委员构成中最接地气的一部分,因为他们基本上都是各法院的审判业务骨干,甚至是专家,对其所在审判庭的业务非常熟悉,由其介入提交审判委员会

---

① 参见a1法院审判委员会专职委员工作职责的相关规定。由于相关的规范性文件中并没有关于审判委员会专职委员的工作职责的明确规定,具体情况由各个法院自行掌握,实践中常常通过会议形式来确定专职委员的职责范围,而少有明确的相关规范。因此仅以该法院的专职委员工作职责为例进行说明。

的讨论决策过程中,能充分发挥业务庭长所具备的专业知识优势,以确保本庭案件处理的大局感、平衡性和科学性,当然还有准确性。事实上,我们在调研中已发现,庭长在审判委员会讨论案件时的"补充发言"相当重要,往往在承办人发言后起着重要的支持或反对作用。

另外一个值得探讨的现象是综合部门的负责人也能进入审判委员会。调研中发现,综合部门的负责人在审判委员会中所占的比例为4%。虽然整体上所占比例较小,但这种现象在各级法院却具有普遍性。进一步考察发现,这部分构成人员的来源比较分散,其中包括来自研究室、审管办和办公室等部门的人员。在实际运作过程中,除了个别综合部门如研究室能在审判委员会工作中发挥一定作用之外,这部分力量在整体上的作用未必明显。所以,这部分人何去何从,值得考虑。

通过上文的分析,我们不难发现,审判委员会是由法院内部具有一定权力和政治地位的法官尤其是领导法官组成的,但他在专业性、技术性方面其实难以挑剔,虽然也存在综合部门负责人进审判委员会的情况。进一步而言,笔者认为审判委员会的委员构成呈现出知识技术的专业性和政治上的官僚性兼具的一体两面特点,只不过"官员"耀眼的身份在一定程度上遮蔽了其技术知识上的属性。这种一体两面的要旨在于:政治性与专业性相辅相成,由此很难简单地对其进行全盘否定。因此,仅仅因为它主要由法院领导群体构成而对其进行否定是很难站得住脚的。从这一点来看,如果真要以审判委员会的人员构成为法院的领导群体作为否定的理由,恐怕需要作进一步的专门论证,即论证"为什么是领导就要对其否定",以给出更有说服力的解释。

二、在做什么:审判委员会所议事项考察

审判委员会到底在做什么?这似乎是一个很神秘的问题。很多主张废除审判委员会的论者往往认为,它广泛介入案件的实体处理过程,不审而判,这不仅违背审判的直接原则,更是侵蚀了法官的独立

断案权。① 在各种话语的影响下，社会公众对审判委员会似乎也形成粗浅但固化的印象，即审判委员会委员高高在上，坐在会议室里不审而判，通过讨论决定案件，是法院里充分掌握生杀大权的权力机构。对于这样一些认知，实证研究发现，其不无真实之处，但却存在颇多模糊、扭曲的地方。

表3　2010—2014年A省部分法院宏观指导议题数量与讨论案件数量总体对比情况②

法院 \ 议题	宏观指导议题 总数	宏观指导议题 比例	讨论案件数量 总数	讨论案件数量 比例	审判指导议题与讨论案件之比
高级人民法院(1个)	108	4.4%	2 371	95.6%	1∶22
中级人民法院(5个)	215	9.8%	1 978	90.2%	1∶9.2
基层人民法院(17个)	105	6.1%	1 604	93.9%	1∶15.3
合计	428	6.7%	5 953	93.3%	1∶13.91

表4　2010—2014年A省部分法院宏观指导议题情况

法院 \ 宏观指导议题数量	总数	每个法院平均数
高级人民法院(1个)	108	108
中级人民法院(5个)	215	43
基层人民法院(17个)	105	6
合计	428	19

---

①　参见白迎春：《审判委员会制度的存废之谈》，载《前沿》2015年第2期。
②　课题组对A省的1个高级人民法院、5个中级人民法院、17个基层人民法院共23个法院的审判委员会在2010—2014年之间的具体运作进行了实证考察，并对其进行了统计分析。其中总数为被调查的三级23个法院5年间总体宏观指导议题的数量和讨论案件的数量，比例为被调查法院宏观指导议题数量与讨论案件数量分别占审判委员会议题数量（即前二者之和）的比例。表4中的数据来源同表3。如无特别说明，下文中提到的A省部分法院特指这23个法院。需要说明的是，最高人民法院《关于改革和完善人民法院审判委员会制度的实施意见》对审判委员会开展宏观指导的方式进行了细化规定，将制定司法解释和规范性文件、进行审判态势分析、讨论发布案例、开展案件质量评查等纳入了审判委员会宏观指导职能范围。由于制定司法解释、发布指导性案例属于最高人民法院专属权限，因此课题组针对A省各级法院审判委员会开展其他宏观指导工作的情况进行了统计分析。

第一,由表3可知,实践中审判委员会的主要工作是讨论具体案件,这占到了其工作总量的93.3%,而对宏观议题的讨论的比例仅占6.7%,数量很少。这一方面确实表明审判委员会主要是某些个案的讨论决定机构,其案件裁判(如果认为是裁判的话)的功能非常明显;另一方面则说明制度所预设的审判委员会有关审判宏观指导功能发挥欠佳。同时,我们还可以发现,在个案讨论与宏观指导的业务分配方面,在不同级别的法院之间还存在明显差异。从比例来看,省高级人民法院讨论个案的相对比例最高(见表3)。如果按照有学者期待的审判委员会应当只讨论宏观议题而不讨论个案的话,至少从目前来看,贯彻这种思路几乎相当于取消审判委员会,因为这样做的结果是审判委员会的工作量将会减少90%以上,无论对高级、中级、基层人民法院的审判委员会而言均是如此。值得注意的是,审判委员会处理宏观议题的数量在三级法院之间存在差异。具体而言,高级人民法院最多,中级人民法院次之,基层人民法院最少(见表4)。无须赘述,这显然与我国法律对各级人民法院的功能定位有关。

表5　2014年度A省部分地区法院审判委员会讨论案件与法院受理案件比例①

讨论及受理案件 \ 地区及法院	发达地区		发展中地区		欠发达地区	
	A中院	a1法院	B中院	b1法院	D中院	d8法院
讨论案件数	232	91	74	30	76	1
法院受理案件数	175 252	11 988	2 036	4 430	1 409	1 317
比例	0.13%	0.8%	3.6%	0.68%	5.39%	0.08%

① 这是指提交审判委员会讨论的案件在被统计法院2014年全年受理的案件(即民事、刑事、行政、执行案件之和)中所占的比例。课题组以经济发展水平为标准,选取了A中级人民法院及其下属的a1法院、B中级人民法院及其下属的b1法院、D中级人民法院及其下属的d8法院,分别代表经济发达地区、发展中地区和欠发达地区进行比较。

表6　2010—2014年A省部分法院审判委员会讨论案件数量变化情况①

年份	讨论案件数
2010年	1 294
2011年	1 388
2012年	1 031
2013年	1 077
2014年	1 163
年平均增长	−2.1%

表7　2010—2014年A省部分法院审判委员会讨论案件类型分布情况

法院＼案件类型	刑事	民事	行政	执行	国家赔偿
高级人民法院	1 508	660	138	31	34
	63.6%	27.9%	5.8%	1.3%	1.4%
中级人民法院	1 282	518	140	26	12
	64.8%	26.2%	7.1%	1.3%	0.6%
基层人民法院	678	733	89	103	1
	42.3%	45.7%	5.5%	6.4%	0.1%

第二，虽然审判委员会的工作主要以讨论个案为主，但相对于法院总体的案件处理的总量而言，其实际的个案决策功能仅限于非常少的一部分案件，且在整体上逐步受到限定。在既往的认知中，社会各界认为审判委员会讨论决定了太多的案件②，并将此作为批判甚至否定审判委员会的重要理由，但实证调查却发现：

一方面审判委员会讨论的案件在法院全部案件中所占的比例非常

---

① 这里的A省部分法院包括A省高级人民法院、5个中级人民法院、17个基层人民法院，共23个法院。表7同。
② 参见赵红星、国灵华：《废除审判委员会制度——公正与效率的必然要求》，载《河北法学》2004年第6期；雷新勇：《论审判委员会审理制——价值追求与技术局限》，载《人民司法》2007年第6期。

低。由表5可知，无论是在发达地区、发展中地区还是欠发达地区，无论是在中级人民法院还是在基层人民法院，审判委员会讨论的案件在法院所受理的案件中所占的比例都很低，甚至有个别法院全年仅讨论了1件案件。样本中比例最高的中级人民法院不过5%左右，基层人民法院往往低于1%（见表5）。这表明，审判委员会的个案决策功能发挥其实是极为有限的，这当然挑战了审判委员会控制着大多数至少相当数量案件裁判结果的观点。[①] 而基层人民法院审判委员会较中级人民法院明显讨论更少个案的现象也质疑了越是往下管控越多的认知。当然，审判委员会所讨论的案件数量状况在三级法院之间存在差异，特别是省法院审判委员会讨论的案件的绝对数量与相对比例高于大多数单一的某一个法院。略加分析，便可推断这与其审判委员会实际履行的法定职责——讨论决定死刑案件相当有关。

另一方面，随着司法改革的推进，各级法院审判委员会讨论的案件比例持续降低。通过对上述若干法院讨论案件的数量进行统计后发现，近5年来，进入审判委员会讨论的案件的绝对数量在整体上呈现出下降的趋势，样本法院年平均减少约为2%左右（见表6）。如果考虑法院实际受案数量日益增长的因素，就更易得出审判委员会讨论案件的数量比例正在逐年下降的结论。这也就意味着审判委员会控制案件实体结果的情形正在减少，其讨论决定案件的功能趋于弱化。

第三，在审判委员会讨论决定的个案中，以刑事案件为主，刑事型审判委员会居多。与法院受理案件的分布形态不同，从表7中可以看到，在进入审判委员会的案件中，刑事案件在高级人民法院和中级人民法院占据了较高的比例，分别达到了63.6%和64.8%，远远高于刑事案件大约只占全部案件10%左右的格局。与之相对，审判委员会所讨论的民事、行政案件所占的比例较低，在中级、高级人民法院尤为如此（见表7）。审判委员会之所以偏重于刑事案件的讨论，原因可能在于相关法律的强制

---

① 参见陈瑞华：《正义的误区——评法院审判委员会制度》，载《北大法律评论》（第1卷第2辑），法律出版社1999年版，第386页。

性规定。最高人民法院《关于适用〈中华人民共和国刑事诉讼法〉的解释》第 178 条规定,拟判处死刑的案件、人民检察院抗诉的案件、合议庭成员意见有重大分歧的案件、新类型案件、社会影响重大的案件以及其他疑难、复杂、重大的案件等应提交地方法院审判委员会讨论。也就是说,法律规定的需要进审判委员会讨论决定的刑事案件本身范围就较为宽泛。鉴于相关刑事案件的二审、一审基本发生在中级人民法院和高级人民法院,从而使大量刑事案件进入中级人民法院、高级人民法院的审判委员会,使其主要成为刑事型审判委员会。这一解释思路在相当程度上也能解释审判委员会讨论的民事、行政案件数量较少的事实。对于应当提交审判委员会讨论的民事、行政案件范围而言,相关法律与规范性文件作出了明确的有限规定,包括案情重大、复杂,存在适用法律疑难问题或需请示的,处理结果可能产生重大社会影响的,合议庭有重大分歧难以决定的,具有指导意义的新类型案件等。① 显然,符合这些条件的案

---

① 《中华人民共和国民事诉讼法》第 198 条第 1 款规定:"各级人民法院院长对本院已经发生法律效力的判决、裁定、调解书,发现确有错误,认为需要再审的,应当提交审判委员会讨论决定。"最高人民法院《关于适用〈中华人民共和国民事诉讼法〉的解释》第 443 条规定:"人民法院院长发现本院已经发生法律效力的支付令确有错误,认为需要撤销的,应当提交本院审判委员会讨论决定后,裁定撤销支付令,驳回债权人的申请。"《中华人民共和国行政诉讼法》第 92 条第 1 款规定:"各级人民法院院长对本院已经发生法律效力的判决、裁定,发现有本法第九十一条规定情形之一,或者发现调解违反自愿原则或者调解书内容违法,认为需要再审的,应当提交审判委员会讨论决定"。最高人民法院《关于改革和完善人民法院审判委员会制度的实施意见》对应当提交、可以提交审判委员会讨论的案件尤其是非刑事案件的范围作出了明确规定。意见第 9 条规定:"高级人民法院和中级人民法院审理的下列案件应当提交审判委员会讨论决定:(一)本院已经发生法律效力的判决、裁定确有错误需要再审的案件;(二)同级人民检察院依照审判监督程序提出抗诉的刑事案件;(三)拟判处死刑立即执行的案件;(四)拟在法定刑以下判处刑罚或者免于刑事处罚的案件;(五)拟宣告被告人无罪的案件;(六)拟就法律适用问题向上级人民法院请示的案件;(七)认为案情重大、复杂,需要报请移送上级人民法院审理的案件。"第 10 条规定:"基层人民法院审理的下列案件应当提交审判委员会讨论决定:(一)本院已经发生法律效力的判决、裁定确有错误需要再审的案件;(二)拟在法定刑以下判处刑罚或者免于刑事处罚的案件;(三)拟宣告被告人无罪的案件;(四)拟就法律适用问题向上级人民法院请示的案件;(五)认为应当判处无期徒刑、死刑,需要报请移送中级人民法院审理的刑事案件;(六)认为案情重大、复杂,需要报请移送上级人民法院审理的案件。"第 11 条规定:"人民法院审理下列案件时,合议庭可以提请院长决定提交审判委员会讨论:(一)合议庭意见有重大分歧、难以作出决定的案件;(二)法律规定不明确,存在法律适用疑难问题的案件;(三)案件处理结果可能产生重大社会影响的案件;(四)对审判工作具有指导意义的新类型案件;(五)其他需要提交审判委员会讨论的疑难、复杂、重大案件。"

件远少于上述提交审判委员会的刑事案件,因此审判委员会实际讨论的民事、行政案件的数量与比例自然偏小。另外需要注意的是,民事型审判委员会也存在于基层人民法院。比较三级法院,可以看到如表7所示,基层人民法院讨论的民事案件比例高于中级、高级人民法院,且其讨论的民事案件数量略高于刑事案件。其中关键原因可能在于基层人民法院审判委员会需要处理的一审民事案件较多。

综上分析与讨论,笔者认为,以往把审判委员会当成我国法院内部多数案件或者所有重大案件的决策者的判断,显然不符合当下的实践事实,甚至这种判断本身就是错误的。事实上,审判委员会只是极少数案件的最终决策者,而且这些极少数案件也并不等于就是所谓的"重大、复杂与疑难"案件,刑事案件尤其如此。从实证调查所反映的情况来看,审判委员会甚至是中级、高级人民法院审判委员会讨论的案件并不一定都是具有较高专业难度的案件,甚至多数案件都不具备这样的属性。因此,把审判委员会讨论的案件等同于"高、精、尖"的法律疑难案件,是不准确的。① 从某种意义上讲,审判委员会讨论案件是基于历史与现实种种约束条件所决定的。例如,刑事案件之所以讨论的较多,在很大程度上是因为法院系统历来重视刑事案件尤其是死刑案件的决策把控。再比如抗诉案件的处理之所以要经过审判委员会讨论,显然与法院和检察机关之间的关系在目前司法体制下需要慎重处理有关。

另外,审判委员会所议事项的类型与数量,还在相当程度上折射出审判委员会功能的发挥状况在不同级别与不同地区法院之间存在的差异。

一方面,我们注意到,"繁忙型"审判委员会主要存在于高级、中级人民法院,"清闲型"审判委员会更多存在于基层人民法院。从表7或表3均可以看出,地方法院的级别越高,提交审判委员会讨论的事项就越多,

---

① 其他学者进行的实证研究也有类似的发现。参见李雨峰:《司法过程的政治约束——我国基层人民法院审判委员会运行研究》,载《法学家》2015年第1期;洪浩、操旭辉:《基层法院审判委员会功能的实证分析》,载《法学评论》2011年第5期。

无论是个案的数量还是宏观指导的议题,均是如此(如省法院2010—2014年共讨论2 300多件个案、同期样本中级人民法院平均讨论接近400件个案、基层人民法院平均讨论接近100件个案)。这表明,在目前给定的司法条件下,高级别的法院确实承担着较多的宏观指导功能与重大案件把关功能,实践中也需要其发挥这些功能。这当然与不同级别法院面临的案件类型与功能界定有关。司法管辖权决定了基层人民法院更多面对的是普通案件,需要审判委员会讨论的必要性不大;而中级、高级人民法院所处理的案件往往是在事实认定和法律适用方面更为复杂、也更具普遍指导意义的案件,因而有必要提交审判委员会讨论决定。此外,中级、高级人民法院更需要从宏观指导方面讨论、决定一些普遍性事项如规范性文件的制定。所以,我们看到中级、高级人民法院尤其是高级人民法院所讨论的宏观议题数量要多于基层人民法院(见表4)。这在相当程度上表明,不同级别法院的审判委员会所发挥的作用存在差异。

另一方面,至少在中级人民法院层面,不同法院的审判委员会类型可能存在差异。审判委员会讨论案件的数量与法院所处地区的经济发展水平往往呈负相关关系,即经济发展水平越高,提交审判委员会讨论的案件数量就越少。对此,一个推测性的解释是,在经济发达地区,法院法官的整体素质较高,业务水平较高,更有能力独立解决案件处理过程中遇到的相关问题,同时法院领导也更容易信任与放权于法官,因此较少将案件提交审判委员会讨论;而在欠发达地区,因法官业务水平参差不齐,更需要将案件提交审判委员会讨论以统一办案标准,确保办案质量。

三、如何做:审判委员会运行机制考察

相比于审判委员会在做什么,它是如何做的可能更为神秘。虽然我们可能知道审判委员会基本的工作方式是围绕所议问题"开会讨论",但这种讨论到底如何展开,各个层次主体在此过程中如何行动以及讨论的结果,社会各界可能并不完全知晓,甚至还存在错误的认知。在笔者看来,或许正是因为如此,才在某种程度上导致社会各界对审判委员会形

成了一些偏见性的认识。实践中,审判委员会到底如何讨论呢?实证考察与分析又将发现什么呢?

整体上看,审判委员会讨论案件主要以汇报与发表意见的方式展开。从实践来看,审判委员会已经形成了较为正式、固定的会议程序机制。如图 1 所示,审判委员会一般按照三个步骤展开,每一步骤都有相应的议程安排。尽管相对于合议庭的集体讨论,审判委员会的会议式讨论机制是更为正式与有效的集体讨论机制,但实证考察也发现,审判委员

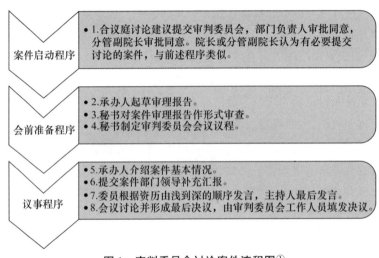

图 1　审判委员会讨论案件流程图①

---

① 这是审判委员会讨论案件的一般程序,在此以 A 省高级人民法院审理的一起股权转让纠纷案为例进行说明。该案于 2014 年 6 月立案,合议庭经过两次开庭评议后,对案件的法律适用问题产生了分歧。合议庭提请庭长审查后提交分管副院长审批。分管副院长要求合议庭就相关问题进行复议。合议庭于 8 月 22 日复议后仍无法就相关法律适用问题达成一致意见,分管副院长决定提交民事专业委员会讨论决定。审判委员会办公室对案件材料进行形式审查后,认为符合提交民事专业委员会的形式要件,遂予以排期。会议主持人于 8 月 26 日决定第二天召集会议讨论该案。审判委员会办公室随即通过办案系统将案件电子卷宗材料发送全体审判委员会委员提前审阅,并通知相关人员参会。民事专业委员会于 8 月 27 日召开会议,此次会议有 13 名审判委员会委员参会,超过了审判委员会全体委员的半数(全委会人数为 23 人)。在会上,首先承办人简要汇报了案情并对合议庭分歧进行了说明,然后该案所在庭庭长进行了补充汇报,接着主持人和其他委员针对案件的相关事实询问了承办人,在得到答复之后针对案件逐一发表了个人意见,接下来经会议主持人归纳形成两点处理意见,其他委员对此均表示同意,最后审判委员会作出同意合议庭多数意见的决议。8 月 29 日,合议庭按照审判委员会决议拟定判决。

会对案件的讨论充分程度存在较大限度,不少都属于例行公事的程序性要求。根据我们的统计与观察,审判委员会一次讨论的案件较多,通常为 2～8 件左右,而在具体的会议过程中,承办人对案件的汇报较为充分,时间经常在半小时以内,所在庭的庭长、分管副院长的补充发言相对实质、扼要,其他审判委员会委员提问与承办人回答的活跃度则视情况而定,表决时审判委员会成员多为表态式发言,单个时长可能仅一两分钟。这意味着大多数案件的讨论可能是简单、快速的讨论,充分性明显不足。具体的数据统计也许更能直观地反映这一事实。由表 8、表 9 可知,审判委员会一般一次要讨论多个案件,中、高级人民法院尤为如此。通过访谈得知,审判委员会的会议一般为半天(偶尔为全天),每次大约在 3～3.5 小时。这意味着平均到个案讨论的时间一般不会超过 1 个小时,刑事案件更是如此,相对较快的甚至只有 20 分钟左右。当然,在案件有争议尤其是民事案件有争议时,审判委员会可能会半天乃至全天讨论一个案件,但此类情况较少发生。所以,概括地讲,审判委员会并没有对过多的案件进行充分、细致的讨论,也无力对太多案件进行充分、细致的讨论,而只能也只需对少数案件进行实质、充分的讨论。

表8 2010—2014 年 A 省部分法院审判委员会会议
讨论案件、议题的平均数量①

级别	会议数量	宏观指导议题		讨论案件数量	
		总数	平均数	总数	平均数
高级人民法院	529	108	0.2	2 371	4.5
中级人民法院	149	43	0.3	396	2.7
基层人民法院	53	6	0.1	94	1.8

---

① 这里的 A 省部分法院包括 A 省高级人民法院、5 个中级人民法院、17 个基层人民法院,共 23 个法院,表 9 同。对于表 8 中的数据需要进行说明的是:(1)中级人民法院的宏观议题平均数较高是因为讨论案例在其中占据了较大的比例;中级人民法院讨论案件平均数因调研对象中的 X 中级人民法院案件数量较少,导致表中中级人民法院讨论案件数量可能略低于中级人民法院实际讨论案件的数量。(2)关于审判委员会讨论不同案件所需时间的问题,由于各级人民法院均缺乏相关统计,且开会时间不固定,有可能一上午 4 个小时都在讨论,也有可能两个小时甚至半个小时就讨论完,因此无法对讨论不同案件所需时间进行明确的统计分析。

表 9 2010—2014 年 A 省部分法院审判委员会会议讨论案件类型平均数量

案件类型 法院	刑事	民事	行政	执行	国家赔偿
高级人民法院	2.9	1.2	0.3	0.1	0.1
中级人民法院	1.7	0.7	0.2	0.0	0.0
基层人民法院	0.8	0.8	0.1	0.1	0.0

还有一个发现值得一提,这就是实践中存在审判委员会委员在案件讨论中不发表意见或者"附和"其他委员的意见的现象。造成这一现象的重要原因是委员可能对该案件所涉及的专业知识并不熟悉,随意发言容易暴露自己的短板,使其在同事面前"丢面子"。不过,从调查的情况来看,这些较少甚至不发言的委员有的实际起着凑够法定人数的作用。因为在目前的制度设置下,不论专业委员会还是全体例会,出席会议委员的人数必须超过全体委员的半数,审判委员会才有可能形成决议,但由于绝大部分审判委员会委员为兼职,不能完全保证参会时间,加上审判委员会会议比较频繁,所以很多时候仅通知相关专业委员会的委员难以达到出席委员必须超过全体委员半数的要求。实践中,为解决出席委员人数不足的问题,就需要尽可能扩大参会委员的范围。这样一来,一些对所讨论案件涉及领域并不熟悉的委员就出现在了审判委员会之中。

在明确了审判委员会的运行状况之后,审判委员会在个案讨论中关注的焦点自然应该成为考察分析的对象。在理论上,审判委员会对个案的讨论应该侧重于案件的法律适用问题。① 然而,实证调查的发现却与之有所差异,即实践中审判委员会在案件讨论时既关注事实,也重视法律。如表 10 所示,事实问题在民事、行政案件的讨论中已经超过了对法律适用的讨论,两者的比例分别为 41.7%、35.7%;而在刑事案件中,审

---

① 参见夏孟宣、胡苗玲:《司改背景下审判委员会职能合理定位的路径选择——以温州市中级人民法院审判委员会改革为视角》,载《法律适用》2015 年第 11 期;褚红军,陈靖宇:《审判委员会制度若干问题研究——兼论审判委员会制度的改革和完善》,载《法律适用》2005 年第 10 期。

判委员会对事实问题的讨论也接近1/3。数据统计的情况也得到了访谈的印证。多名接受访谈的审判委员会委员都表示,事实与证据是审判委员会案件讨论的重要问题,尤其是在民事案件中。这意味着证据判断与事实认定是一线法官目前面临的现实挑战,至少这是目前审判一线法官关注的中心之一。所以,关于审判委员会应当只关注法律适用而不是事实认定的改革主张似乎与实践需要颇有距离。如何有效回应实践需要值得深入思考。

表10 2010—2014年A省部分法院提交审判委员会讨论案件的讨论焦点比例①

讨论焦点 \ 案件类型	刑事案件	非刑事案件
事实认定	28.4%	41.7%
法律适用	54.2%	35.7%
社会影响等	4.1%	8.1%
其他	13.3%	14.5%

由于审判委员会案件讨论的结果直接关涉其与合议庭、独任庭这两种审判组织在审判权配置与行使中的关系,因此在考察分析审判委员会运行的过程中还关注了审判委员会与合议庭、独任法官案件处理意见的关系。实证研究发现,二者之间基本上是认同型关系,而不是否定式关系。表11显示,审判委员会决定与合议庭、独任法官意见(含多数意见,下同)相同的占82.2%,改变合议庭、独任法官意见(含少数意见)的占12.9%,要求合议庭、独任法官补查补证的占4.9%。也就是说,实践中审判委员会的决定推翻或者改变合议庭、独任庭案件处理意见的情形并不常见,绝大多数情况下都是认同它们的处理意见。这与我们既往所形成的审判委员会通过讨论改变合议庭、独任庭的意见而侵害审判权独立行使的判断相悖,从而就在相当程度上挑战了学界所认为的审判委员会

---

① 这里的A省部分法院包括A省高级人民法院、5个中级人民法院、17个基层人民法院,共23个法院,其中刑事案件3 468件,非刑事案件2 485件。表11同。

是法官独立审判的制约性因素的笼统性判断。① 当然,这并不意味着审判委员会的讨论在案件实体决策方面不起任何作用,相反它仍然承担着重要的作用,这种作用除了有审查办案法官的事实认定与法律适用之外,还起着支持或认同办案法官和合议庭处理意见的作用,甚至后者在某种意义上还更为重要与实质。不管怎样,实证调查的这一发现足以提醒我们需要重新评估审判委员会对审判权独立行使的影响。

表11　2010—2014 年 A 省部分法院审判委员会决议与
合议庭、独任法官意见的关系②

情形	比例(%)
二者相同	82.2
同意合议庭少数意见	5.8
改变合议庭意见	7.1
要求补查补证	4.9

在此需要进一步思考的是,为什么在大多数情况下审判委员会对合议庭、独任法官的意见持认同态度? 在笔者看来,这可能与以下因素相关:很多被提交审判委员会的案件在事实认定与法律适用上并不复杂,而且合议庭或审判法官自身也没有争议或争议较小,而提交审判委员会讨论往往是法律规定使然,因此审判委员会认同的比例较高。即使不是法律规定必须提交审判委员会讨论的案件,提交的原因往往也只有两种:一种是审判法官和合议庭对于事实认定与法律适用没有问题,只是基于案外的其他因素而使得案件的政治影响与社会效果不好把控,从而需要来自审判委员会的支持或者是由其作出决策。在这种情形下,由于合议庭与承办法官所提出的处理意见多数时候已经融入了对多种因素

---

① 相关论述参见陈瑞华:《正义的误区——评法院审判委员会制度》,载《北大法律评论》(第1卷第2辑),法律出版社1999年版,第400—402页;肖建国、肖建光:《审判委员会制度考——兼论取消审判委员会制度的现实基础》,载《北京科技大学学报(社会科学版)》2002年第3期。

② 这里的 A 省部分法院包括 A 省高级人民法院、5 个中级人民法院、17 个基层人民法院,共 23 个法院。

的考量,审判委员会一般会支持或确认合议庭与审判法官的意见。另外一种是合议庭或审判法官在法律适用上拿不准,而需要由审判委员会来决策。根据实证调查,在这种情形下,合议庭或审判法官往往会提出几种(通常为2～3种)可能的处理方案,供审判委员会斟酌选择。此时审判委员会的最后决定也容易被审判法官或合议庭所接受。总之,不管是基于何种理由将案件提交审判委员会讨论,审判委员会在多数情况下都对合议庭或审判法官的处理意见起到了一种保证性的作用。事实上,观察经过审判委员会讨论后作出裁判案件的上诉情形可以发现,经过审判委员会讨论的案件,上诉后维持率高达93.2%,发回和改判的仅占6.8%(见表12)。这与同期未经过审判委员会讨论案件的发回重审率和改判率总体持平。显然,"与审判委员会改变合议庭、审判法官意见的案件数量相比,被上级法院发回重审或改判的案件仍然属于极少数。鉴于提交审判委员会讨论的案件,被发回重审或改判的几率本身可能就高于普通案件,能够如此已属不易。这不仅在一程度上证实了审判委员会的案件讨论对案件质量的保障作用,而且还表明审判委员会起到了提升案件质量的作用"①。

表12 2010—2014年A省部分法院审判委员会决定的效果情况分析②

效果	比例(%)
无改发	93.2
发回	1.9
改判	4.9

四、审判委员会进一步转型的路径

审判委员会长期被学界视为影响审判/法官独立的重要因素,以致

---

① 左卫民:《审判委员会运行状况的实证研究》,载《法学研究》2016年第3期。
② 这里的A省部分法院包括A省高级人民法院、5个中级人民法院、17个基层人民法院,共23个法院。上述法院的审判委员会在2010—2014年间一共讨论了5 953件案件。

大多数论者都认为需要对审判委员会进行结构性改革甚至是直接废除。迫于学术话语与公众判断的压力,以及审判委员会自身运行存在的问题,法院系统从上到下也一直在技术层面进行改革调整,而本轮的司法改革更是将审判委员会作为重要的改革议题。然而,基于实证研究揭开审判委员会的面纱之后,笔者发现,从整体上讲,审判委员会的运作形态丰富多样,且往往与坊间的认知大相径庭。① 当下的审判委员会委员构成具有审判知识的比较优势,个案讨论范围较为有限,实际决策功能趋于弱化,能够起到一定的案件质量保障的作用。如果我们的实证调查具有统计学上的"典型"意义的话,那么似乎可以认为审判委员会并非需要进行改革的重大实践问题。或许它只是社会各界尤其是学界基于传统认知在意念之中所"想象"的问题。从这一点来看,司法改革似乎无需把审判委员会作为改革重点,学界也没有必要以审判委员会改革作为研究的重心。其实,作为一个有生命的制度体,审判委员会自身已经在外部制度结构与制约因素变迁的裹挟或压力之下不断进行着适应性的变革。正是这些变革才使得审判委员会的实践面貌和运行机理与传统面相以及各界所固有的认知渐行渐远,甚至其关键性的案件实体控制的功能也在司法专业化与职业化改革的挤压下降到了相对较低的程度。②

但是,审判委员会的这些变化并不足以证成其本身在新的历史条件下不需要作进一步的改革,而且审判委员会所存在的诸如效率较低、责任弥散以及运行封闭等这些固有问题在其变迁过程中也未得到自我消

---

① 相关讨论参见李先伟:《审判委员会司法权之理论基础与制度完善——兼评〈关于改革和完善人民法院审判委员会制度的实施意见〉》,载《中州学刊》2011年第2期。

② 事实上,随着法官员额制的推行,在试点法院中如贵州省遵义市汇川区人民法院、广东省东莞市第二人民法院的院庭长越来越多地亲自办案,相应的,交由审判委员会讨论的案件也越来越少。截止到2015年12月,遵义市汇川区人民法院入额院长、副院长、审判委员会委员、庭长审结案件数量占全院已结案件数的41.23%,平均每人办理案件135件,院长办理案件15件。2015年1—11月,东莞市第二人民法院院领导办结案件168件,业务庭及法庭庭长结案1682件,副庭长结案4469件,合计6319件,占全院总结案数的32%。与此同时,交给审判委员会讨论的案件越来越少。这表明:院庭长亲自办案与案件提交审判委员会讨论决定具有显著的负相关关系。随着新一轮司法改革的推进,审判委员会的作用进一步下降。相关报道参见《司法体制改革研讨会》,载人民网(http://legal.people.com.cn/GB/43027/400291/index.html),访问日期:2016年1月18日。

解。因此,审判委员会仍需要在一定范围内进行改革创新。根据前文的实证分析,并结合调研的感受,笔者在此提出以下几个方面的改革意见,具体如下:

第一,审判委员会案件讨论的范围应该进一步限缩。实证研究表明,目前提交审判委员会讨论的大多数案件,特别是刑事案件,甚至包括大多数死刑案件并没有太多的争议,提交讨论的必要性不大,提交讨论反而迟滞了案件处理的效率,也不利于法官责任意识的培育。因此,审判委员会的案件讨论范围可以而且也需要进行调整,将讨论范围限定在疑难案件、涉及法律创新、具有普遍适用性的指导性案件之中,从而把审判委员会从一个讨论案件的日常性、认同性、批准性组织变成一个讨论争议性、困难性、新颖性案件的决策性或参谋性组织。在这个意义上,目前有关审判委员会案件讨论范围的制度规定有必要进行修改。事实上,最高人民法院2015年发布的《关于完善人民法院司法责任制的若干意见》已将审判委员会个案讨论的范围限定为"涉及国家外交、安全和社会稳定的重大复杂案件,以及重大、疑难、复杂案件的法律适用问题"。这一改革动向显然切准了审判委员会实际的案件决策功能其实较为"形式化"的特点,应该作为审判委员会改革转型的基本举措。如果能进一步具体化审判委员会个案讨论的范围,尤其是刑事案件的范围,其案件讨论数量较目前可能会大幅减少(根据笔者的粗略估算,可以减少1/3甚至一半以上)。在个案讨论的数量减少之后,审判委员会能够将更多的精力用于实现"总结审判经验、讨论决定审判工作重大事项的宏观指导职能",从而促进审判委员会功能的真正转型。为了降低大幅限制审判委员会案件讨论数量后可能带来的改革震荡,目前的一个改革措施是充分利用实践中已在很多法院运行且被最高人民法院所倡导的专业法官会议制度。具体而言就是,对于不属于审判委员会案件讨论范围的案件,在合议庭或独任法官无法准确把握案件事实与法律适用问题时,可以提交相应的专业法官会议研究讨论。

第二,审慎处理审判委员会对案件事实的讨论。实证研究发现,审判委员会所讨论的案件尤其是民事案件往往涉及案件的事实问题,部分案件甚至既有事实问题也有法律适用问题,而且这些案件的讨论往往并不是形式化的,审判委员会的讨论确实影响了案件的处理结果。姑且不论审判委员会的讨论结果是否"正确",上述事实至少意味着合议庭或独任法官在相当程度上确实需要有来自审判委员会在证据判断与事实认定上的支持或把关,背后反映的可能是法官在案件处理的把握上尤其是事实认定上存在能力的欠缺,难以胜任对所有类型案件的事实认定与证据判断。从这一点来看,最高人民法院在《关于完善人民法院司法责任制的若干意见》中将审判委员会案件讨论的事项只限于"法律适用问题"的改革动议,在目前阶段似乎很难在所有层级法院推广实施。一旦把审判委员会的案件讨论只限定为法律适用,某些个案的质量恐怕难以保证,从而损害个案层面上的司法公正。其实,正如有论者所指出的那样,案件的事实与法律很难从本体论或认识论上加以明确界分[1],而法律适用往往也要以事实与证据的认定为前提,因而审判委员会只讨论法律适用问题在实践中并不具有可行性。质言之,即便审判委员会只关注案件的法律适用,但也很难避免不涉及案件的事实与证据问题。因此,无论是从个案质量保障的角度来看,还是从事实与法律交融性的维度着眼,我们很难"一刀切"地将审判委员会的讨论范围限定在法律适用问题上。或许更为审慎的改革策略是逐步限制审判委员会对案件事实问题的讨论,渐次过渡到只讨论案件的法律适用问题。

第三,根据法院的级别与所在区域,差异化地界定审判委员会的功能。实证研究发现,不同级别法院审判委员会讨论案件的情况差异较大。基层人民法院较多讨论民事案件,中级、高级人民法院则偏于讨论刑事案件。虽然这与诉讼法上管辖制度的设置有关,但如果考虑民事案件确实在一定程度上较刑事案件复杂,那么这从另一方面也进一步显示了基层人民法院法官存在司法能力上的某种欠缺。因此,级别越高的法院越应当建设"创新型审判委员会",应该重点关注解决疑难、创新性的

---

[1] 参见陈杭平:《论"事实问题"与"法律问题"的区分》,载《中外法学》2011年第2期。

法律问题。在中级、基层人民法院,难度较低的案件依然会在某些情形下继续成为审判委员会关注和考虑的内容。因此,审判委员会的功能应当界定为"日常型审判委员会",应该根据各级人民法院的管辖权以及各级人民法院的司法水平来差异化对待。在基层人民法院法官专业素养欠缺的情况下,权宜之计是继续有效发挥审判委员会的个案讨论功能,而对高级别法院审判委员会的改革思路应是限缩其个案尤其是日常性个案的把关功能。另外,实证研究还发现,法院所在区域的经济状况是影响审判委员会功能发挥与作用实现的重要变量,即越是经济发达的地区,法官素质与司法水平一般越高,进入审判委员会讨论的案件范围就越小,审判委员会所讨论案件的疑难、创新程度就越高;反之亦然。因此,我们还需要根据不同区域的经济发展水平来配置审判委员会的功能。

第四,构建制度化、民主化和公开化的议事讨论机制。尽管实践中很多法院都制定了审判委员会议事讨论的程序规则,但实证研究发现,审判委员会讨论决定案件的程序机制在很大程度上是一种"惯习",往往还带有一定的随意性,从而使得讨论的充分性、权威性难以得到保障。就此来看,最高人民法院在《关于完善人民法院司法责任制的若干意见》中所提出的"按照法官等级由低到高确定表决顺序,主持人最后表决"的发言次序,无疑具有重要的制度意义,改革的问题意识非常明确。但是,从审判委员会运行的程序化与制度化的高度而言,仅仅明确规定审判委员会委员的发言顺序还远远不够。诸如承办人如何汇报、发言时间、如何提问与讨论、如何表决、如何进行规范的记录等,都应纳入审判委员会运行机制制度化改革的范畴。此外,最高人民法院还提出了"审判委员会评议实行全程留痕,录音、录像,作出会议记录"的改革要求,这对规范审判委员会运行机制,督促审判委员会委员认真履职,以及保障审判权的独立运行,都具有极其重要的促进作用。但仍需进一步解决审判委员会案件讨论目前存在的公开性不足的问题。因此,在未来的改革中可以考虑适度对外公开审判委员会的案件讨论情况,以有效保障当事人的知情权。例如,在讨论之前对当事人进行告知,或者在判决书中将审判委员会的讨论表现出来。目前,已有将审判委员会的讨论意见甚至分歧意见载于判决书的尝试。① 对于这一做法值得关注、研究。最后,值得注意的是,当前审判委员会在运行过程中某些做法会在一定程度上影响司法公正的实现。典型的如检察长列席审判委员会的制度实践就在一定程度上打破了诉讼结构的平衡,难以保障诉讼各方意见的充分有效表达。对于这种做法,应该加以改革,思路有二:一是直接废除检察长列席审判委员会会议制度;二是在保留检察长列席会议的情况下准许辩护方列席会议。

---

① 相关报道参见《审委会观点有分歧,判决书写得清清楚楚》,载网易(http://news.163.com/16/0117/12/BDHIC2Q200014AED.html),访问日期:2016年1月18日。

参考文献

一、著作

1. 〔美〕艾尔·巴比:《社会学研究方法》(上),邱泽奇译,华夏出版社 2000 年版。
2. 〔美〕克利福德·格尔茨:《文化的解释》,韩莉译,译林出版社 1999 年版。
3. 〔英〕卡尔·波普尔:《开放的社会及其敌人》(第 2 卷),郑一明等译,中国社会科学出版社 1999 年版。
4. 陈瑞华:《刑事诉讼的前沿问题》,中国人民大学出版社 2005 年版。
5. 邵建东:《德国司法制度》,厦门大学出版社 2010 年版。
6. 尹忠显主编:《法院工作规律研究》,人民法院出版社 2003 年版。
7. 最高人民法院司法改革领导小组办公室:《〈最高人民法院关于全面深化人民法院改革的意见〉读本》,人民法院出版社 2015 年版。
8. 左卫民等:《中基层法院法官任用机制研究》,北京大学出版社 2014 年版。
9. 左卫民等:《最高法院研究》,法律出版社 2004 年版。

二、论文

1. He, Xin, (2012) Black Hole of Responsibility: The Adjudication Committee's Role in a Chinese Court, Law and Society Review. Volume 42, No. 4, pp. 681-712.
2. 白迎春:《审判委员会制度的存废之谈》,载《前沿》2015 年第 2 期。
3. 陈杭平:《论"事实问题"与"法律问题"的区分》,载《中外法学》2011 年第

2 期。

4. 陈瑞华:《法院改革中的九大争议问题》,载《中国法律评论》2016 年第 3 期。

5. 陈瑞华:《正义的误区》,载《北大法律评论》(第 1 卷第 2 辑),法律出版社 1999 年版。

6. 褚红军、陈靖宇:《审判委员会制度若干问题研究——兼论审判委员会制度的改革和完善》,载《法律适用》2005 年第 10 期。

7. 付少军:《审判委员会制度研究》,中共中央党校 2012 年博士论文。

8. 顾培东:《再论人民法院审判权力运行机制构建》,载《中国法学》2014 年第 5 期。

9. 顾永忠:《检察长列席审委会会议制度应当取消——写在〈人民法院组织法〉修改之际》,载《甘肃政法学院学报》2017 年第 4 期。

10. 贺卫方:《关于审判委员会的几点评论》,载《北大法律评论》(第 1 卷第 2 辑),法律出版社 1999 年版。

11. 贺要生:《论改革审判委员会制度》,载《法律适用》1997 年第 6 期。

12. 贺要生:《审判委员会决定的案件裁判书应由审判委员署名》,载《法学》1990 年第 10 期。

13. 贺要生:《应建立审判委员会委员回避制度》,载《法学》1991 年第 11 期。

14. 洪浩、操旭辉:《基层法院审判委员会功能的实证分析》,载《法学评论》2011 年第 5 期。

15. 惠恩邦:《试议检察长列席人民法院审判委员会会议》,载《法学》1988 年第 6 期。

16. 江放:《怎样的案件才需提交审判委员会讨论》,载《法学》1983 年第 2 期。

17. 雷新勇:《论审判委员会审理制——价值追求与技术局限》,载《人民司法》2007 年第 6 期。

18. 李炳成:《建议取消审判委员会》,载《中国律师》1994 年第 4 期。

19. 李继红:《某省 S 市审委会制度运行实证探究》,载万鄂湘主编:《探索社会主义司法规律与完善民商事法律制度研究——全国法院第 23 届学术讨论会获奖论文集(上)》,人民法院出版社 2011 年版。

20. 李先伟:《审判委员会司法权之理论基础与制度完善——兼评〈关于改革和完善人民法院审判委员会制度的实施意见〉》,载《中州学刊》2011年第2期。

21. 李喜莲:《论审判委员会审判职能的"回归"》,载《宁夏大学学报》2007年第3期。

22. 李雨峰:《司法过程的政治约束——我国基层人民法院审判委员会运行研究》,载《法学家》2015年第1期。

23. 刘成任:《审判委员会决定的案件裁判书不应由审判委员署名》,载《法学》1991年第3期。

24. 刘忠:《关于法官的选任年龄》,载《比较法研究》2003年第3期。

25. 鲁为、张璇、廖钰:《论"审判权统一行使"在基层法院的实现路径——以基层法院审判委员会的微观运行为视角》,载《法律适用》2014年第1期。

26. 吕中亚:《完善审判委员会工作制度的思考》,载《法学》1996年第5期。

27. 潘醒:《关于我国审判委员会改革的实证研究》,载《管理科学》2005年第3期。

28. 潘兆龙、宋国庆:《基层法院审判委员会运作过程中几个值得探讨的问题》,载《山东审判》1995年第11期。

29. 四川省高级人民法院课题组:《司法改革中地方法院审判委员会宏观指导职能的重置》,载《理论与改革》2015年第6期。

30. 苏力:《法律社会学调查中的权力资源》,载《社会学研究》1998年第6期。

31. 苏力:《法条主义、民意与难办案件》,载《中外法学》2009年第1期。

32. 苏力:《基层法院审判委员会制度的考察及思考》,载《北大法律评论》(第1卷第2辑),法律出版社1999年版。

33. 王伦刚、刘思达:《基层法院审判委员会压力案件决策的实证研究》,载《法学研究》2017年第1期。

34. 王祺国:《审判委员会讨论决定第一审案件之举不妥》,载《现代法学》1988年第6期。

35. 王文建:《司法现代化与审判委员会制度改革》,载《人民论坛》2013年第11期。

36. 王新如:《审判委员会定案应予改变》,载《政治与法律》1989年第1期。

37. 卫令儒:《完善审判委员会讨论案件程序的几点意见》,载《研究生法学》1994年第3期。

38. 吴日魁:《试论检察长列席刑事案件审判委员会会议的地位、作用、职责及程序》,载《中国刑事法杂志》1993年第1期。

39. 吴英姿:《审判委员会讨论的群体决策及其规制》,载《南京大学法律评论》2006年春季号。

40. 夏孟宣、胡苗玲:《司改背景下审判委员会职能合理定位的路径选择——以温州市中级人民法院审判委员会改革为视角》,载《法律适用》2015年第11期。

41. 肖建国、肖建光:《审判委员会制度考——兼论取消审判委员会制度的现实基础》,载《北京科技大学学报(社会科学版)》2002年第3期。

42. 肖仕卫:《基层法院审判委员会"放权"改革的过程研究——以对某法院法官的访谈为素材》,载《法制与社会发展》2007年第2期。

43. 谢仁柱:《审判委员会要成为审判业务的权威》,载《人民司法》1994年第2期。

44. 杨华:《审判委员会的实体审判权应否保留》,载《中国律师》1998年第2期。

45. 姚莉:《法制现代化进程中的审判组织重构》,载《法学研究》2004年第5期。

46. 尹春丽:《审判委员会改革的设想》,载《江淮法治》2006年第21期。

47. 余为清:《取消审判委员会势在必行》,载《阜阳师范学院学报(社会科学版)》2000年第2期。

48. 张步文:《审判委员会制度亟待改革》,载《四川理工学院学报》1997年第1期。

49. 张洪涛:《审判委员会法律组织学解读——兼与苏力教授商榷》,载《法学评论》2014年第5期。

50. 张卫斌:《审判委员会改革的模式设计、基本路径及对策》,载《现代法学》2015年第5期。

51. 赵红星、国灵华:《废除审判委员会制度——"公正与效率"的必然要求》,载《河北法学》2004 年第 6 期。

52. 周士敏:《试谈提高审判委员会讨论案件的质量问题》,载《政法论坛》1988 年第 2 期。

53. 左卫民:《法院内部权力结构论》,西南政法学院 1988 年硕士论文。

54. 左卫民、高晋康:《审判独立新论》,载《争鸣》1988 年第 4 期。

55. 左卫民、周长军、吴卫军:《法院内部权力结构论》,载《四川大学学报》1999 年第 2 期。

56. 左卫民:《迈向实践:反思中国刑事诉讼知识体系》,载《中外法学》2011 年第 2 期。

57. 左卫民:《审判委员会运行状况的实证研究》,载《法学研究》2016 年第 3 期。

58. 左卫民:《省级统管地方法院法官任用改革审思——基于实证考察的分析》,载《法学研究》2015 年第 4 期。

59. 左卫民:《死刑控制与最高人民法院的功能定位》,载《法学研究》2014 年第 6 期。

60. 左卫民:《中国法院院长角色的实证研究》,载《中国法学》2014 年第 1 期。

三、 报纸

1. 施杰:《对审判委员会制度改革的思考》,载《人民政协报》2015 年 1 月 22 日,第 003 版。

2. 王韶华:《审判委员会运行模式与程序规则改革探讨》,载《人民法院报》2015 年 8 月 5 日,第 05 版。

四、 网络文献

1.《法院组织法首次大修 审委会走向引关注》,载财新网(http://china.caixin.com/2017-08-31/101138188.html)。

2.《审委会观点有分歧 判决书写得清清楚楚》,载网易(http://news.163.com/16/0117/12/BDHIC2Q200014AED.html)。

3.《司法体制改革研讨会》,载人民网(http://legal.people.com.cn/GB/

43027/400291/index.html)。

4.《13 新增审委会委员 8 人系无行政职务业务强的一线法官》,载网易(http://news.163.com/15/0507/05/AP082E2F00014AED.html)。

5. 秦前红:《审判委员会存废之争态势明朗:保留并改革》,载财新网(http://china.caixin.com/2015-09-22/100854431.html)。

6. 吴邦国:《中国特色社会主义法律体系已如期建成》,载中国网(http://china.caixin.com/2011-03-10/100234767.html)。

7. 习近平:《改革再难也要向前推进,敢于啃硬骨头》,载人民网(http://cpc.people.com.cn/xuexi/n/2015/0729/c385474-27377276.html)。

后　记

　　多年来,司法制度尤其是法院制度一直是我的研究志趣所在,对于审判委员会这样一个核心且颇为独特的审判组织,我从20世纪80年代就开始关注,并在一些相关研究包括硕士论文中有所涉及。毫无疑问,作为承担着若干重大职能的法院内部最高审判组织,审判委员会是司法改革无法绕开的,有必要对其展开专门研究。但因为各方面的原因,研究计划一直搁置,直至2013年党的十八届三中全会《中共中央关于全面深化改革若干重大问题的决定》提出要"改革审判委员会制度",我再次意识到,围绕审判委员会制度进行实证研究,对于深化司法体制改革、推进依法治国建设具有重要意义。适逢2014年最高人民法院将"审判委员会制度改革研究"作为审判理论重大课题公开招标,四川省高级人民法院王海萍院长与我共同申报了该课题并成功立项。2015年,相关研究得到了国家社科基金重点项目支持。本书即是该课题的研究成果。

　　从2014年开始,该项研究历时三年有余。我们在A省211个法院收集了大量数据,同时还选取了部分高级、中级、基层人民法院开展重点调研,既对A省法院审判委员会的运行情况进行了静态分析,同时还针对部分法院开展了动态跟踪调研;既有定量研究,也有定性研究……工程不可谓不大。该项研究能在三年内完成,进展不可谓不顺利。当然,这得益于相关实务部门及其工作人员的支持,特别感谢四川省高级人民法院熊焱副院长、四川省高级人民法院政治部时小云主任,双流县人民法院罗登亮院长、四川省高级人民法院刑一庭赖波军庭长,四川省高级人民法院研究室原副主任沈茂国和副主任王佳,四川省高级人民法院的金晶、林薇、豆晓红、杜玉兰,攀枝花市中级人民法院的杨绍文,以及西南财经大学法学院的唐清利教授和我的硕士生沈艳,没有他们,本课题的研究将举步维艰。还要感谢整个执笔团队在本书的写作与修改过程中的付出,包括肖仕卫、赵琦、吕国凡、蒋敏、魏庆锋、鲁虎。经过大家的共同努力,在2016年完成了初稿,最后由我和王海萍院长负责统稿和审定,赵琦、肖仕卫也参与了统稿工作。

当然,任何一项研究(尤其是工程浩大的实证研究),或多或少都会留下遗憾,我们的研究也不例外。这些遗憾既有来自调研资料方面的,也有来自后期分析方面的。但总体而言,在有限的条件下,我们尽了最大努力,获取了大量宝贵的一手资料,形成了一些引人思考的研究结论。因此,我们将其及时呈现给读者,希望我们的研究能够为学术界、实务界以及司法改革提供启发,也欢迎各位读者提出宝贵的意见。

左卫民

2018年8月10日